魯汶遊學風雅頌

歐遊四方

屯仁賴賢三 自署

上圖
荷蘭庫肯霍夫鬱金香花園

下圖
與帥哥（秉圻）父子合影於荷蘭
庫肯霍夫鬱金香花園

攝於2017年3月28日

荷蘭庫肯霍夫鬱金香花園

攝於2017年3月28日

荷蘭庫肯霍夫鬱金香花園
攝於2017年3月28日

荷蘭庫肯霍夫鬱金香花園

攝於2017年3月28日

上左：丹麥哥本哈根大學 Paludan Bøger 店內
上右：丹麥哥本哈根大學 Paludan Bøger 店前
下圖：丹麥哥本哈根皇宮前運河

攝於2017年4月16日

上左：哥本哈根大學旁典雅 Paludan Bøger 馬蹄兒
上右：哥本哈根大學 Paludan Bøger 預祝四月十九日生日
下圖：哥本哈根大學 Paludan Bøger 姊姊秉忻與馬蹄兒

攝於2017年4月16日

上左：帥哥（秉圻）於丹麥哥本哈根皇宮衛兵崗哨

攝於2017年4月17日

上右：姊姊（秉忻）於哥本哈根蒂沃利遊樂園

下圖：丹麥哥本哈根皇家園林

攝於2017年4月16日

上左：丹麥哥本哈根新港投遞明信片
上右：丹麥哥本哈根新港姊姊（秉忻）與馬蹄兒投遞明信片
下圖：丹麥哥本哈根新港運河橋上

攝於2017年4月16日

馬蹄兒、姊姊與帥哥於哥本哈根新港

攝於2017年4月16日

馬蹄兒與姊姊於哥本哈根新港

攝於2017年4月16日

哥本哈根皇宮前運河

攝於2017年4月17日

哥本哈根新港靜謐春景

攝於2017年4月16日

上左：丹麥哥本哈根臺灣珍珠奶茶店
攝於2017年4月17日
上右：帥哥於丹麥哥本哈根羅森堡皇宮
攝於2017年4月17日
下圖：帥哥於哥本哈根皇家植物園
攝於2017年4月16日

上左：丹麥哥本哈根皇宮圖書館齊克果雕像
上右：丹麥哥本哈根皇宮衛兵崗哨
下圖：丹麥哥本哈根羅森堡皇宮前公園

攝於2017年4月17日

上左、下圖：丹麥哥本哈根羅森堡皇宮
上右：帥哥於丹麥哥本哈根羅森堡皇宮

攝於2017年4月17日

哥本哈根克里斯蒂安港區回照皇宮

攝於2017年4月17日

帥哥於哥本哈根克里斯蒂安港區

攝於2017年4月17日

哥本哈根小美人魚雕像
攝於2017年4月15日

上圖
姊姊與馬蹄兒攝於哥本哈根
小美人魚雕像

下圖
哥本哈根小美人魚雕像

攝於2017年4月15日

臺港澳學界同仁與家屬合影於德國法蘭克福機場

攝於2017年7月20日

德國萊茵河畔聖果爾遊艇碼頭前

攝於2017年7月20日

上圖：德國特里爾市區緣遇的陌生朋友
下圖：德國萊茵河畔聖果爾碼頭午餐前
攝於2017年7月20日

臺港澳學界同仁與家屬合影於盧森堡市政廳

攝於2017年7月21日

盧森堡憲法廣場後阿道夫橋

攝於2017年7月21日

德國特里爾摩塞爾河古羅馬橋前

攝於2017年7月21日

德國特里爾摩塞爾河古羅馬橋下

攝於2017年7月21日

德國特里爾市「黑門」同仁合影

攝於2017年7月21日

特里爾摩塞爾河古羅馬橋下同仁合影

攝於2017年7月22日

德國特里爾大學漢學系「經學・文體與體裁國際研討會」合影

攝於2017年7月23日

德國特里爾大學漢學系「經學‧文體與體裁國際研討會」
足球場旁露天餐會

攝於2017年7月23日

上圖：德國特里爾馬克思故居
攝於2017年7月24日
下圖：德國特里爾大學校門口
攝於2017年7月22日

德國波昂大學主樓前大草坪

攝於2017年7月24日

德國科隆萊茵河霍亨索倫鐵橋

攝於2017年7月24日

上圖
德國科隆萊茵河霍亨索倫鐵橋愛情鎖

下左
德國波昂貝多芬故居

下右
德國波昂貝多芬雕像

攝於2017年7月24日

德國科隆火車站

攝於2017年7月24日

德國科隆大教堂緣遇體育系學棣全家福

攝於2017年7月24日

上圖
德國奧古斯丁華裔學志研究中心複製
「大秦景教流行中國碑」

下圖
德國奧古斯丁華裔學志研究中心
座談會

攝於2017年7月24日

上圖
德國奧古斯丁華裔學志研究中心
波蘭籍魏思齊神父合影

攝於2017年7月24日

下圖
德國明斯特大學漢學系拜會座談

攝於2017年7月25日

德國明斯特大學漢學系圖書室與學長黃忠天教授

攝於2017年7月25日

比利時魯汶大學總館內東方圖書館座談合影

攝於2017年7月26日

荷蘭北海漁村沃倫丹

攝於2017年7月27日

荷蘭風車村大木鞋

攝於2017年7月27日

荷蘭風車村大草原

攝於2017年7月27日

荷蘭風車村大運河

攝於2017年7月27日

上圖：鹿特丹鉛筆屋
下圖：鹿特丹蔬果市場廳
攝於2017年7月28日

上圖：荷蘭海牙國際法庭和平宮
攝於2017年7月28日
下圖：荷蘭威尼斯羊角村
攝於2017年7月29日

荷蘭烏特列支運河邊與黃忠天、陳惠齡教授賢伉儷與鄭月梅教授餐敘

攝於2017年7月29日

布拉格伏爾塔瓦河查理大橋

攝於2017年8月5日

布拉格伏爾塔瓦河查理大橋

攝於2017年8月5日

布拉格伏爾塔瓦河風光

攝於2017年8月6日

布拉格城堡區俯瞰

攝於2017年8月6日

布拉格城堡區俯瞰

攝於2017年8月6日

捷克布拉格伏爾塔瓦河匯流口

攝於2017年8月6日

捷克布拉格伏爾塔瓦河橋上

攝於2017年8月6日

捷克布拉格伏爾塔瓦河橋上

攝於2017年8月6日

布拉格舊城胡斯廣場天文鐘

攝於2017年8月6日

布拉格舊城胡斯廣場

攝於2017年8月6日

上圖
捷克布拉格小城區伏爾塔瓦河畔
小憩享受冰淇淋

下圖
捷克布拉格小城區約翰・藍儂
紀念牆

攝於2017年8月6日

上圖：捷克布拉格老城區胡斯廣場
下左：捷克布拉格查理大橋老城區端
下右：捷克布拉格查理大橋小城區端
攝於2017年8月6日

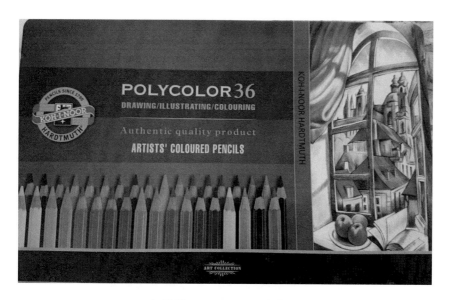

布拉格 Poly-color36色鉛筆

攝於2017年8月6日

布拉格 Mondeluz 億滋36色鉛筆

攝於2017年8月6日

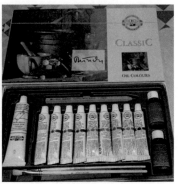

上左：布拉格小城區紀念品櫥窗
上右：布拉格經典油彩
下右：布拉格小城區國會花園

攝於2017年8月6日

布拉格伏爾塔瓦河夕照

攝於2017年8月6日

布拉格伏爾塔瓦河夜景

攝於2017年8月6日

布拉格小城區卡夫卡博物館後河橋風光

攝於2017年8月7日

布拉格伏爾塔瓦河遊船

攝於2017年8月7日

布拉格伏爾塔瓦河遊船

攝於2017年8月7日

上圖
布拉格老城區胡斯廣場前天文鐘

下圖
布拉格老城區魯道夫音樂院
德佛札克廳

攝於2017年8月7日

上圖：捷克布拉格小城區卡夫卡博物館
下圖：布拉格舊城區卡夫卡紀念雕像

攝於2017年8月7日

布拉格伏爾塔瓦河畔冰淇淋店

攝於2017年8月7日

布拉格小城區「約翰・藍儂牆」

攝於2017年8月8日

布拉格小城區國會花園全景

攝於2017年8月8日

布拉格小城區國會花園

攝於2017年8月8日

布拉格小城區國會花園池塘

攝於2017年8月8日

布拉格小城區國會花園景光

攝於2017年8月8日

上圖：捷克布拉格老城區卡夫卡紀念雕像
下圖：捷克布拉格皇宮區俯瞰市區

攝於2017年8月8日

上圖
捷克布拉格小城區山園佩特林瞭望
觀景塔

攝於2017年8月9日

下圖
布拉格民俗博物館

攝於2017年8月10日

布拉格「跳舞的房子」

攝於2017年8月10日

布拉格佩特林瞭望塔公園纜車

攝於2017年8月10日

布拉格伏爾塔瓦河橋上

攝於2017年8月10日

布拉格「市民會館」劇場

攝於2017年8月11日

布拉格小城區馬洛斯特蘭斯卡地鐵站（Malostranská）

攝於2017年8月12日

布拉格城堡區外風光

攝於2017年8月10日

布拉格哈維爾國際機場

攝於2017年8月12日

布達佩斯多瑙河東岸匈牙利國會大廈

攝於2017年9月2日

布達佩斯多瑙河畔公園

攝於2017年9月2日

布達佩斯多瑙河塞切尼鎖鏈橋

攝於2017年9月2日

上圖：布達佩斯多瑙河塞切尼鎖鏈橋
下圖：布達佩斯多瑙河塞切尼鎖鏈橋下

攝於2017年9月2日

布達佩斯多瑙河遊艇上

攝於2017年9月2日

布達佩斯多瑙河遊艇遠望西岸布達區

攝於2017年9月2日

匈牙利布達佩斯中央市場

攝於2017年9月2日

布達佩斯聖史蒂芬大教堂聖殿

攝於2017年9月2日

匈牙利布達佩斯國家戲劇院

攝於2017年9月2日

匈牙利布達佩斯多瑙宮殿（Duna Palota）夜晚音樂會前

攝於2017年9月2日

匈牙利布達佩斯多瑙宮殿音樂晚會紀念

攝於2017年9月2日

上圖：匈牙利布達佩斯聖史蒂芬大教堂廣場

攝於2017年9月2日

下圖：布達佩斯孟秋街景

攝於2017年9月3日

布達佩斯多瑙河布達皇宮區俯瞰鐵橋與佩斯區

攝於2017年9月3日

布達佩斯多瑙河遊艇碼頭

攝於2017年9月3日

布達佩斯多瑙河纜車俯瞰鐵橋與佩斯區

攝於2017年9月3日

布達佩斯皇宮匈牙利國家藝廊

攝於2017年9月3日

匈牙利布達佩斯自由廣場

攝於2017年9月3日

匈牙利布達佩斯自由廣場公園內美國已故總統雷根紀念銅像

攝於2017年9月3日

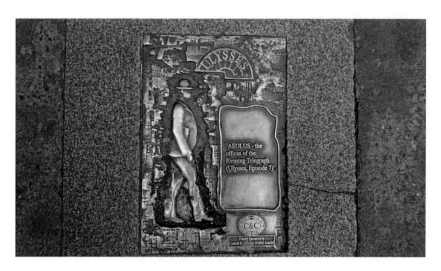

都柏林人行道上喬哀思紀念牌

攝於2017年9月8日

都柏林三一學院夜景

攝於2017年9月8日

愛爾蘭都柏林城堡

攝於2017年9月9日

愛爾蘭都柏林城堡

攝於2017年9月9日

愛爾蘭都柏林街景

攝於2017年9月9日

都柏林「基督教會大教堂」

攝於2017年9月9日

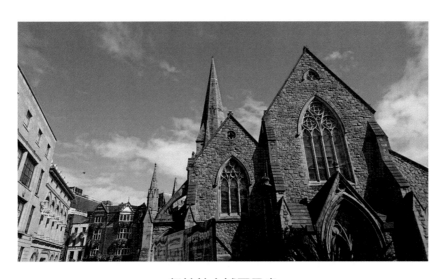

都柏林古城區風光

攝於2017年9月9日

都柏林三一學院

攝於2017年9月9日

都柏林聖三一學院校園嘉年華

攝於2017年9月9日

上圖：都柏林聖三一學院校園嘉年華
下圖：都柏林作家博物館喬伊思雕像
攝於2017年9月9日

愛爾蘭都柏林喬伊思雕像

攝於2017年9月9日

都柏林晚餐

攝於2017年9月9日

都柏林利飛河（River Liffey）夜景

攝於2017年9月9日

愛爾蘭都柏林街景

攝於2017年9月10日

愛爾蘭都柏林喬伊思雕像

攝於2017年9月10日

愛爾蘭西海岸嬰孩懸崖

攝於2017年9月10日

愛爾蘭莫赫斷崖杜林（Doolin）小鎮民宅

攝於2017年9月10日

愛爾蘭莫赫斷崖杜林（Doolin）小鎮餐廳

攝於2017年9月10日

愛爾蘭莫赫斷崖杜林（Doolin）小鎮民宅

攝於2017年9月10日

愛爾蘭莫赫斷崖杜林（Doolin）小鎮白屋

攝於2017年9月10日

愛爾蘭莫赫斷崖

攝於2017年9月10日

愛爾蘭莫赫斷崖

攝於2017年9月10日

愛爾蘭莫赫斷崖

攝於2017年9月10日

愛爾蘭高而威（Galway）古城街衢

攝於2017年9月10日

愛爾蘭都高而威古城二位「王爾德」
（Oscar Wilde & Eduard Vilde Statue）
雕像

攝於2017年9月10日

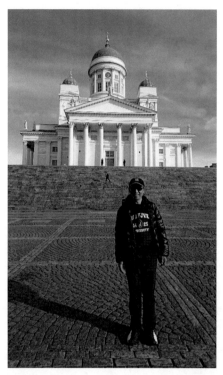

芬蘭赫爾辛基主教座堂廣場
攝於2017年9月16日

芬蘭赫爾辛基主教座堂廣場
攝於2017年9月16日

芬蘭赫爾辛基西貝流士公園

攝於2017年9月16日

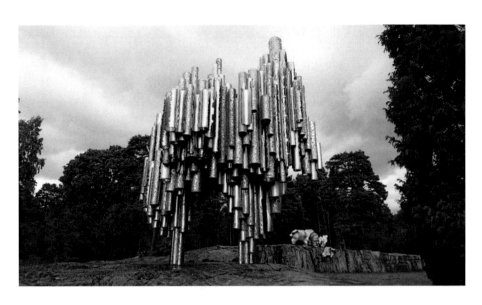

芬蘭赫爾辛基西貝流士公園

攝於2017年9月16日

赫爾辛基風景片

攝於2017年9月16日

赫爾辛基芬蘭灣郵輪

攝於2017年9月17日

上圖
芬蘭赫爾辛基搭乘遊艇前往芬蘭堡

下圖
赫爾辛基芬蘭堡國王之門

攝於2017年9月17日

赫爾辛基芬蘭堡

攝於2017年9月17日

赫爾辛基芬蘭堡古斯塔夫之劍砲臺

攝於2017年9月17日

赫爾辛基烏斯本斯基東正教堂聖母安息主教座堂

攝於2017年9月17日

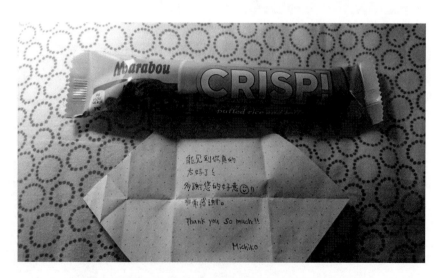

赫爾辛基青年旅舍緣遇的日本大阪美智子姑娘回謝

攝於2017年9月17日

芬蘭赫爾辛基大學

攝於2017年9月18日

赫爾辛基國會大廈

攝於2017年9月18日

赫爾辛基歌劇院

攝於2017年9月18日

赫爾辛基鐵路公車總站廣場小吃

攝於2017年9月18日

赫爾辛基空中夜景

攝於2017年9月18日

倫敦大學主樓

攝於2017年9月22日

倫敦大英博物館

攝於2017年9月22日

倫敦泰晤士河英國國會與大笨鐘

攝於2017年9月22日

倫敦聖・潘克拉斯國際車站

攝於2017年9月22日

倫敦聖‧潘克拉斯國際車站

攝於2017年9月22日

倫敦白金漢宮

攝於2017年9月23日

上圖：倫敦白金漢宮格林公園大門
下圖：倫敦白金漢宮格林公園

攝於2017年9月23日

倫敦國家藝廊

攝於2017年9月23日

上圖
倫敦國王十字火車站《哈利波特》
九又四分之三月臺

下圖
倫敦甘地公園

攝於2017年9月23日

與張之穎學棣合影於劍橋大學

攝於2017年9月24日

劍橋大學劍河上歎息橋

攝於2017年9月24日

劍橋大學國王學院

攝於2017年9月24日

劍橋大學國王學院後庭大草坪

攝於2017年9月24日

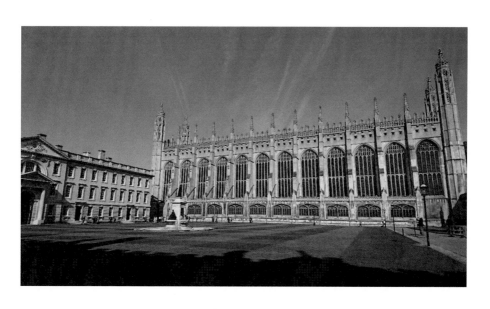

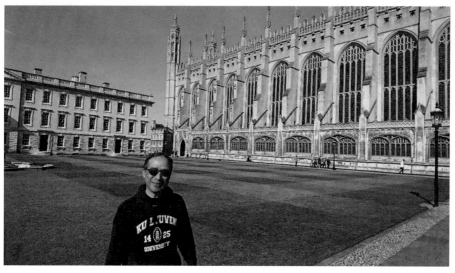

劍橋大學國王學院與禮拜堂

攝於2017年9月24日

劍橋大學國王學院禮拜堂

攝於2017年9月24日

劍橋大學劍河風光

攝於2017年9月24日

劍橋大學劍河風光

攝於2017年9月24日

劍橋大學劍河風光

攝於2017年9月24日

倫敦泰晤士河塔橋

攝於2017年9月25日

上圖：泰晤士河畔遠觀倫敦塔橋
下圖：倫敦泰晤士河遊艇風光

攝於2017年9月25日

波蘭華沙科學文化宮
攝於2017年9月29日

波蘭華沙維斯瓦河畔美人魚雕像
攝於2017年9月30日

上圖
華沙休閒旅館（Chillout Hostel）
會客室牆上旅者名言

下圖
波蘭舊都克拉科夫傳統市場所購食品

攝於2017年9月30日

圖版　雪泥鴻爪景情滋 123

波蘭華沙迪安宮總教區博物館 Maria Skuriat Silva 女士蕭邦鋼琴演奏會

攝於2017年10月1日

華沙新廣場美人魚雕像

攝於2017年10月1日

上圖：華沙新廣場美人魚雕像

攝於2017年10月1日

下圖：波蘭華沙皇家避暑園林維拉努夫宮

攝於2017年10月2日

挪威奧斯陸「維格蘭雕塑公園」

攝於2017年10月7日

挪威奧斯陸「維格蘭雕塑公園」
攝於2017年10月7日

挪威奧斯陸「維格蘭雕塑公園」

攝於2017年10月7日

挪威奧斯陸大學主樓

攝於2017年10月7日

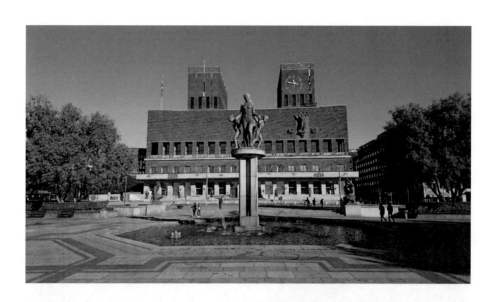

挪威奧斯陸市政廳前公園

攝於2017年10月7日

挪威奧斯陸峽灣風光

攝於2017年10月7日

挪威奧斯陸峽灣乘風破浪

攝於2017年10月7日

挪威奧斯陸峽灣遊艇

攝於2017年10月7日

挪威奧斯陸峽灣碼頭

攝於2017年10月7日

奧斯陸倣古桅帆船巡遊至國家歌劇院港灣

攝於2017年10月7日

奧斯陸海洋博物館外古樹二小男孩

攝於2017年10月8日

挪威奧斯陸阿克斯‧胡斯城堡俯瞰峽灣

攝於2017年10月8日

挪威奧斯陸市政廳大廳

攝於2017年10月8日

挪威奧斯陸國家歌劇院露天觀景臺

攝於2017年10月9日

挪威奧斯陸峽灣風光

攝於2017年10月9日

冰島雷克雅未克海濱藝術創作

攝於2017年10月13日

冰島冰川峽谷黃金大瀑布途中

攝於2017年10月14日

冰島冰川峽谷黃金大瀑布

攝於2017年10月14日

冰島冰川峽谷黃金大瀑布

攝於2017年10月14日

冰島平維利爾國家公園

攝於2017年10月14日

冰島間歇泉地熱園區

攝於2017年10月14日

冰島福祿迪爾天然溫泉

攝於2017年10月14日

上圖
雷克雅未克哈爾格林姆教堂

下圖
雷克雅未克哈爾格林姆教堂左前
傳統「洛基」晚餐美食

攝於2017年10月14日

圖版　雪泥鴻爪景情滋　　143

冰島卡特拉地質公園斯科加瀑布
攝於2017年10月15日

上圖：冰島卡特拉地質公園斯科加瀑布
下圖：冰島索爾黑馬冰川

攝於2017年10月15日

冰島索爾黑馬冰川

攝於2017年10月15日

冰島旅途遠望艾雅菲亞德拉冰川

攝於2017年10月15日

冰島塞里雅蘭瀑布

攝於2017年10月15日

上左：克羅埃西亞札格雷伯聖‧馬克教堂

攝於2017年10月20日

上右：克羅埃西亞十六湖國家自然公園大瀑布

攝於2017年10月20日

下圖：羅馬尼亞布加勒斯特

攝於2017年10月27日

上圖
保加利亞第二帝國首都
維力科・塔諾瓦城堡
攝於2017年10月29日
下圖
拉脫維亞里加購贈姊姊（秉忻）的俄羅斯娃娃
攝於2017年11月4日

上右：拉脫維亞里加國家科學院瞭望臺俯瞰
上左：拉脫維亞里加勝利廣場自由紀念碑
下右：拉脫維亞里加購贈家人的圍巾

攝於2017年11月4日

下左：拉脫維亞里加聖・彼得教堂幸運銅雕

攝於2017年11月5日

西班牙格拉納達聖・尼古拉斯瞭望觀景臺

攝於2017年11月10日

上圖
西班牙格拉納達皇宮內殿

下圖
西班牙格拉納達皇宮阿爾卡薩瓦堡壘
俯瞰市區

攝於2017年11月11日

上圖：巴黎塞納河右岸遠望艾菲爾鐵塔
下圖：巴黎塞納河橋上遠望巴黎鐵塔

攝於2017年11月25日

上圖：巴黎塞納河左岸法蘭西學院
下左：巴黎塞納河西堤島聖母院
下右：巴黎塞納河右岸黛安娜王妃
　　　紀念碑

攝於2017年11月25日

上圖：巴黎羅浮宮羅浮宮金字塔入口
下左：巴黎羅浮宮羅浮宮金字塔入口夜景
下右：巴黎塞納河羅浮宮左翼東側門夜色

攝於2017年11月25日

上圖：巴黎凱旋門
下圖：巴黎凱旋門俯瞰夜景

攝於2017年11月26日

上圖：巴黎塞納河左岸街頭

攝於2019年5月28日

下圖：巴黎蒙馬特聖心聖殿天主堂

攝於2017年11月26日

地中海島國馬爾他海景

攝於2017年11月27日

上圖：馬爾他貓咪

攝於2017年11月27日

下圖：馬爾他馬賽樂客漁港

攝於2017年11月28日

上圖：馬爾他古城集錦

攝於2017年11月27日

下圖：馬爾他馬賽樂客漁港

攝於2017年11月28日

上圖：馬爾他古城集錦

攝於2017年11月27日

下圖：馬爾他馬賽樂客漁港合照

攝於2017年11月28日

上圖：馬爾他古城集錦

攝於2017年11月27日

下圖：馬爾他馬賽樂客漁港夢幻海景

攝於2017年11月28日

上圖：馬爾他古城集錦

攝於2017年11月27日

下圖：馬爾他姆迪納（Mdina）古城獨照

攝於2017年11月28日

馬爾他古城集錦

攝於2017年11月27日

馬爾他夕照

攝於2017年11月27日

上圖：馬爾他馬賽樂客漁港
下圖：馬爾他馬賽樂客漁港獨照
攝於2017年11月28日

馬爾他馬賽樂客菜市場

攝於2017年11月28日

馬爾他馬賽樂客漁市場

攝於2017年11月28日

目次

捌 坎智篇

震仁篇

春遊荷蘭庫肯霍夫鬱金香花園

遠道晨興寬計度，尋幽訪勝思芳妌。金香馥鬱綻鮮葩，姹紫嫣紅親若故。

荷蘭王室錦園囊，千奇百態競爭光。躞蹀行吟新耳目，神馳綠野碧茵牀。

　　——步韻〔南朝・梁〕徐陵（孝穆，507-583）〈雜曲〉後二詩

　　二〇一七年三月二十八日星期二。清晨四點三十分，偕同太座、小兒「帥哥」（秉圻）一家三人黎明即起，梳洗整裝完畢，準備簡單麵包早餐，檢查預訂火車與法、比、荷國際高鐵「大力士」（Thalys）往返車票，以及荷蘭史基浦（Schiphol）機場至庫肯霍夫鬱金香花園（Tulip Garden, Keukenhof）賞花往返專車與入園聯票。隨即在天光未曉的寒冷早晨，心情輕鬆悅樂出門，搭乘三三五號首班五點三十三分的公車前往魯汶車站（Station Leuven），轉乘五點五十八分直達安特衛普中央車站（Antwerpen Centraal）火車，再續搭七點二十三分開往荷蘭史基浦機場的國際高鐵「大力士」，去程票價五十九歐元，費時僅五十五分鐘。從機場第四號入境出口，跟隨著明顯的宣傳指標，很快就抵達賞花專車站牌，班次密集，無須久候，工作服務人員親切的指引上車，春和景明，天朗氣清，一路陽光燦爛，蒼穹白雲悠閒，青草鮮綠芊綿，真是賞花遊園的大好時光。

　　不到九點三十分即抵達號稱是「世界上最漂亮的春天花園」——荷蘭庫肯霍夫鬱金香花園，重溫二〇〇四年四月下旬在荷蘭萊頓大學（Universiteit Leiden）漢學院客座研究時，初訪品賞芳華的甜美回憶。今年開園時間從三月二十三日至五月二十一日止，約莫兩個月的開放時間，吸引全世界的觀光

旅客絡繹於途，每年為荷蘭國庫賺取數億歐元的盈收。天氣預報本星期四後，天氣可能大變，趁春陽正好，先睹為快！從上午約九點三十分入園，初始人潮尚不擁擠，從從容容，安安靜靜，悠悠閒閒，一直觀賞到午後二點三十分，待在園中賞花約歷五小時，已經值回票價了；尤其，享受燦爛花海，翱翔繽紛美景，讓人心生喜悅無限、幸福有感！

庫肯霍夫屬於北荷蘭省（Noord-Holland）省會「花之城」——哈倫（Haarlem）郊外的一小部分，每到春天時節，該省各市鎮公園、鄉村農田綠野之中，到處都看得到姿態嫵媚的各色鬱金香，爭奇鬥豔，挹芬生色，一畦畦不同色彩的鬱金香花田，好像地上的彩虹一般，延伸輻射在豐饒廣袤的原野之中，映襯輝煌於湛藍清新的蒼穹之下，伴隨行旅過客消解不少鄉愁與相思。追憶起二○○四年客座期間，曾與當時訪問與交換於萊頓大學的北京大學趙旭東（已轉調中國人民大學）、北京語言大學沈治鈞兩位教授，在週末假日相約騎著腳踏車漫遊一日，並參加該區花車嘉年華會的歡樂時光歲月，雖然已是十餘年的塵封舊事，此時此際回想起來，更加珍惜現在擁抱的美好。

鬱金香原產於西亞土耳其（Türkiye），十六世紀中葉，才從土耳其被引進到歐洲，鬱金香鮮豔的花色與雍容華貴的氣質，迅速擄獲歐洲皇家貴族與百姓民眾的心，最高等級者被稱為「永遠的奧古斯都」（Semper Augustus），花瓣上有代表帝王的紫色條紋，其次為「將軍中的將軍高達」（Generaelen der Generalen van Gouda）、「海軍上將艾克」（Admirael van der Eijck）等，鬱金香成為財富的象徵；但由於一窩蜂炒作、投機哄抬，在十七世紀中期曾發生嚴重的「鬱金香熱」（Tulpenmanie, Tulpomania）金融危機事件，成為荷蘭經濟發展歷史上的一段插曲。

荷蘭自來以「低地國」（Nederland）與「歐洲花園」聞名於世，雖然只是四點一萬平方公里的小國家，由於地勢平坦，土壤肥沃，卻種植大約四四四三○英畝鮮花，每年大約培育九十億株鮮花，產量占荷蘭農業總產量的百

分之三點五;種植最廣泛的花卉為鬱金香,約有三十億株,佔總產量百分之四十七。而一五七五年創立的荷蘭第一所國立萊頓大學,在濱臨萊頓「白津」(Witte Singel)畔,附設植物園(Hortus Botanicus),環境非常古雅清幽。據載於一五九三年,由奧地利籍植物學家克魯斯(Carolus Clusius, 1526-1609)於此園引進培植第一朵純種鬱金香,後來成為荷蘭的國花,象徵著美好、莊嚴、華貴與成功。

庫肯霍夫鬱金香花園園區面積很大,古樹參天,流水潺湲,風光秀麗,景色優美。從主要大門入口進去後,前庭花道中,種植各色水仙與鬱金香,在晨光星露中,清淨澄瑩,更顯嬌豔欲滴,楚楚動人。全園主要展館都以荷蘭「奧倫治・拿索」(Oranje-Nassau)王朝皇家命名,首先迎賓的是「奧倫治・拿索館」(Huis Oranje-Nassau),內有各色品種花卉與馬賽克(Flower Shows and Flower Mosaic)布置展示,以及「星光大道」(Walk of Fame),在此館就引人入勝,欣賞良久不忍離去。再往前行則為現任「威廉・亞歷山大國王」(Koning Willem Alexander, 2013-;Willem-Alexander Claus George Ferdinand, 1967-)館,此館更加繽紛多彩、風姿綽約、燦爛絢麗的鬱金香展示,不知贏得多少鎂光燈的青睞,以及賺得多少觀光客的讚嘆!

再前行右轉,櫻花綻放、木蘭盛開,滿園春色,令人目眩神馳,一座古老的風車磨坊矗立一隅,前庭為小橋流水、草坪綠地,可以登臨遠眺花田,遊目騁懷;也可以購票搭乘颯颯潺潺小艇(Whisper Boat),悠悠蕩蕩在婉約窈窕的小運河之中,淺吟低唱;也可以逍遙自在踩踏在窸窸窣窣的木屑小道上,沿著運河小隄土丘,漫步靜觀,天光雲影映照左右,五顏六色輝耀前後,真是人生難得的身心靈淨化享受。

續往前行,在東北一角則為甫退位的「碧翠絲女王」(Koningin Beatrice, 1980-2013; Beatrix Wilhelmina Armgard, 1938-)館,此館主要為蘭花展示(Orchid Show),國色天香,確實不同凡響。或直行為藝術創造大道,或曲

折為花木園藝幽徑，再踅回略居園區中央的「威廉‧亞歷山大國王」館，略事休息，再品芬芳；藏修游息畢，再順著東西縱橫的核心觀景區，來到「威廉明娜女王」（Koningin Wilhelmina, 1890-1948; Wilhelmina Helena Pauline Marie, 1880-1962）館，白天鵝悠遊湖池之中，綠頭雁鴉戲弄於曲橋之畔，新娶于歸嘉偶，蹁躚繾綣於青紅綠白之中，波光瀲灩，花木扶疏，枝葉婆娑，動行靜觀，無所不宜，《孟子‧盡心下》篇曰：「可欲之謂善，有諸己之謂信，充實之謂美；充實而有光輝之謂大，大而化之之謂聖，聖而不可知之之謂神。」身處此靜穆寧謐的氛圍境界之中，心所同然，志所同歸，道所同致，其要在靈犀一點通耳。

末了，轉進西南角「茱麗安娜女王」（Koningin Juliana, 1948-1980; Juliana Louise Emma Marie Wilhelmina, 1909-2004）館，館中為「鬱金香熱」特展（Exhibition Tulpomania），以及鬱金香球莖知識資訊（Bulb Information）；再循著美妙動聽的電動音樂車旋律中，來到「伊蓮公主」（Prinses Irene, Irene Emma Elisabeth, 1939-）園區，小巧玲瓏的小噴水池花園，紀念商品店、餐飲休息館，至此已到遊園終曲，依戀著行止於小運河步道之中，回眸前瞻，花秀景麗目前，而出口已在咫尺之間，告別再會了！

再排隊搭乘專車至機場，順利乘坐下午四點三十四分的「大力士」（回程票價陡升至七十三歐元），五點三十分抵達安特衛普；匆匆之間，又再度瀏覽堂皇富麗的車站大廳，趕忙搭乘開往魯汶的列車，在夜色漸漸籠罩之中，一家三口散步平安返歸溫馨的住居。「卻顧所來徑，蒼蒼橫翠微」，荷蘭庫肯霍夫鬱金香花園品賞芳華一日，百媚千嬌，隨興口占吟賦藏頭鳳頂七律一首，以識此行之難忘。

北園沃野縱橫綠，荷土豐饒四季春。蘭馥傳馨培植善，哈芬蘊碧道存真。
倫村遍地葳蕤盛，省府全能惠濟均。麗澤豐通舟楫利，斯文姤遇性情神。

庫藏百態千嬌豔，肯毓三才六合新。霍士耕耘生造化，夫人薈萃釀精醇。
鬱林廣袤清幽境，金水輕靈悅樂身。香遠四方招貴客，花繁七巧滌囂塵。
園開兩月乘興賞，一發雙和盡美覯。日往星歸圓舊夢，遊心得意蔚彬彬。

撰於二〇一七年三月二十八日

春遊丹麥哥本哈根

花團錦簇氣生芳，紫色煙霞麗靄陽。短暫清華如過客，幽長美憶勝馨香。
青春會識無窮意，壯歲堪歆日月光。有限天時辜負去，秋風落葉遍玄黃。

一　首途鵬程

　　二〇一七年四月十四日星期五。春陽佳麗，天晴舒爽，正是出遊良辰吉
時。晨間，見臉書（Facebook）今天為門棣許倍銘老師生日，遂口占藏頭七
律遙寄為賀：

　　倍力教研育棟材，**銘**心刻骨輔童孩。**仁**人君子知書禮，**棣**萼芳華蘊斗魁。
　　生活靜安家泰貴，**日**常修止業豐開。**快**臨儒道誠虛境，**樂**善求真世界恢。

因是春假與復活節慶，兼以五十五歲母難日也將來臨，為了調濟身心，於是
偕同家人四口，加上女兒男友「馬蹄兒」（Mathieu Willame）共五人，安排規
劃遊覽丹麥哥本哈根（København, Danmark）四天三夜旅程。上午，在魯汶
（Leuven）住處處理論文、撰寫本系許俊雅主任交辦本校國際事務處「LINK
鏈國際・寰宇交流」分享韓國講學經驗心得中英文報導（詳參本書《拾、掔
習四部・史德編》之〈一、海東儒雅亦中華——客座韓國外大講學的心得與
體會〉）。

　　午餐簡單料理享用後，與太座、小兒「帥哥」（秉圻）漫步到魯汶火車站

（Station Leuven），搭乘前往布魯塞爾南站（Gare de Bruxelles-Midi, Brussel-Zuid）的班車，與女兒、「馬蹄兒」會集後，再轉搭三點的機場巴士，至布魯塞爾南方瓦隆法語區夏樂華機場（Charleroi Aeroport, Bruxelles Sud）。六點四十五分，準時搭乘愛爾蘭廉價瑞安航空（Ryanair），約一小時二十分鐘航程，高空下濃厚的層層疊疊雲海，非常壯觀美妙，宛如騰雲飛翔的神仙，又若「搏扶搖直上九萬里」的鯤鵬逍遙之遊，目馳神騖，久久不能自已。進入丹麥領空，湛藍深海中成列矩陣式的海上風力發電設施，以及綿延無盡的跨海大橋，首先感受到這個北歐小國「泱泱大邦」的文明風範。

尚在俯瞰思索之間，不旋踵平安降落丹麥哥本哈根機場。因是廉價航空，停機坪離入境大廳甚遠，走了好久才到出口處，直接通關無須再檢查行李。兌換丹麥克朗（Dansk Krone），購買七十二小時市內交通通行券後，晚餐在機場航站內漢堡王（Burger King）速食店飽滿解決。再搭乘火車至哥本哈根中央車站（Københavns Hovedbanegård），不到三十分鐘即到站，從古典高雅的車站大廳「7-11」便利商店左側走出車站，轉個角、拐個彎，即抵達住宿四天三夜的「城市雅房」（Urban House）二星級青年旅館，與十餘年前所住旅館僅一街衢之隔，充滿舊地重遊的親切感。

雖然抵達時已近子夜，但旅館大廳顧客滿滿，喧囂熱鬧無比。此店以電腦自動登記，領取房間與出入管制密碼，非常方便嚴謹，住在三樓三二七號六人房，長長的廊道，密密的客房，可見此店生意多好，經營手法靈巧周到，才能贏得如此眾多網客青睞光顧，口碑載道，四方遊客雲集，濟濟多士，漪歟盛哉！

二　風雨紀遊

二〇一七年四月十五日星期六。哥本哈根春雨綿綿，清寒冷冽。昨夜入

住後，猛然發覺忘記帶刮鬍刀與室內拖鞋，深恐四天下來不刮鬍子，可能出境要被懷疑為「恐怖份子」了；沒有室內鞋出入浴室，不方便也不安全，明晨再添購。一夜好眠深息，上午一早起床，精神甚佳，盥洗整裝畢，在一樓餐廳享受精美豐富的西式自助早餐，並盡情享受香蕉、蘋果、西洋梨、紅黃甜椒與各式口味優格，超乎想像的美好，內心對這家「城市雅房」（Urban House），以及這個文明先進的國家，心生無限的敬意！

撐著從臺北帶來的小黑傘，身穿輕暖的羽絨外套，先到附近超市購買旅行用輕便刮鬍刀一包、室內鞋一雙，總算解決第一樁生活日常小事。接著搭乘二十六路公車，前往重訪市郊港濱世界聞名的小美人魚（Den Lille Havfrue, The Little Mermaid）。一路春雨濛濛，行經中央古典精華市區，重新回到二〇〇四年初履斯地時的場景，歷歷在目，點點滴滴，縈繞心頭。

一到站，海邊風強雨驟，小小雨傘根本撐不住，許多來自世界各國的遊覽車、城市旅遊（City Tour）觀光客，即使傘折雨淋，為了一睹小美人魚靚容、一親芳澤，都前仆後繼，勇往直前，我也跟隨著發揮「風雨生信心」的精神，毅然決然，索性收傘，仗恃羽絨外套、雪鞋有防水特性，冒著狂風冷雨，一路狼狽前進，豪華郵輪數艘、私人遊艇數十艘靜泊港灣，銅綠的優雅雕像、綻放的粉紅間雪白繽紛春櫻，都自顧不暇，無法觀賞拍照。費盡力氣，雙手被冷風欺凌地發紅刺痛，現在到底是陽春，抑或是寒冬？心裡不禁懷疑而哆嗦起來了。好不容易，終於順利抵達小美人魚的尊容之前，時間不急，先在一旁欣賞凝觀，等候觀光團客趕忙拍照到此一遊，再好整以暇攝影，重溫昔年舊夢，心想事成，的確不虛此行。

好不狼狽，冷風不斷吹拂，寒雨持續潤澤，只好先乘二十六號公車，打道回府，重新整裝休息，以免風寒侵擾感冒，在寢室享受溫暖的滋潤；早餐享受飽足，午餐就簡單應付了。休息到午後三時許，忽然春陽乍現，如重見光明一般，又趁著佳時吉氣，趕快再度出門，仍然搭乘二十六號公車，直奔

再會小美人魚。抵達後，天又微雨，忽息忽落，但已不若晨間如此狂暴撒野了。午後觀光客多為韓國團，大家競搶鏡頭，十分熱鬧精彩，最後我也顧不得斯文，也加入此一「搶景爭美」戰局，取得不錯的地理優勢，攝取了數幀十分滿意的照片，怡然恬靜而去。

沿著港邊，雨況稍緩，時陰偶晴，一路蜿蜒前行，五角堡壘公園、噴水大池、複製大衛雕像（Statua di Davide）、皇宮大教堂，對岸現代造型歌劇院（Operaen）……，目不暇給，美不勝收。因天冷步行又久，時漸晚，天漸變，只好改搭六十六號公車先行返歸，暫時休養一下。約莫半小時憩息，元氣精神恢復，又整裝前往市政廳，以及號稱世界最長、延綿數里的斯特羅蓋特（Stroget）購物步行街，選購紀念商品。微雨不停，人潮漸去，只好敗興而歸。到住處附近日式壽司（Sushi）餐館享受一頓豐美晚餐，老闆及服務人員其實都是中國人，配上一杯世界著名的丹麥嘉士伯（Carlsburge）鮮啤酒，就幸福的不得了。

今天剛好是高雄中山大學第一屆外文系李月嬌同學生日，第一屆四系（中文、外文、企管、電機）同學聯誼會，適在新竹同學花園餐會慶祝，於是乘興口占一詩遙祝，以表賀忱：

月中春馥好時光，**嬌**美性嘉友輔香。**同**薈一堂欣舞唱，**學**行滿腹悅芬芳。
生生氣沛風流照，**日**日神豐麗則陽。**快**譜佳音山海大，**樂**憂兩忘鳳求凰。

後四句頸聯、尾聯原作：「生氣沛充豐麗照，日元蓬勃健昭陽。快迎知命天地大，樂以忘憂比鳳凰。」今修改如上。晚歸靜息，又是一夜好眠。

三 攬勝觀光

二〇一七年四月十六星期日。天晴清冷，上午晨起，梳洗畢，又愉快地到一樓餐廳享受自助美食，房客明顯少了許多，因春假即將結束，下週一就恢復正常生活了。早餐畢，上樓休息後，步行到哥本哈根中央車站右側公車站，搭乘六十六號公車，打算前往昨晚未盡興遊覽的新港（Nyhavn）碼頭，這處色彩炫目的觀光景點，也是《丹麥女孩》（*The Danish Girl*）電影中，男（女）主角住處拍攝場景，十分具有特色。不料搭錯方向，車行愈來愈離市區，發現不對頭，馬上下車，再到對面回歸正途，順利抵達新港，因天候轉佳，觀光遊客已經不少。今天適逢皇后誕辰，每輛公車車頭車尾都懸掛丹麥國旗，以為慶賀，而我的生日誕辰即將來臨，感覺同瞻德澤。

在新港流連拍照留念，最終還是決定搭乘遊艇觀光。自新港快速航行至大港灣區，第三度海上探望小美人魚，誠心敬意十足；又第二回觀賞浪漫的皇宮港區，再巡遊市區運河，約一小時航程，有專業英語導覽，對於快速瞭解哥本哈根重要名勝史蹟，可說是最為便捷經濟的方式。遊賞畢，又搭乘六十六號公車，返回中央車站，在站內「7-11」購買簡單午餐，隨即憑新港遊艇與蒂沃利（Tivoli）遊樂園聯票進園，此園已逾百年歷史，也是美國迪士尼（Disney）的原型，二〇〇四年四月曾初遊此園，至今猶印象深刻，記憶如新。已逾知命之年，不想多浪費錢財（入園票僅能參觀，無法遊樂，須另外購票），於是先找定吉處佳座，輕享「7-11」簡餐，順便懷念一下在臺灣「無所不在，全時服務」的家鄉溫馨幸福滋味與感受。

午餐後，漫賞全園風光設施，觀賞童趣表演，約費二小時即賦別，先步行返歸住處休息。午五時前，再到中央車站搭乘火車，僅一站數分鐘即抵達皇家植物園（Royal Botanic Garden），因午六時關園，趕緊利用時間，參觀別致美觀的溫室，週遭環境自然寧靜，悠然自適，乘興而來，盡興而歸。晚

餐至網路佳評不斷的帕魯登‧博格（Paluden Boger）書店咖啡餐廳（頗類臺北「誠品」、臺中「宮原眼科」）用膳，滿壁古籍圖書（可惜限制觸摸取閱），對面即是古典華美的哥本哈根大學總圖書館（Generelle Bibliotek, Københavns Universitets），點了一道不到九十丹麥克朗的今日特餐，送上來是雞丁、蔬菜咖哩飯，很合胃口，再加點大杯嘉士伯（Carlsburge）生鮮啤酒，杯盡盤空，大快朵頤，滿足辭別。

　　夜色迷離，燈光閃耀，倦鳥必須歸巢，遊子仍待返歸；再搭乘僅一站火車，到達中央車站，輕鬆欣悅步行回到「城市雅房」，一樓大廳寂寥不少，氣氛倒是安寧許多。在床邊細細回顧三日旅程，一字一字留下「雪泥鴻爪」，期待東西師友門生親屬，「但願人長久，千里共嬋娟」。夜無眠，譜心曲，誠如著名作家琦君（潘希珍，1917-2006）《煙愁》所謂：「留予他年說夢痕，一花一木耐溫存。夢中相會醒時淚，一縷煙愁斷腸人。」

四　回眸賦歸

　　二〇一七年四月十七日星期一。清晨偶雨，日間晴寒，若將欲雪，清冷舒暢。今天是告別哥本哈根的日子，上午十一點須離開旅舍，但無須辦理退房（Check out）手續，時間一到，房門電子鎖碼即自動失效，對於暫寓四天三夜的「城市雅房」青年旅館，不免有些離別的惆悵與失落感。

　　豐盛早餐後，行李打包妥善，隨即依依不捨前往鄰街轉角的哥本哈根車站，費了一些工夫，終於成功寄放背包行李於電子鎖碼置物櫃中。離晚間八點〇五分的斯堪地那維亞航空公司（Scandinavian Airlines, SAS）SK2593航班，至少還有六小時以上可資利用，於是搭乘站外六十六號公車，前往二〇〇四年四月曾初訪的克里斯蒂安堡皇宮（Christiansborg Slot），以及座落於右側的皇家圖書館（Det Kongelige Bibliotek），約十一點抵達，一點三十

分才離開，重新回味當年初訪時的美好印象。

　　克里斯蒂安堡皇宮最早為當時國王克里斯蒂安六世（Christian VI, 1699-1746）所建造，壯觀、華麗、顯赫、舒適，除了是皇家宮殿外，同時也是丹麥中央政府大樓所在地，包含丹麥議會（Folketinget，全國一七九位當選議員）、首相辦公室與最高法院，以及皇宮接待室、皇宮教堂，還有前庭兩側的皇家馬廄（De Kongelige Stalde, The Royal Stables）與皇家馬隊校練場。建築風格主要以當時非常流行的巴洛克（Baroque）、新古典主義（Neo-Classicism），以及新巴洛克（Neo-Baroque）為主，也局部混搭洛可可（Rococo）式風格。整體建築風格特色是纖巧繁複，內部以白色為主要色調，高雅、莊嚴、肅穆的大理石與木質地板，加上華美的天花板雕飾、高大明鏡、水晶吊燈、藝術掛毯與油畫等，吸引不少慕名而來的觀光客，接待親切，大方開放，嘉評如潮，非常值得造訪。

　　途經希臘、羅馬廊柱長段排列的國家博物館（National Museet），只能過門而不入，引領興歎而已；下了六十六號公車，沿著內港（Inderhavnen）港灣市內運河段，首先映入眼簾的是清澈湛藍的海水河面，從一七三九年即建造的一座古典樸實的大理石橋橫陳於皇宮大門正前，及兩座洛可可風格的衛亭，彷彿優雅別致、丰姿俊雅的親善大使，引導遊客入宮。此處小橋流水，風光旖旎怡人，昨日遊艇曾匆匆一過，不能仔細端詳、好好欣賞，故在此佇足取景，流連頗久乃進入前庭馬場與馬廄，可惜馬廄沒有開放，不能重溫二〇〇四年初訪時的舊憶，十分可惜遺憾。進入中庭，聳立於皇宮正殿中央高達一〇六公尺的塔樓，令人仰觀歎止！國王克里斯蒂安九世（Christian IX, 1863-1900）戎馬銅像迎風昂揚屹立於馬場之後，英氣勃發，瞻望觀賞而辭去；天氣寒冷，北風凜冽，並未見皇宮衛士堅守崗位，便乘隙調皮的竄入崗哨小亭，拍照留念，過過乾癮。

　　又轉進左翼皇宮接待室，因身無丹麥克朗，且時間不甚寬裕，並未購票

入內參觀豪華、富麗、堂皇的內殿，只在紀念品室瀏覽一過，隨即從左邊門離去，在宮外大街上欣賞市區各式建築與紀念雕像；再從皇宮後面右翼，轉進古典、優雅、靜謐的皇家圖書館院區，再次拜謁心儀甚早的存在主義開山大師齊克果（Søren Kierkegaard, 1813-1855）銅雕座像，靜觀追思，「讀其書，論其世」，尚友哲儒，權充此行對於生命存在意義省思的學術印記。

告別皇家圖書館，已過正午甚久，循著皇宮外牆沿行至大門衛亭河橋，回顧再三做最後的巡禮。賦別後，散步經國家博物館列柱廊道，右轉市政廳方向，再右轉巷內，找到僅此一家、別無分號的臺灣珍珠奶茶店（Taiwan Boble te Butik），本想找老闆閒話家常，聊聊天，以慰離鄉愁緒，不料臺灣老闆已頂讓給原籍青島的北京夫婦，點了兩杯不同茶品奶茶，悵然若失而去。走到市政廳右側，停留在斯特羅蓋特（Stroget）購物徒步街上的肯德基店（KFC Butik）一隅，享受略失家鄉原汁原味的奶茶，略事休養充電後，還有充分時間，於是再蹓回哥本哈根中央車站，搭乘僅一站車程火車，前往昨午後曾參觀的皇家植物園一街之隔、初建於一六〇六年的羅森堡皇宮（Rosenborg Slot），以及宮內的兩處自然淳樸而美麗壯闊的皇家園林（Rosenborg Slotshave, Kongens Have）。

城堡皇宮內珍藏著皇家珠寶與皇冠，又鄰軍事重地，因此有全副武裝的男女重兵巡邏守衛。在深具文藝復興時期建築特色的城堡四週，參觀瀏覽，氣勢甚佳，景光很美，頗有驚豔之感，沒有枉費時力心神「觀國之光」，「有孚顒若」，真是不虛此行。因考慮到時間與經費等因素，並未購票入內廳參觀皇冠、珠寶等珍藏，從城堡護城河橋上，邁進別有天地的皇家林園，長長的青青草坪上，春華尚未崢嶸綻放，但是自然渾厚的造景，巧思精構的林木花草設計，在午後清冷純淨的春風中，精神抖擻，心靈搖蕩，旅程中的疲憊、生命裡的渣滓，盡消放空，何等逍遙，何等自在！漫步園中，頓時頃刻之中，化身為「國王」（Konge），享受著無上的尊榮。

吟詠著英國詩人威廉‧布萊克（William Blake, 1757-1827）《天真的預言‧一粒沙子》（"A Grain of Sand", *Auguries of Innocence*）：「一沙一世界，一花一天堂。無限掌中置，剎那成永恆。」

To see a world in a grain of sand,

And a heaven in a wild flower,

Hold infinity in the palm of your hand,

And eternity in an hour.

剎那即成永恆，為掌握最後有限美好的時光，趕緊再搭乘火車返歸哥本哈根中央車站，轉乘九號公車前往小美人魚（Den Lille Havfrue, The Little Mermaid）、雅瑪蓮堡皇宮（Amalienborg Slot）與新港（Nyhavn）港灣區隔海相望對面的克里斯蒂安港區（Christianshavn），這裡本來是海軍基地、工商漁業廠區與倉儲，現在則改造為非常具有特色的文創藝術飲食經濟園區，這裡有非常深具創意的丹麥藝術文化中心（Dansk Arkitektur Center），各式特色商店、小吃街（Papirøen）與 CC 現代藝術中心（Art Center, Copenhagen Contemporary），更為著名的則是現代造型的歌劇院（Operaen）。港區戶外遊客身影少見，但一進室內則喧囂熱鬧，人滿為患，彷彿臺灣各著名夜市情景，真是大開眼界了！

在小吃街參觀遊賞完畢，靜坐出口附近，享受一杯濃郁溫熱可可，幸福感十足。又行動從容，神情愉悅，回顧再三，因不知何年何月還能光臨，趕緊拍照，留下一幅幅生動深刻的生命旅程中，曾經擁有的一段美好麗景春光。搭乘下午五點十六分原班公車返回哥本哈根火車站，領回託放行李，再搭乘機場專車，即將告別哥本哈根了。因待歸倦鳥群集機場，通關安檢有效快速，六點五十五分在機場餐飲區，以法國麵包佐鮮蝦沙拉為晚餐，七點四

十五分準時登機，八點○五分飛機預備起飛，整建中的機場雖然不甚豪華，但有效律的運作，有創意的設計，還是為二度哥本哈根行旅，再次鐫刻美好的印象與難忘的回憶。

　　深夜，從布魯塞爾機場（Aéroport de Bruxelles-National, Luchthaven Brussel-National），轉搭末班火車回到魯汶，行囊飽滿，隨著星月，徒步返家，甜蜜入夢，直到天明。

　　　　　　　　　　　　　　撰自二○一七年四月十四至十七日

陸

離禮篇

德國特里爾大學經學、文體與體裁國際會議日記

　　二〇一七年七月十九日星期三。天氣晴朗，晨溫午熱。上午搭乘八點十九分從魯汶（Leuven）到布魯塞爾南站（Gare de Bruxelles-Midi, Station Brussel-Zuid）班車，不到九點即抵達，先在候車室休息，再上月臺搭乘十點二十五分的德國國際高鐵（ICE），經列日（法文：Liège，荷蘭文：Luik）、亞琛（Aachen）、科隆（Köln）、科隆波恩機場（Flughafen Köln/ Bonn），約午後一點三十分抵達法蘭克福國際機場（Flughafen Frankfurt am Main），天氣有點悶熱，ICE 到德國境內後，乘客陸續上車，加上車廂被行李擠滿，不僅出入不方便，悶熱又擁擠，感覺十分不舒服。到達機場火車站後，先轉乘到第一航站瞭解週遭環境，隨即至機場對面喜來登（Sheraton）飯店詢問是否有客房可以入宿一夜，一晚房費一七五歐元，上午六時左右需退房，難得享受一回，安排住在四〇五七房，準備好好休息，養精蓄銳一番。

　　二〇一七年七月二十日星期四。晨雨，天朗氣清，惠風和暢，溫度攝氏十七至二十五度之間。一早即到法蘭克福機場第一航站檢視航空抵達時程，準備六點四十分迎接臺灣、香港與澳門參會學者一行，含家屬逾四十人。國泰 CX289 停在第二航站 E 出口，又匆匆搭乘機場電車（Tram）轉往，而飛機延誤到七點十二分才降落（Landing），等候時與先行抵達的香港李雄溪教授等一行師友先會合。八時後，臺灣師友才出關，接機集合完成後，先搭乘安排好的遊覽車前往法蘭克福市政廳「羅馬廣場」（Forum Romanum）參觀，雨中與臺中中興大學中文系林淑貞教授同行至緬因河（Main）鐵橋欣賞風景。隨後九點四十五分上車，車程一一五公里，前往萊茵河畔享受德國豬腳

午餐，餐後至聖・果爾（St. Goar）碼頭搭船遊河，經貓堡（Katzenburg）、鼠堡（Rattenburg）等四站抵達河畔博帕德（Boppard）小鎮，參觀三十分鐘，下午三點三十分上車，車程一二五公里，直接前往馬克思（Karl Marx, 1818-1883）故鄉、德國最古老二千年羅馬古城特里爾（Trier）聖・馬可（San Marco）義大利餐廳晚餐，牛肉燉飯配黑啤酒二點四歐元，再分享林淑貞老師大方餽贈紅酒三點九歐元。晚上七點上車，至三星級維也納酒店（Vienna Hotel），八點後獨自一人步行至羅馬凱薩浴場（Kaiserthermen）、選帝侯宮（Kurfürstliches Palais）、黑門（尼格拉城門，Porta Nigra），以及市區中心與教堂、博物館瀏覽一過，穿街過巷，古意盎然，夜間拍照，迷離浪漫許多，再循原路返歸已近十點三十分，隨即盥洗，準備明天週五的會議，至深夜十二點十七分才準備入寢。

特里爾羅馬時代黑門與法國巴黎東北方香檳區漢斯（Reims），英語音譯為理姆斯一樣，有羅馬時代留下的古城門，漢斯的聖母主教座堂（Cathédrale Notre-Dame de Reims）是以前法國國王加冕大典之處，地位如同倫敦西敏寺（Westminster Abbey），而巴黎聖母院（Cathédrale Notre-Dame de Paris）其實是漢斯聖母院的翻版。一九九九年九月，隨同已故臺灣師大前校長簡茂發（1941-2015）教授擔任團長的歐洲教育指標參訪時，曾經先到漢斯拜謁，淡江法文系畢業、高雄美濃客家鄉親的旅行社領隊蕭先生，那時帶領我們一團，在漢斯徒步參訪，在漢斯聖母院前，還有當時自烏克蘭（Україна, Ukrayina）流浪到此的藝人，在演奏小提琴與自製 CD，我因小兒「帥哥」（秉圻）學習小提琴多年，還買了一片 CD 帶回欣賞；其後，又參訪特里爾，拜謁黑門與馬克思故居紀念館（Museum Karl-Marx-Haus），「卻顧所來徑，蒼蒼橫翠微」，往事歷歷難忘。

二〇一七年七月二十一日星期五。天氣攝氏十四至二十六度，依然晴和舒爽，正是出遊與會議的美好時光。旅館早餐完，上午至盧森堡（Luxemburg）參觀，車程五十公里，午後二點三十分會議才正式開幕。抵達盧森堡後，先於市政廳拍攝團體合照，隨後步行參觀市內名勝古蹟。見香港郭鵬飛教授儷影成雙，鶼鰈情深，特賦詩一首致意紀念：

憲法廣場儷影佳，盧森堡壘世奇葩。西風古道鵬飛客，款款情深燦勝霞。

午餐享用於市中心一家廣東人所開中國餐廳，餐後隨即返歸特里爾，開幕式與會議正式開始，特里爾大學校長與漢學系主任蘇費翔（Christian Soffel）教授分別致歡迎詞與介紹，濟濟多士，漪歟盛哉！

會議分別兩組，進行十分順利圓滿，晚餐於市郊足球場旁運動餐廳，青青草坪為伴，佳餚、美酒與勝友為侶，真是難得的享受與經驗。餐後返歸旅館，我又獨自漫步市郊鄉間小徑，跨越特里爾火車南站（Trier Sud），到達摩塞爾河（Mosel），再往前至古羅馬橋（Die Römerbrücke, Alte Moselbrücke），在溪底小碼頭雁鴉群集處，豔遇一位年輕的保加利亞姑娘，又在羅馬橋頭緣遇一位年輕的德國青年，他幫我拍了幾張羅馬橋獨立美照，可供日後回味憶念。

垂暮臨晚，夜遊漫步，「Fu」甚佳，四周闃寂漆黑一片，獨享溪畔古橋美景，別有幽趣；再循國王綠蔭大道返歸，梳洗沐浴畢，一夜好眠至天明！

二〇一七年七月二十二日星期六。天氣攝氏十六至二十七度，溫涼怡人。晨興，賦謝同行嘉義大學中文系馮教授曉庭仁兄：

曉聲清暢友嚶鳴，庭德雅吟樂善寧。勞怨任當無反顧，仁人志士鑄典型。

未參會師友之隨行家人，早餐後從特里爾出發，車程一一〇公里前往法國梅斯（Metz）觀光。上午與德國希爾德斯海姆大學（Universität Hildesheim,

University of Hildesheim）哲學系葉格正教授（Prof. Henric Jager）同場，他是研究德國在山東青島著名之傳教士衛禮賢（Richard Wilhelm, 1873-1930）的專家，承蒙他親贈曾經在臺北國家圖書館國際會議廳緣會的衛禮賢孫女貝蒂娜・威廉（Bettina Wilhelm）所執導拍攝《衛禮賢與易經》（*Richard Wilhelm and the I Ching: Wisdom of Changes, La Sagesse des Transformations*）傳記影片，俟有機會再與家人、學生一同分享欣賞。

會中，波蘭籍魏思齊（Zbigniew Wesolowski）教授提問交流，見賢思齊，文會友輔，樂何云之！第一場會議發表、討論，口占七絕一首存識：

> 同人于野利涉川，類族辨物君子觀。位育中和清宋論，辨章考鏡道心傳。

二〇一七年七月二十三日星期日。天氣依然在攝氏十六至二十七度之間，溫涼清爽。上午主持最後一場分組會議後，將圓滿閉幕，午餐後即出發至波昂（Bohn），車程一六七公里；明天將參訪位於聖・奧古斯汀（Sankt Augustin）的《華裔學志》（*Monumenta Serica. Journal of Oriental Studies*）。閉幕典禮特口占賦感，冠首藏頭嵌題排律一首，寄上平聲一東韻：

> **經**宗至道宣鴻教，**學**理辨章論異同。**文**溯乾坤三易變，**體**衡今古六觀通。
> **與**詮正義商量密，**體**善求真證運隆。**裁**輔講評頤養富，**國**光斟酌鼎亨崇。
> **際**逢緣遇新知己，**學**貴豐迎大有功。**術**業專攻謙厚積，**研**修博習晉圓融。
> **討**源竟委彰損益，**會**約將來貫始終。**圓**潤含弘微顯闡，**滿**心快意達西東。

首句化用《文心雕龍・宗經》：「經也者，恆久之至道，不刊之鴻教也。」次句引用清儒章學誠（實齋，1738-1801）《校讎通義》：「辨章學術，考鏡源流。」第三句參引《謚法解》：「經天緯地曰文。」《易緯・乾鑿度》：「《易》

一名而含三義：易，一也；變易，二也；不易，三也。」東漢鄭玄（康成，127-200）《易論》、《易贊》：「《易》一名而含三義：易簡，一也；變易，二也；不易，三也。」第四句引見《文心雕龍·知音》：「將悅文情，先標六觀：一觀位體，二觀置辭，三觀通變，四觀奇正，五觀事義，六觀宮商。」第五句典出宋儒朱熹（晦庵，1130-1200）〈鵝湖論辨詩〉：「舊學商量加邃密，新知培養轉深沉。」第六句化用清儒焦循（里堂，1763-1820）《雕菰集·與劉端臨教諭論學書》：「證之以實，而運之於虛，庶幾學經之道也。」第七句參引《周易·泰·象傳》：「地天交，〈泰〉；后以裁成天地之道，輔相天地之宜，以左右民。」《周易·頤·象傳》：「養正則吉也。」〈序卦傳〉：「〈頤〉者養也。」〈雜卦傳〉：「〈頤〉，養正也。」第八句參引《周易·雜卦傳》：「〈革〉，去故；〈鼎〉，取新。」

　　第九句形容參會師友舊雨新知，「群賢畢至，少長咸集」，「以文會友，以友輔仁」，聞道心喜。第十句互用《周易·賁·象傳》：「觀乎天文，以察時變；觀乎人文，以化成天下。」《周易大有·上九》爻辭：「自天祐之，吉無不利。」第十一句義取《周易·謙初六·小象傳》：「謙謙君子，卑以自牧。」蘇軾〈稼說送張琥〉文：「博觀而約取，厚積以薄發。」第十二句典出《禮記·學記》：「博習親師。」《論語·雍也》：「博學於文，約之以禮。」第十三句取義於《老子》與《周易》〈損〉、〈益〉兩卦。第十四句義取《禮記·學記》引《尚書·兌命》曰：「念終始典於學，其此之謂乎！」

　　臺灣師大交誼深篤的八位同仁共組「八卦聯誼會」，三十餘年來每月輪流作東，「契闊談讌，心念舊恩」（曹操〈短歌行〉），持續不輟，因一年研究於比利時魯汶大學，會友雅集，作客他鄉，獨缺一人，賦詩遙和寄意：

八卦佳朋聚一堂，雲和雅集貴三藏。春風滿面馨傳遠，麗影豪情潤德芳。

撰自二〇一七年七月十九至二十三日

臺灣、港澳、特里爾大學師友與隨團家屬參訪紀行

一　參訪聖‧奧古斯汀《華裔學志》與聖言會修道院

> 所有的愛，都是從出生開始。
>
> 人類的開始，就是從生活開始。（人出生，就開始生活。）

　　二〇一七年七月二十四日星期一。寒風暑雨，溫度在攝氏十三至二十四度之間，雖時當盛夏，氣候宛如三春，反覺清新涼爽、舒暢怡悅。

　　昨天午間，特里爾大學會議閉幕典禮後，前往市區社會學與社會科學鼻祖之一的卡爾‧馬克思（Karl Marx, 1818-1883）故居附近酒莊餐廳午餐。餐後，獨行參訪馬克思故居。下午五點離開特里爾，經高速公路前往波昂（波恩，Bonn），車程約二小時，夕陽餘暉灑金在樹梢，層層疊疊，非常賞心悅目。進入波昂市區，首先參觀波昂大學，綠草如茵的大廣場，令人欣羨；又前往波昂市政廳廣場，參訪已關閉的貝多芬（Ludwig van Beethoven, 1770-1827）故居、波昂大教堂，以及教堂廣場上的貝多芬紀念雕像，晚餐自理，在舊城壘旁邊店家買了三歐元的沙威瑪，隨興坐著享用；簡單晚餐後，半小時車程，於晚上十點抵達位於布魯嫩大街（Brunnenstraβe）的多梅羅酒店（Dormero Hotel）下榻，「前不著村，後不著店」的鄉間旅館，周圍一片漆黑，別有幽趣。

　　住宿安排在三一一房間，但如迷宮般的設計，以及指標不明確，左轉右

拐，始終找不到房間，回到櫃檯詢問，方才瞭解此房位於沒有電梯的頂樓，室友馬偕醫護管理專科學校劉錦源老師有沉重的行李，不便上下階梯，於是請求更換房間，改到二一四房，此雅房一張兩人大床，窗外有木質大陽臺，擺了二張椅子，房內冰箱飲料全部免費提供享用，真是服務周到。數年前，曾忝任劉錦源老師於新竹清華大學中文系博士學位口試校外委員，他性格憨厚淳樸，因緣再度欣遇於德國，此行一路將同室共寢十天，也是難得的福緣。隨團與會參訪已第六天，夜宿鄉鎮內幽靜旅館，獨自漫步夜遊，一片闃寂漆黑，在旅館周遭環繞一大圈後，盡興而歸，清夜好眠。

　　晨興，早餐畢，九時準時上車出發，前往位於聖‧奧古斯丁市（Sankt Augustin）《華裔學志》（*Monumenta Serica. Journal of Oriental Studies*）與聖言會（Societas Verbi Divini, SVD; Gesellschaft des Göttlichen Wortes, Society of the Divine Word）修道院參訪。臨行前，國立政治大學中文系車行健教授似乎遺忘一袋行李，趕緊回房尋找，還好沒有問題。車行三十五分鐘後，順利抵達與輔仁大學同屬聖言會系統的聖‧奧古斯丁市天主教聖言會修道院，和藹帥氣的顧院長親切迎接，先引領大家到《華裔學志》會議室，由波蘭籍的魏思齊神父（Zbigniew Wesołowski, SVD）簡報《華裔學志》的過去、現在與未來，《華裔學志》是天主教聖言會神父們，抵達中國傳教後創辦的「宗教與漢學」刊物，刊名由前北京輔仁大學陳垣（援庵，1880-1971）校長題名，魏神父特別強調此「裔」不是「後裔」，而是「四裔」，就是四方外國之意，以與「華」之中國相對而言。魏神父將《華裔學志》分成四期介紹：

一、中國時期（1935-1948）；
二、日本時期（1949-1962）；
三、美國洛杉磯時期（1963-1971）；
四、德國聖‧奧古斯丁時期（1972-）。

魏神父聲如洪鐘，PPT 解說分析十分詳盡，非常充實豐富，引人入勝。簡報前，同團劉錦源老師竟然在此巧遇清華大學博士班同學謝嘉文，她來此從事短期研究，並與我交流分享歐洲漢學研究的心得。隨後，參觀圖書館、教堂，中午即在教堂內專用餐室，在肅穆祥和的氣氛中，享用清新素膳料理，也是特殊的經驗與珍貴的體會。

下午一點三十分，滂沱大雨中，離開《華裔學志》與修道院，啟程前往科隆（Köln），車程三十分鐘。二點，抵達科隆大教堂（Kölner Dom, Hohe Domkirche St. Peter und Maria），小芳領隊率先排隊購票直上到教堂最頂端，「一覽眾『物』小」。我則入堂參觀聖殿，以及拜謁東方三博士靈龕；之後，團友吳伯曜與洪純凌賢伉儷即跟隨我走出教堂，洪女士賢弟為臺灣師大國文系畢業，曾修習開設的訓詁學課程，因此關係故倍覺親切。在風雨時斷時續中，一同參訪德國最古老（已有九百年餘年歷史）的科隆市政廳（Kölner Rathaus）、萊茵河霍亨所倫鐵橋（Hohenzollernbrücke）與科隆中央火車站（Köln Hauptbahnhof）等，風光旖旎，秀色可餐，乘興大觀，盡興樂歸。

五點三十分集合前，在科隆大教堂廣場，巧遇臺灣師大體育系八十級、臺中至善國中學務主任葉競聲與化學系八十級、臺中四箴國中教務主任黃家琪賢伉儷，以及其令媛與公子，校友緣逢，相談甚歡。隨即離開科隆大教堂，前往一四〇公里之外的漢姆（Hamm）；八點抵達漢姆「美居酒店」（Mercure Hotel），報到（check in）之後，隨即下樓享用晚餐。漢姆在第二次世界大戰期間，被盟軍慘烈轟炸，戰後迅速重建，顯得非常新穎現代化；晚餐後，在微風細雨中，又獨自漫遊市區馬丁路德（Martin Luther）、聖・保羅（São Paulo）兩座大教堂與寬廣的中央火車站，興盡而歸，一夜好眠。

二　參訪德國西北古城明斯特大學

　　二〇一七年七月二十五日星期二。天氣依然「晴時多雲偶陣雨」，溫度在攝氏十六至二十八度之間，爽快清涼，沁入心脾，通體舒暢。

　　上午將參訪德國西北部明斯特大學漢學系暨東亞研究所（Institut für Sinologie und Ostasienkunde, Universität Münster），並舉行交流座談會與參觀圖書館。明斯特（Münster）是德國北萊茵‧威斯特法倫州（Nordrhein-Westfalen）西北部古城，是此一地區的文化中心與大學城，也是明斯特行政區的首府。在十六至十七世紀德國新教改革（Protestantische Reformation, Protestant Reformation）期間，此市正是「明斯特反叛」（Münsteraufstand, Münster Rebellion）發生地，市政廳也是一六四八年新教與天主教三十年戰爭（1618-1648）結束後，簽署威斯特伐利亞和約（Westfälischer Friede, Peace of Westphalia）的歷史所在地。

　　原定上午八點三十分出發，因又有團友遺忘東西了，上樓尋找，遲至八點四十分才啟程。從漢姆至明斯特約五十公里，上午要前往明斯特，車程不到一小時。抵達後兵分二路：學者訪問明斯特大學漢學系，家屬則由領隊、導遊帶至市區參觀。明斯特是一座古雅幽靜的大學城，全城三十多萬人口，四分之一人口是大學生，而自行車高達五十多萬輛，是一座舉世聞名的「自行車之都」（Fahrradhauptstadt, Bicycle Capital）。

　　抵達明斯特後，由特里爾大學漢學系（Sinologie der Universität Trier）主任蘇費翔（Christian Soffel）教授帶領至明斯特大學漢學系，負責接待的是山東籍的于宏老師、司可婷（Kerstin Storm）助理教授，大陸一位女博士生與臺灣師大華語文教學研究所碩士班實習生作陪，該系主任因事遲到，會議開始後才進場。首先，彼此交流介紹，再舉行贈書儀式；之後，于宏老師帶領參觀該系圖書室，欣見典藏有我的碩士、博士指導教授黃慶萱（1932-2022）

老師，在幼獅出版的博士學位論文《魏晉南北朝易學書考佚》，特於書架前與黃教授忠天學長留影紀念。

在風雨中，歡欣鼓舞拜謁聖‧保羅大教堂（St.-Paulus-Dom）、參訪市政廳等。午餐在市政廳旁地下室，一家裝潢古典雅美的餐廳歡聚，環境佳善，高朋滿座，氣氛熱鬧喜悅。餐畢，又順道參觀富麗典雅的聖‧蘭貝蒂大教堂（St. Lamberti, Kirche），真是不虛此行，滿載而歸。下午二點三十五分上車，一路上聽著輕快的音樂，順暢奔馳在德國、荷蘭與比利時的高速公路，預計四點五小時車程，前往比利時安特衛普（Antwerpen）晚餐，夜宿布魯塞爾（Bruxelles）。四點四十分在高速公路休息站「解放」，每人〇點五歐元；四點五十五繼續上路，頗似俄國總統普丁（Vladímir Vladímirovich Pútin, 1952-）與〇〇七電影男主角丹尼爾‧克雷格（Daniel Craiq）的波蘭帥哥司機路卡斯（Lucas）長途開車，似乎有些疲倦，除了頻頻打哈欠外，車子也有些晃盪，我在前座時時注意著路程與車況安全。

晚餐安排在鑽石之都安特衛普須爾德（Suld）河畔的特拉普派（Trappist）餐廳，享用正宗產於北海的荷蘭、比利時淡菜（荷文：mossel，法文：moule，英文：mussel），一鍋十五歐元，河畔貌似愛因斯坦（Albert Einstein, 1879-1955）頭的水木楊柳，迎風招展，紛紛吸引同仁的目光。大約七點，抵達餐廳，生意十分興隆；坐定後，服務員先端來一籃吐司，再各送上一鍋淡菜，配上薯條、巧克力蛋糕，真是新鮮美味，大快朵頤到有些撐肚而膩口了。

餐畢，再費一小時車程，途經布魯塞爾機場、旗海飄揚的歐盟執委會等機構，約十點抵達今晚住宿的布魯塞爾「新酒店」（Novel Hotel）。甫下車，因最近恐攻事件頻傳，軍用卡車停在人行道，架著機關槍，二位手持衝鋒槍的帥氣阿兵哥巡邏街頭，趕快轉知慰解同仁不要大驚小怪、切莫心驚膽顫，只要若無其事，安之若素即可。

最近幾天從特里爾、波昂、漢姆到明斯特，時有風雨，氣溫寒涼，宛如

初秋一般；但午後至荷蘭與比利時，一路天朗氣清，期待往後幾天旅程，都將是風和日麗的美老時光。布魯塞爾晚間天氣微涼，須著薄外套，舊地重遊，入住後再獨行街頭巷尾，滿足返歸，身安心安，一夜清眠。

三 參訪比利時天主教魯汶大學

　　二〇一七年七月二十六日星期三。布魯塞爾與魯汶天氣晴和，溫度在攝氏十四至二十一度之間，仍然十分舒爽；近晚抵達荷蘭鹿特丹，微風細雨中，則稍覺有些寒意了。早餐後，八點四十五分上行李，九點出發，前往魯汶大學。

　　從布魯塞爾至魯汶約三十公里，車程不到半小時；上午前往魯汶大學參觀，澳門大學陳致教授尊翁生病，一早前往布魯塞爾機場趕回北京探親；而中央研究院中國文哲研究所蔡長林教授夫人不慎丟失護照，由小芳領隊陪同至臺北駐比京代表處補辦申請新護照，此後參訪行程就暫時由我權充領隊了。

　　魯汶（Leuven）字源來自「亞麻」（Linen），原係中古世紀亞麻織布業名城，後因此產業蕭條衰頹，遂在教皇同意下，於一四二五年創設「天主教魯汶大學」（Katholieke Universiteit Leuven, Université Catholique de Louvain），經過數百年發展，已成為現代舉世聞名的大學古城。

　　城區不允許大客車進入市中心，帥哥司機路卡斯在電子地圖導引，以及我的解說之下，順利進入市區外圍，九點四十分在聖‧彼得醫院（Sint-Pietersziekenhuis）旁教堂「羅馬門」（Romaanse Poort）前公車站停靠，透過旅行社所發對講耳機，引導同仁徒步邁進市區校園，家屬由領隊負責參觀舊市政廳、大廣場、聖‧彼得教堂（Sint-Pieterskerk）、宗教藝術博物館（Museum voor Religieuze Kunst）、「大學之道」（Naamsestraat）之大學廳（Universiteithal）與各學院，以及號稱世界上最大的戶外啤酒廣場——老市場（Oude Markt）。

臺、港、澳、德學界參訪同仁，則由我一路導覽介紹，在十點之前抵達魯汶大學中央圖書館廣場（Ladeuzeplein），同仁歡欣讚嘆於典雅雄偉的圖書館，頻頻照相留念，我則先入館與鐘鳴旦（Nicolas Standaert）主任、戴卡琳（Carine Defoort）教授與東方圖書館中文部華貝妮（Benedicte Vaerman）主任會面，再招呼引領同仁進入中央圖書館館內二樓之東方圖書館閱覽室，華主任已備妥比利時精美巧克力、餅乾、熱茶、咖啡等點心飲料，在右側閱覽室書桌上，則陳列館內相關代表性典藏古籍善本，提供同仁閱覽參考。滿室書香，一團和氣，首先由中文部華貝妮主任導覽圖書館中央閱覽大廳，再至東方圖書館左側閱覽室，同仁先逐一簡單自我介紹後，再由鐘鳴旦主任以精美文圖對照的 PPT 投影片，詳細介紹比利時漢學歷史發展，以及自明代到近代的中西交流史，接著再由戴卡琳教授介紹近現代發展；其後，循例贈送圖書與紀念品。時間非常匆促，華主任原已準備好圖書館塔樓登高俯瞰，由於參訪時間僅兩小時，只好作罷，十分可惜。

　　午餐安排在市郊中國自助餐廳，座談會交流之後，所餘時間不多，最後由我快速導遊魯汶文學院（Faculteit der Letteren）、哲學院（Wijsbegeerteschool）、市立公園（Stadspark）、南懷仁研究中心（Onderzoekscentrum Nan Huairen）與渾天地球儀（Armillairbol）、教宗學院（Pauscollege）、大學廳（Universiteitshal）等重要景點，至午間結束，與鐘鳴旦、戴卡琳兩位教授與家屬，會合於舊市政廳大廣場，再走回「羅馬門」，搭車前往南郊魯汶工程學院與市集廣場後，海福利（Heverlee）之「鑊（鍋）‧自助餐」（Wok Buffet）中國餐廳，每人約費十二歐元，享受日式料理、炒麵、熱炒、串燒、蛋糕甜點、冰淇淋豐富午餐料理。

　　下午一點四十五分午餐畢，又乘車回程到布魯塞爾市政廳廣場參觀，帶領同仁撫摸一位為布魯塞爾犧牲的衛士隊長幸運雕像（Standbeeld van Everard t'Serclaes）、瞻仰尿尿小童（Manneken Pis），以及購買巧克力等相關

紀念禮品。之後，約定於五點在廣場巧克力店前集合，即各自行動，八位同仁跟隨我漫遊市區，經聖・尼古拉斯教堂（Église Saint-Nicolas）、中央車站（Centraal Station）、藝術之丘（Mont des Arts Garden）、國際貿易中心（Internationaal Handelscentrum）、國家圖書館（Nationale Bibliotheek）、皇家教堂（Koninklijke Kapel）、皇家廣場（Koningsplein）、皇家美術館（Koninklijke Galerij）等，巡遊精華景點一小圈，同仁們也算是「觀國之光」，到此一遊了。

　　五點三十分上車，將前往荷蘭鹿特丹（Rotterdam）住宿。從魯汶到鹿特丹一七〇公里，含休息時間，約須費時二點五小時。車行十分順利平安，七點五十就抵達鹿特丹諾富特酒店（Novotel Hotel）。報到（check in）之後，八點晚餐，也是自助餐（Buffet），有豬肋排、蔬菜沙拉等，一面用餐，一面眺望窗外美景。餐後，因旅館位於郊區，幾位同仁又隨我四處漫遊於街頭巷尾之間，偶遇能操簡單國語的年輕人，頻頻向我們招呼示好，在寧靜的鄉野一隅，度過美妙的清寂之夜。

四　觀光荷蘭風車村、沃倫丹與阿姆斯特丹

　　二〇一七年七月二十七日星期四。天晴氣和，溫度攝氏十四至二十二度之間，正是出遊的好日子。今天里程如下：北海漁村 → 二十五公里 → 阿姆斯特丹 → 八十九公里 → 鹿特丹。

　　晨起早餐後，原訂八點出發，從鹿特丹前往風車村（Zaanse Schans），距離八十五公里，車程約一小時十五分鐘，九點二十分順利抵達風車村。首先映入眼簾的是一雙大木鞋，大家紛紛跳入鞋子裡拍照。據現場演示木匠師傅說，現代製作木鞋流程就像打鑰匙、刻印章一般，非常簡單、快速，他還當場演示一番。風車村一片綠草、藍天，尤其倒映水中的美景，構成一幅幅

美麗的畫卷，從一九九九年九月首度造訪，至今已參觀三、四回了，每次都有不同的景致與感受。

　　十點四十五分離開風車村，前往荷蘭西北部原為須德海（Zuiderzee）內灣的北海漁村沃倫丹（Volendam），距離僅二十八公里，以盛產鯡魚（Herring）聞名。十三世紀時，北海海水衝進內灣，匯合原有湖沼，而成為須德海；一九三二年，荷蘭政府建成長達三十二公里，寬九十公尺，高出海平面七公尺的北海大隄，上有公路，下有水閘，將須德海分開為鹹水的瓦登海（Waddenzee）與淡水的艾瑟爾湖（IJsselmeer）兩部份，形成現在最有名的兩處湖海勝景。十一點三十分即抵達，先集合前往享受旅遊團魚排午餐，年輕高大的女服務生為老闆拚翻桌率，上菜速度非常快，吃得也緊張起來，感覺有些狼吞虎嚥了。海隄上遊人如織，信步在漁港碼頭區閒逛，與團友指導碩、博士生劉凱玲女史不期而遇，瀲灩波影，午後風光寧靜浪漫，確實清新怡人，也是舊地重遊，隨意閒逛，自在逍遙。

　　下午一點，從沃倫丹至阿姆斯特丹（Amsterdam），距離二十五公里，車程約半小時，我也隨帥哥司機路卡斯的車行路線，不斷複習回顧過往行經的路線。二點準時在海尼根（Heineken）舊啤酒廠展覽館對面搭乘運河遊船，預計乘坐五十分鐘，船長是一位女士，提供七種語言的語音導覽，船行中途，忽然有一艘年輕姑娘嘗試駕駛的小艇，失控撞了上來，幸好艇上經驗老到的女船長馬上衝前掌控，沒有釀成翻船墜河的意外，順利解除眼前已經發生的危機。運河上船屋處處，形成十分獨特的運河風景。船行經位於紅燈區（De Wallen）外運河的「尼莫科學中心」（Science Center Nemo）博物館，共有五層，是位於荷蘭首都阿姆斯特丹市中心最大的一座科學中心，始建於一九二三年，一九九七年進行翻新，二〇〇〇年開始使用「尼莫」（Nemo）這一名稱，每年吸引超過五十萬人參觀，是荷蘭參觀人數排名第五的博物館。三點下船後，小芳領隊帶領進入「迦山鑽石工廠」（Gassan Diamonds），解說

的是來自香港（廣東）的員工，同仁只聽不買，沒有完成一宗交易，毫無生意效果，真是浪費彼此寶貴的時間與精神氣力。

四點三十分離開鑽石公司，徒步前往水壩廣場（De Dam, Dam Square），集合點名參觀荷蘭世界第一個成立的現代證券交易所（Moderne Beurs）、皇宮（Koninklijk Paleis）、紅燈區、聖‧尼古拉大教堂（Sint Nicolaaskerk）後，小芳領隊宣布自由活動，我便帶領幾位同仁閒逛阿姆斯特丹中央車站（Station Amsterdam Centraal），以及周邊街市商衢，最後落腳於「亞洲酒樓」（Aziatisch Restaurant）自理晚餐，點了一份豬肉炒米粉十六點五歐元，加上慕尼黑啤酒三歐元，還算經濟，口味也十分道地好食。六點四十分返歸水壩廣場集合，因有人遲到，遊覽車無法進入市內，小芳領隊先託我帶隊至車站外「宜必思」（Ibis）商務旅館路邊候車，至七點二十分總算圓滿上車，從高速公路途經阿姆斯特丹‧史基浦國際機場（Luchthaven Schiphol, Amsterdam Airport Schiphol），於八點三十分抵達住宿的鹿特丹港區「藝術酒店」（Art Hotel）。這家旅館號稱四星級，三十幾層樓外表看起來新穎現代，裡面卻很古典紛繁，在這裡要連續住宿三晚，住房在十一樓〇六房，可以俯瞰鹿特丹港口，視野佳美，十分滿意。

五 觀光荷蘭鹿特丹、海牙與德夫特

二〇一七年七月二十八日星期五。晴雨不定，狂風時作，溫度在攝氏十四至二十二度之間，仍然清爽宜人，適合出遊。

上午九點出發，順途先參觀鹿特丹方塊屋（De Kijkkubus, Kubuswoningen）、鉛筆屋（Blaaktoren, Het Potlood）與新建蔬果市場廳（Markthal），午餐於市場自理；期間，自行獨遊鹿特丹聖‧羅倫斯大教堂（Grote Sint Lourenskerk）神聖莊嚴典雅聖殿，此教堂位於新建完成兩三年間的蔬果市

場廳的右側巷內。又把握時間，快步疾走入城內文化商區瀏覽一過，在市場外一處中年夫婦經營的鯡魚小攤，購買了幾份新鮮現理的鯡魚配洋蔥麵包，分享給黃忠天學長、陳惠齡教授賢伉儷，以及室友劉錦源仁兄與司機路卡斯，雖然頗有魚腥味，但軟綿肉質油脂，真是難得的世俗美味。

　　午後，從鹿特丹到海牙（Den Haag）三十公里，先參觀荷蘭第三大城國際仲裁法庭海牙和平宮（Vredespaleis），停留約半小時，一點三十分離開，前往國會議事堂騎士樓（Ridderzaal, Knights' Hall）、典藏約翰內斯‧維梅爾（Johannes Vermeer, 1632-1675）著名畫作〈戴著珍珠耳環的少女〉（Het Meisje met de Parel）的摩里斯美術館（Mauritshuis）、現代風格派裝置藝術的市政大樓（Gemeentelijk Gebouw）等，在此停留約一小時後，再轉至「陶瓷之都」（Stad van Keramiek）德夫特（Delft）觀光。

　　三點三十至五點二十分在德夫特停留，甫下車，即看到運河活動鐵吊橋升起，有一艘船正緩緩通過，宛如火車通過平交道，柵欄放下一般，令同仁非常驚訝。德夫特建城於十六世紀，雖然看起來像一座小鎮，但德夫特理工大學（Technische Universiteit Delft）則是一所世界頂尖的科技名校；而荷蘭黃金時代最偉大的畫家「德夫特的維梅爾」（Vermeer van Delft, Johannes Vermeer, 1632-1675）畢生工作於此。

　　這裡有新、舊二處教堂，爬登塔頂須五歐元，可以俯瞰絕美的古城景觀。彷彿噴射火箭頭的新教堂的正對面就是市政廳，廣場前正有晚上音樂會預演，以及市廳前一群彩虹同志重機黨一字排開，在假警車的開道下，轟隆隆地蓄勢待發，氣勢驚人。隨後與黃學長忠天教授、陳惠齡教授賢伉儷，一同漫步巡遊於附近運河邊街道，領略這個古城的靜美風光。

　　與黃學長忠天教授、陳惠齡教授賢伉儷分別之後，在運河一角巧遇室友劉錦源教授，二人就隨興在街道旁冰淇淋店各買了一支一點五歐元的冰淇淋，真材實料，口感很好，十分美味。緊接著，劉教授尿急，找不到公共廁

所，店家須入內消費方可使用，於是熟門熟路帶領他穿過一處露天大啤酒屋，尋找優養化十分厲害，而充滿浮萍的運河僻巷，順利解決了錦源仁兄的「燃眉之急」。

五點二十分結束德夫特參觀行程，集合後走回先前下車的停車場，等遊覽車的空檔，大家排排坐合影留念。之後，前往十分鐘車程的餐廳晚宴。

餐廳出菜速度相當慢，從五點三十分等到七點十分菜才上來，足足枯坐將近二小時。等了這麼久，結果上來的竟然只是米飯、水煮豆與二串燒雞，真令同仁傻眼！為了補足缺憾，同仁紛紛額外點了比利時最好的啤酒──斯特拉・阿圖瓦（Stella Artois）、魔鬼（Duuel）、普里默斯（Primus）等，享受一番。七點四十分用餐完畢，返回車程四十分鐘的鹿特丹藝術酒店；將上車時，天空突然飄起細雨，一路微風細雨不止。而新聞報導臺灣今晚將有颱風登陸，晚間再獨遊港區街衢，協助黃學長忠天、陳惠齡教授賢伉儷，於穆斯林社區小超市購買了香蕉、蘋果等，同時分享給憨厚可愛的室友劉錦源仁兄，又一夜好眠。

六　觀光荷蘭羊角村與烏特列支

二○一七年七月二十九日星期六。仍然風雨飄搖，偶轉晴和，溫度在攝氏十一至二十度之間，稍有寒意，而清爽舒暢。

今天將從鹿特丹北上一八八公里，直達舉世聞名的「荷蘭桃花源」、「荷蘭威尼斯」羊角村（Giethoorn）旅遊，在此午餐；再從羊角村，南下一二五公里的荷蘭中東部第四大城烏特勒支（Utrecht，或英語中譯「猶翠特」）參訪創建於一六三六年，世界百大排名第八十名的烏特勒支大學（Universiteit Utrecht）；再南下六十五公里車程的鹿特丹旅館夜宿。原訂上午八點出發，因又有同仁遲到，稍微耽誤一些時間，上午首站目的地羊角

村，車程二點五小時，預計十點三十分到達。車程中，細心周到的小芳領隊播放「大國崛起」影片，顯示歐洲人為了找尋香料，因而意外發現新大陸，很具文明的啟發意義。

十一點才到達羊角村，我動作向來快速敏捷，迎著風雨，第一個下車，熱情跑步前來迎接的遊艇老闆，以為我是帶團領隊，非常有趣；同仁還未上艇，就紛紛驚訝於眼前美景，忙不迭地拍攝美照，集合又耽誤了一些時間。順利登艇遊河，微風細雨中，在彎彎曲曲的水道緩緩前進，兩岸盡是爭奇鬥豔的屋舍、水鴨、雁子、繡球花、碧草、蘋果樹等，並與許多熱情的西方遊客揮手打招呼，原先因風雨而煙霧濛濛的木窗，不久雨過天青，頓時窗外美景紛陳湧入，十分浪漫富有詩意。船艇出了彎曲婉轉的運河水道，轉進一片芒草的汪洋大湖。這裡湖岸阻擋湖水侵蝕的設施，不是用水泥漿灌，而是採用原木嵌入的自然工法，可知荷蘭人治水防洪「天生人成」的本領，確實不同凡響。

在羊角村運河邊雅致的餐廳享用甜美餐飲後，下午二點離開前往烏特勒支。一路上，盡是碧草、藍天、馬群、羊群、牛群、豬群，既養精蓄銳，又賞心悅目，真是十分自然滿足，心生幸福之感。四點抵達烏特勒支，自由活動二點五小時，六點三十分集合，七點上車回鹿特丹藝術酒店，車程約一小時多，八點三十分抵達烏特勒支，仍飄著苦雨、吹著寒風，行走在濃厚古城味道的運河街頭，頓顯清寂許多。著名烏特勒支大學有人比喻為「荷蘭的劍橋」（Cambridge in Nederland），市內高聳的鐘塔樓與教堂，分開昂揚於廣場兩邊，四通八達的運河，增添大學城的綺麗風情。

之後，黃學長忠天教授、陳惠齡教授賢伉儷，以及嘉義大學鄭月梅教授隨我漫遊參訪教堂、大學校園與環河綠園，轉到運河橋下一間墨西哥餐廳享用美食啤酒晚餐，黃學長、陳教授賢伉儷堅持要請客，感謝我一路的導覽照顧，推辭不過，恭敬不如從命，盡興歡喜而歸。

八點三十分回到鹿特丹藝術酒店，明天同仁們就要搭機返回溫馨想念的故鄉臺灣，大家一夜忙著整理豐滿的行囊。我一仍往常，還是獨自在夜間斜風細雨、微光明暗中，徘徊躑躅於港區周邊民宅巷弄，回味種種切切，心滿意足。

七　荷蘭阿姆斯特丹史基浦機場送別賦歸

二〇一七年七月三十日星期日。溫度在攝氏十三至十八度之間，即將送別同仁返歸香港、澳門與臺灣，十一天共處離情依依，期待後會有緣。東坡先生蘇軾（子瞻，1037-1101）〈定風波．莫聽穿林打葉聲〉詞，小序云：「三月七日，沙湖道中遇雨。雨具先去，同行皆狼狽，余獨不覺，已而遂晴，故作此詞。」靈犀心通：

莫聽穿林打葉聲，何妨吟嘯且徐行。竹杖芒鞋輕勝馬，誰怕？一蓑煙雨任平生。
料峭春風吹酒醒，微冷，山頭斜照卻相迎。回首向來蕭瑟處，歸去，也無風雨也無晴。

晨起，早餐畢，八點出發到阿姆斯特丹史基浦國際機場，車程預計四十分鐘，臺、港、澳同仁將搭乘下午一點十分的國泰航空 CX-474 航班返歸。德國特里爾大學（Universität Trier）漢學系主任蘇費翔（Christian Soffel）教授、高瓊鈴女士賢伉儷，則是從藝術酒店搭乘輕軌到鹿特丹高鐵站，先到烏特勒支，再轉搭德國 ICE 高鐵到科隆，從科隆再轉搭區間車回到特里爾，旅程最為周折了。我則從機場送別同仁後，獨自搭乘法國「大力士」（Thalys）高鐵到安特衛普，再從安特衛普轉搭火車返歸魯汶。

遊覽車即將出發之際，初次出國十分緊張的鄭月梅教授，突然大叫她的手機可能遺漏在房間內，要求返回房間再度尋找。二十分鐘過去了，只找到三瓶礦泉水，手機原來就在她的行李包內。在這趟旅程中，她屢屢發生此種情況，小芳領隊因此開玩笑說，鄭教授可能患有強迫症，一定要「親眼再見」才能安心，也是行旅中的小插曲。車子雖然延遲一些時間，但一路到機場的路上，綠野平疇中，牛、羊、狗、豬都起床了，悠游自在漫步在豐美的草地上，享受著晨光美茵，令人陶醉神往。

　　九點三十分抵達機場，小芳領隊帶領同仁辦理退稅，我與特里爾大學臺籍隨團碩士工讀生陳宜秀同學，則幫忙照顧看護大家的行李。史基浦機場行李與安檢機器設備十分新穎，且都須自助處理完成，頗費一番周折，好不容易才送別同仁出境。我與宜秀同學在機場火車售票窗口，入座休息，並向她介紹機場環境設施，與大家約略同時啟程。宜秀車時尚長，先行閒逛商場，我留原座忙著上網處理訊息。此行與同仁「有孚顒若，觀國之光」，悅樂圓滿，祈祝一路平安，旅行愉快（Bon Voyage），後會有期了！口占下平一先韻七絕一首，賦別諸位同仁：

　　十日同遊惜福緣，德盧荷比樂聯翩。微風細雨晴佳美，履善存真憶萬千。

　　下午一點三十四分，獨自從機場地下室六號月臺，搭乘從阿姆斯特丹至巴黎北站的法國高鐵「大力士」，途經鹿特丹中央車站；二點三十分抵達比利時安特衛普中央車站，及時順利轉乘二點三十六分至魯汶班車，三點二十三分抵達；再轉乘七號市公車返歸住處，還不到午後四點，全行程費時不到三小時，真是迅速快捷的國際交通。

　　返家後，先外出採買蔬果食品，再整理行李，休息一會，稍晚準備晚餐。週一起，恢復正常作息。家鄉屏東佳冬沿海公路颱風淹水十分嚴重，親人所

住位於臺一省道高處之昌隆村、豐隆村住家一樓，無一倖免，皆遭水災，老人家都說六、七十年來所未曾見，可見臺灣水土保持，以及下水道排水系統工程多麼差勁，耗費民脂民膏，如此不堪颱風侵襲，真是政府建設無能，百姓慘遭無妄之災，誠為國家之恥，勢須痛定思痛，好好建設美麗寶島。

　　仰望魯汶晴空麗陽，白雲蒼狗，變化曼妙，遙祝親愛的家人與同胞──健康平安，美滿幸福！

撰自二○一七年七月二十四至三十日

捷克布拉格行旅隨筆

俯仰乾坤易，東西氣象糟。焚風蒸雨汗，烈火烹頭毛。

冷熱失調劑，身心受煎熬。人文多變態，導正重絲毫。

————臺灣暑熱，戲答臺灣師大國文系七十五丙港生朱奇斌同窗。

一　心嚮往之

二〇一七年八月五日星期六。昨晚整理文稿，通宵達旦，一夜未眠。魯汶（Leuven）深夜至凌晨霖雨，清早近五時準備出門時，乃暫停息，氣溫稍低，感覺微冷涼爽。週末清晨無公車班次，背著女兒「姊姊」（秉忻）與男友「馬蹄兒」（Mathieu Willame）贈送歐盟開放日所贈行李包，行走在雨後清淨的街上，十分快意逍遙。

搭乘六點〇九分魯汶至布魯塞爾機場（Aéroport de Bruxelles-National, Luchthaven Brussel-Nationaal）的火車，約六點三十分即抵達，一早旅客尚不多，已先一日在家網路報到（check in），直接入關檢驗行李，檢查甚快而有效率，不到七點即已入關，因所搭乘布魯塞爾航空（Brussels Airlines）航班，須至八點三十分才公告登機門，先找定座位暫且休息，養精蓄銳。八點三十分準時通知登機門為A35，我第一個排隊入內坐上接駁車。

九點三十分飛機啟行，我的8D靠窗座位外，即是螺旋槳，起飛時聲音響亮刺耳，鄰座的印度先生戴著耳機補眠，完全不受影響。我向來坐車與搭機不太睡覺，眼望窗外機場景觀，以及凌空後俯瞰比利時平疇綠野的風光，白雲悠悠游移，我的心已昂揚飛翔在捷克布拉格的浪漫想像之中了。

十一點三十分左右平安抵達布拉格瓦茨拉夫・哈維爾機場（Letiště Václava Havla Praha），舊稱布拉格魯濟涅國際機場（Mezinárodní letiště Praha-Ruzyně），二〇一二年為了紀念捷克前總統瓦茨拉夫・哈維爾（Václav Havel, 1936-2011）而改為今名。等候接駁車十數分鐘才入關，換了三百歐元折合捷克克朗（Koruna Česká）近七千元（一歐元約合二十三點五捷克克朗），購買一張九十分鐘三十二捷克克朗（約新臺幣四十一元）公車票，搭乘一一九路至終點站，再轉乘 A 線地鐵，深入地底，難辨東西，快速檢視沒有英譯的捷克文站名，憑著感覺對了，趕緊就下車，出站後尋索市區名勝指標，再對照青年旅舍地址，邊找邊看，並詢問親切的巡邏警察，沒有費太多時間，就順利找到預約的經濟旅館（Budget Hostel）。今天週六下午二點可入住，十二日週六上午十點前須退房，房費共九十五歐元，日費不到十四歐元（約新臺幣三二九元），而往返機票一九八歐元，五人一大房的青年旅館，算是十分便宜的了。

我首先報到，第一個入住，於是選定靠窗床位。旅舍位在小城區（Malá Strana），距離查理大橋（Karlův Most）甚近，巷口轉個左彎，不到三十公尺即達橋頭塔式城樓。午後二時入宿報到（check in）前，先在查理大橋上隨興遊走，人滿為患，大陸同胞甚多，中歐午間天氣頗熱，背著旅行包，滿身是汗。

入住後先整理好枕頭、床單、棉被，稍事休息，再出去漫遊。客舍沒有無線上網（Wifi）服務，使用比利時的數據連線手機。午後休息時，四位年輕室友紛紛報到，但都放下行李倒頭大睡，我約休息一小時，即再往查理大橋，左顧右盼橋上複製的二十餘座聖者雕塑（原件皆已移置捷克國家博物館典藏），不知不覺即到對岸老城區（Staré Město），古雅的塔樓前，波西米亞王國（České království, Regnum Bohemiae）的皇家丰采大氣典雅，風華不在法國巴黎（Paris）、英國倫敦（London）與奧地利維也納（Wien）之下。

獨自一人盡情在福爾塔瓦（Vltava）河對岸老城區與新城區（Nové Město）遠足漫遊，先在一家大型百貨公司文具店選購捷克國營著名的粉彩鉛筆九八〇捷克克朗（約新臺幣一五〇〇元），饑腸轆轆，在一位黑人老闆攤位點了一份沙威瑪配可樂共一九二捷克克朗（約新臺幣二三〇元），我跟他說來自臺灣，他說知道這個美麗的寶島；我問他故鄉何處？他大方告知西非塞內加爾（Sénégal），我答以塞內加爾講法語，而且足球很厲害，他嘖嘖稱奇我這位遠來「貴客」竟然知道他的國家。沒有其他客人，彼此簡單法語問候，閒話家常，賓主盡歡。

　　老城區與新城區景點甚多，目不暇給，美不勝收。新城區徒步購物大街上，有三對三戶外籃球賽，歡呼加油與現場音樂聲響，充滿整個街道，我素喜運動，也湊前觀賽，遇到三位已賽完來自盧布利安納（Ljubljana）瘦高的籃球員，我上前以英語搭訕說：「我拜訪過你們的美麗國家──斯洛維尼亞（Slovenia），非常自然而美麗的山海國家，印象深刻，至今難忘。」他們很驚喜的拍拍我的肩膀，握手歡欣告別。

　　獨自從午後五時多，漫遊到晚十時餘，體力幾乎耗費殆盡。從位於河岸橋邊上的捷克國家歌劇院（Státní Opera, Národní Divadlo），沿著福爾塔瓦河隄欣賞曼妙浪漫的夜景。查理大橋上遊人仍然熙攘如織，愈晚愈涼爽，氣氛尤佳，男友情侶依偎相親，幸福喜悅的令我欣羨不已。

　　古橋，流水，遊船，城塔樓臺遙映山頭皇宮，懷想古今顏色，神思典型斯文，彷彿安在眼前，心裡陣陣感動於冥夜之中。

二　尋幽訪勝

　　花團錦簇麗華年，巧藝凝思萃豔鮮。萬物豐盈觀靜好，青春歲月彩聯翩。

──謝酬太座與小兒「帥哥」粉彩花瓶畫作

二〇一七年八月六日星期日。布拉格晨陽偶陰，天朗氣清，惠風和暢，臨晚暉光甚美。昨晚在男生公共澡堂沐浴時，遇到二位韓國大學生，以簡單韓語寒暄，上午刷牙洗臉時，又再度相見歡，互道「安寧哈下腰」（안녕하세요，安好）。所住二樓 9C 房室，窗外風景不錯，教堂鐘聲不斷，福音頻聆，亦是難得耳福。先參拜住處附近猶太區法語教堂，正在進行週日彌撒，不好意思打擾，轉進別有洞天的國會花園（Kongresová Zahrada），眼界為之大開，心神因而振奮，噴泉麗池清澈蕩漾，風情萬種，又有典雅精美銅雕、石像與希臘、羅馬神話人物相映成趣，徘徊流連品賞甚久，乃依依難捨離去。

　　出園後，在小攤上買了一份香腸麵包，邊走邊食，行到河橋頭，剛好碰到一對韓國年輕夫婦，請先生幫我照相留念。再轉進河邊公園，沿著山坡階梯，直上今捷克總統府波西米亞王朝皇宮（Královský Palác Český），登高俯瞰布拉格整個城區，繽紛耀眼，嘆為觀止。在皇宮南花園、宮內各教堂景點觀賞良久，再從正大門離開。

　　又順街而下，在美術店內為太座選購三十六色藝術家彩色鉛筆（Poly-color36, Artists' Coloured Pencils 490），以五四〇捷克克朗成交（約新臺幣七百元），又遇到兩位大陸男女年輕情侶，聊了一下，再買下六九〇捷克克朗（約新臺幣八九二元）的木製黑色刺蝟筆插藝品，將分別送給太座與女兒「姊姊」（秉忻）。我還真是「貴客」，剛入店時顧客只有我一人，不久門庭若市，另一豐滿女店員也出來協助了。捷克人很客氣親切，還不失傳統純樸民風，國家人口僅一〇五六萬（二〇一六年統計），光是布拉格波西米亞王朝留下的豐富宗教歷史文化遺產，就足夠這個國家維繫經濟發展。到處古色古香，大陸與韓國人甚多，日本與臺灣人民身影幾乎銷聲匿跡，經濟消長由此可知一般，時來運轉，令人感嘆不已！

　　先返回客舍放妥所購兩件美術藝品，以及充滿手機電量、行動電源電

池，又稍微休養生息、養精蓄銳。已近晚餐時間，在路街上，看到一家四川快餐店，於是入內點了蔬菜雞肉飯九十五克朗（約新臺幣一二二元），再配四十五克朗（約新臺幣五十八元）一瓶捷克啤酒，大快朵頤一番。在餐館中，又遇到廣東鄉親一家大小五口，互相閒話家常，和樂融融！餐後，在小城區隨興漫遊，最後沿著河邊與公園一路參訪遊賞，晚霞餘暉，與河上遊船、橋拱漣漪，上下相映甚美。在河邊一間典雅的餐廳前攤位，點了一球巧克力與一球葡萄柚冰淇淋，共七十克朗（約新臺幣九十元），量豐新鮮美味，靜坐享受，實在非常幸福快樂！

乘著夜色，告別唯美浪漫的福爾塔瓦河，在一家越南雜貨店買了各三顆蘋果、西洋梨與麵包，一小包新鮮鳳梨與各一瓶優格與葡萄柚汁，物美價廉，共二二〇克朗（約新臺幣二八五元），打算作為明天早餐，以及外出餐前水果。回到客舍，四位年輕室友，留戀夜間活動，已過子夜，僅我孤家寡人「獨守空閨」，難得一室清寧，可以好好安眠，甜蜜入睡到清晨了。

三　傍花隨柳過前川

二〇一七年八月七日星期一。布拉格麗陽當空，晴朗暖熱。昨晚在小城區查理大橋頭右邊，福爾塔瓦河濱公園近船艇專用河道畔，一尊和諧雕像（Socha Harmonie, The Statue of Harmony）雙手合十的銅雕僧侶像下，靜心錄下斯里‧欽莫伊（Sri Chinmoy）牧師的智者哲語：「If you can create harmony in your own life, this harmony will enter into the vast world.」（如果你能在自己的生活中創造和諧，這種和諧就會進入廣闊的世界。）

今天轉道小城區查理大橋左側河濱巷弄間，先參訪卡夫卡博物館（Franz Kafka Museum），館前兩尊大男生灑尿的現代造型半自動噴水造型，贏得每位入館前遊客的好奇與欣賞。懷念起在臺灣省立臺南一中「少年維特的煩惱」

（*Die Leiden des Jungen Werthers*）時期，曾閱讀不少存在主義作家的翻譯名著，從丹麥齊克果（Søren Aabye Kierkegaard, 1813-1855），到法國沙特（Jean-Paul Sartre, 1905-1980），以至捷克卡夫卡（Franz Kafka, 1883-1924），尤其卡夫卡瘦弱靜默、思深敏感的生命形象，與我某些生命風景有些特質上的相近類同，因此而情有獨鍾，神交志慕已久。昨天漫遊布拉格城堡（Pražský Hrad）區，卡夫卡曾居住的「黃金巷」（Zlata Ulicka），遊客如織，人滿為患，不想湊熱鬧，影響觀感，因此未乘便購票入巷緬懷憑弔，在入口與出口兩端徘徊流連，以心交心，突破時空的隔限，傾心神遊一番。而今晨在此靜巷內的卡夫卡博物館，遊客不甚踴躍，我依然沒有購票入館參觀，只在博物館紀念商品店，瀏覽有關布拉格與卡夫卡的書籍、相片與其他複製文物，過於商業化的操作，作為一個教育文化工作與志趣者，不太想傅會隨波逐流，因此靜坐一隅懷想遙思，自我參禪性的「存在主義」（Existencialismus）解脫一番。

隨後沿著福爾塔瓦河岸公園，一路蜿蜒透迤，時而欣賞波光瀲灩水中天，時而對望遊船翩躚川流客，時而遠觀逆迎颯爽古橋風，時而近戲河畔悠閒雁鴨天鵝群，天地萬物一體，古今人我並存，於斯終能於境界中，體會明道先生大程子（顥，伯淳，1032-1085）〈秋日偶成〉「閒來無事不從容，睡覺東窗日已紅。萬物靜觀皆自得，四時佳興與人同。道通天地有形外，思入風雲變態中。富貴不淫貧賤樂，男兒到此是豪雄」的自然哲學與道德義理。

上了連接小城區與老城區的新橋，與查理古橋隔河相望，光影迷離，似幻實真，景致殊美。過了橋左邊即是老城區福爾塔瓦河畔共和廣場上的「魯道夫音樂廳」（Rudolfinum），此廳由捷克新藝術風格建築師奇泰克（Josef Zítek, 1832-1909）與他的學生一同設計，建於一八七六年，花了八年時間打造，於一八八四完工，一八九六年由安東寧‧利奧波德‧德佛札克（Antonín Leopold Dvořák, 1841-1904）本人在此指揮捷克愛樂（Česká Filharmonie,

The Czech Philharmonic）第一場音樂會。魯道夫音樂廳中的德佛札克音樂廳（Dvořák Hall）有著其極優秀的音響設計；而音樂廳中的藝術走廊（Galerie Rudolfinum），則用來展示當代藝術作品。此音樂廳著名於世者，除了歷代傑出的音樂家之外，其內外令人讚嘆的雕刻也是原因之一，而內部精緻的雕刻藝術則是來自著名雕刻家博胡斯拉夫・施尼奇（Bohuslav Schnirch, 1845-1901）之手。預購了明晚八時在德佛札克廳（Dvorak Hall）的音樂票，C級十三排十五號，九百捷克克朗（約新臺幣一二〇〇元），作為八八父親節的自我犒賞，可以在優雅典麗的廳堂，好好享受宗教、藝術人文之都布拉格古典音樂的饗宴。

隨後憑感覺走到舊城濱河之猶太人紀念史區，在猶太教堂、社區與集中墳塋園區，漫步觀賞，尋思歷史悲劇的無情與荒謬，來此緬懷憑弔猶太民族流離失所的慘澹歲月，確實深具現代人文的省思意義。又信步老城區河濱大道公園，忽悠來到寧靜謐雅的修道院，遊客三兩，氣氛景致殊佳，現代具體與抽象雙重意象的現代雕塑藝術作品，搭配紅瓦蘿牆，和風陣陣，馨香習習，天上人間，已無分際矣！修道院旁鄰為宛如宮殿般的捷克工業部，巡覽周遭，仰觀歎止。在傳統猶太聚落社區隨意漫步，穿街過巷後，轉到舊城區大廣場，先拜謁穹頂彩繪斑斕的聖・尼古拉斯大教堂（Kostel Svatého Mikuláše）。隨後由大廣場左側小巷，迂迴尋覓到頗具造型特色的卡夫卡藝術紀念銅像，觀賞攝影，流連神交，久久乃別。

到此已第三日，從早到晚漫步行遊於小城區、城堡區、老城區與新城區，隨遇隨緣隨安，自在自得自樂，處處都有驚豔之美。再遶遊猶太社區一過，再轉折回到大廣場，已近午後四時，趕緊到旅客蜂湧群集的著名「天文鐘」（Pražský Orloj）前，佇候整點諸賢列聖的窗臺旋轉招呼表演，果然名不虛傳，誠如《周易・賁・彖傳》所謂：「觀乎天文，以察時變；觀乎人文，以化成天下。」之後，再走訪布拉格查理大學（Univerzita Karlova v Praze），鬧

區商衢之中，象牙之塔何其「大隱隱於市」，此正是歐洲大學城普遍之奧妙所在。

午餐以西式麵包、堅果、綜合果汁與蘋果，邊走邊食，體力消耗不少，臨晚饑腸轆轆，從新城區、舊城區至查理大橋，再過橋至小城區，勞身枵腹，再至昨晚光臨的四川餐館，因今天「立秋」北方人有「食餃子，迎立秋」的傳統習俗，詢問來自浙江青田的老闆，可惜店內無水餃供應，點一份辣炒牛肉米麵，配一瓶王老吉涼茶，充饑解渴，快哉快哉！旅遊旺季，貴客如織錯綜、似潮洶湧，而山水秀美，歷史繽紛，文化璀璨，誠為真善美聖的觀光勝地！

四　時人不識余心樂

二○一七年八月八日星期二。風和日暖。上午拜謁免票的聖・約瑟夫教堂（Kostel Svateho Josefa）與聖・托馬斯教堂（Kostel Svatého Tomáše），宗教彩繪與穹頂壁畫都十分典雅華麗，濃厚文化底蘊的宗教精神到處體現無遺。又隨意至街頭巷尾，尋覓靜僻小徑，時有驚豔與欣喜，再度觀賞幽靜靈秀的國會花園，又拾級而上布拉格城堡，一路俯瞰市區色彩繽紛斑斕的風光，十分愜意暢快。又沿階梯而下，回到客舍淋浴盥洗，稍事休息後，再外出尋覓晚餐，餐後即準備聆賞今晚音樂盛宴。

午後，在布拉格城堡入口安檢後，遇到來自成都的一對年輕情侶，簡單向他倆介紹城堡外南花園，以及堡內各富麗堂皇的王宮、聖・維特大教堂（Katedrála Svatého Víta）、展廳、廣場與卡夫卡故居之黃金小巷等，並告知小城區有家不甚道地的四川餐館，或許可解其日常麻辣飲食鄉思。從城堡南花園出口，沿著城牆與下城百級石板階梯，居高臨下，景觀甚美。沿街樓房爭奇鬥豔，古典造型千姿百態，各類特色餐館隨處皆是，真是上百千年宗教生活與歷史文化積澱的結晶成果，豔羨欣賞，品味享受。

午後返歸客舍休息充電，三位男室友皆已紛紛告別，其中一位始終未見其入住，不意突然有位嬌小來自美國的年輕女背包客，翩然光臨「寒舍」，我地鋪床位在最裡面，她則選擇最外床位，一直咕噥客舍沒有無線網路（Wifi），簡單寒暄一番，她便倒頭大睡。午後五時半，整裝出門，先到小城街衢四川餐館，點了一份豬肉燴炒鮮蔬飯餐，份量不多，實腹健神而已。六點至七點之間，晚餐後漫步於小城區、查理大橋與河畔公園，夕陽餘暉，映照老城區典雅建築，光影甚美，令人陶醉醺醺。

　　晚七時，魯道夫音樂廳（Rudolfinum）才開放入館，但須待到七點三十分後才可進場入座。在軒廊中，遇到來自東馬來西亞沙巴・亞庇（祖籍惠州、潮州）的客家鄉親，一家老青三男三婦，相談甚歡。我的座位十三排十五號，剛好在一樓聽眾席中央，視野甚好，音樂廳金壁輝煌，典雅華麗，此廳曾是捷克總統選舉場所，一樓聽眾滿座，樓上貴賓亦十分踴躍。

　　此場以義大利作曲家、小提琴演奏家安東尼奧・盧奇奧・韋瓦第（Antonio Lucio Vivaldi, 1678-1741）〈四季頌〉（"The Four Seasons"）為特選主演，由九位老成歷練豐富的布拉格韋瓦第專業交響樂團（Profesionální Symfonický Orchestr Vivaldi, The Prague Vivaldi Master's Orchestra）演奏，一位大提琴、兩位中提琴、三位女小提琴與三位男小提琴，另各兩場首席女高音、首席小提琴手與管風琴手演唱、演奏，約翰・塞巴斯蒂安・巴赫（Johann Sebastian Bach, 1685-1750）、沃夫岡・阿瑪迪烏斯・莫札特（Wolfgang Amadeus Mozart, 1756-1791）、路德維希・凡・貝多芬（Ludwig van Beethoven, 1770-1827）、格奧爾格・弗里德里希・韓德爾（Georg Friedrich Händel, 1685-1759）等名家代表曲樂，坐在我左側的愛爾蘭太太，以及後排三位法國一家三口，十分投入，頻頻鼓掌稱好，享受音樂的熱情，令我印象極為深刻。約九點二十分音樂演奏結束，在大廳入口處，又逢東馬亞庇鄉親，並與愛爾蘭太太、法國一家三口互道晚安，再見（Bonne nuit, Au revoir）！

離場後，越夜越美麗，查理大橋畔有施放煙火表演，在歌劇院所在橋頭，憑欄觀賞，夜遊船艇穿梭於下，西方城堡輝耀於山巔，真是美景當前，賞心樂事，何逾於此際之迷離璀璨？從橋的這端，再沿小城區河畔，又造訪夜色中的卡夫卡博物館（Franz Kafka Museum），以及明月當頭的查理大橋，氣氛唯美，遊客依然如織似潮，流連躑躅，心醉神迷。又下得橋頭，夜訪藍儂紀念咖啡館（Lennonova Pamětní Kavárna）、五彩繽紛的塗鴉「藍儂牆」（Lennonova Zeď, John Lennon Wall），晚餐份量太少，肚饑難耐，穿街過巷後，於夜晚近十點三十分又尋覓到一家越南雜貨店，買了一串香蕉、一袋麵包與大瓶綜合果汁，約二三〇捷克克朗（約新臺幣三百元），興奮的再折回查理大橋下小城區公園坐定，傍著清明月光，享受單純而幸福的小小宵夜，渡過了八八父親節唯美浪漫的一天。

　　返歸客舍，又有一對年輕背包客情侶老外入住，他倆碩大的背包大剌剌的橫陳在我的床位前，我非常客氣的請他們改移至門口角落，男友似乎不太高興，我說先來後到，我的東西已先安頓於此，為了彼此方便，還是請移到你們床前或門口角落。外國人雖強勢，但講理即通，相安無事。一對情侶情話綿綿，已至深夜，我說還是關燈就寢吧，他倆欣然同意，好睡到天明。

五　將謂偷閒學少年

　　二〇一七年八月九日星期三。昨晚子夜後，一群樓下旅舍年輕房客狂歡喧譁至四更天，男室友忍受不住，起來關窗戶，雖然清晨傾盆大雨，但室內不通風，略顯悶熱。上午美國小妞起床後，一直嘟嘟囔囔說：「哦老天，怎麼這麼熱啊！」我將窗戶打開，她很有禮貌的說：「謝謝，待會沖個澡，就涼快了。」我到隔壁廚房享用早餐西點麵包、香蕉、堅果與綜合果汁畢，回房後，小妞與情侶分別打包道別，我又將「獨守空閨」了。

昨天以小城區查理大橋至聖‧尼可拉斯大教堂為中心之右側巡遊大街小巷、國會與城堡花園等；今天則以小城區左側為漫遊重點，靜巷僻徑，逐一踏查，時有通幽秘境，頗為驚豔與訝奇。從靜巷幽徑轉入上山大街，分別有愛爾蘭大使館、美國大使館、義大利文化研究中心，以及氣派莊嚴的德國大使館。在平行的聖‧尼可拉斯教堂那邊，往城堡上山的路上，也分別有羅馬尼亞大使館，典雅恢宏的義大利大使館，隱居靜巷底如城堡莊重的英國大使館，在國會辦公室前後左右，也有多國使館，而在小城區查理大橋下「約翰藍儂牆」附近，也有東歐愛沙尼亞大使館，很可惜未發現到臺灣駐布拉格代表處。

　　沿著石板古道一路蜿蜒直上，遊客甚少，安享一路悠閒風光，頻頻「卻顧所來徑」，又前仰進程，雖然汗流滿身，但行止之中，漸入佳境的喜悅，清新旅人的心懷。一路曲折拾級而上，終於登上模仿艾菲爾鐵塔（La Tour Eiffel）的佩特林瞭望觀景塔臺（Petřínská Rozhledna）前，排隊遊客甚多，因此放棄三百階梯的登塔考驗，而事實上在山頂的各角落，都有十分優良的觀景地點，此山頂為綜合園區，另有教堂、魔鏡廳、天文臺、玫瑰花圃與軍事營區，在此賞花觀景，十分逍遙自在。不過夏陽熾烈，體力負擔甚重。找個正在繁花盛開的大槐樹下，以綠茵為席，以樹蔭為布，愜意仰臥，天光雲影徘徊於上，蜂飛覓吸花蜜，嗡嗡耳際，難得樹下夏晝之夢，養精蓄銳，迎向前程。

　　天文臺前之玫瑰花園繽紛多彩，尋芳雅客多為夫人、小姐，似我已逾半百「老青年」，惜花如玉者，幾希？復往歧途下山，先經過著名的修道院與宗教圖書館，山上院外到處是自稱自製家庭修道院啤酒，賓客潮湧蜂集，我只顧欣賞旖旎風光景致，全無餘心品賞佳餚美酒。下得山來，先到四川餐館點份辣炒雞肉麵，此次辣得夠味，酣暢淋漓。用餐後，返歸客舍休息充電，一室冷清，獨我孤獨安享靜寂，寤寐之間，忽有兩位法國辣妹進住，驚得我一

身熱汗，雖說「豔遇」有福，然老少、東西有別，只能簡單打個招呼（Bonjour）而已。

　　午休後，從河畔小徑，見一高牆深院，大門開著，索性進入，竟是別有天地的市內祕密公園，李樹、蘋果樹與西洋梨樹遍植園中，正值果實成熟時節，滿樹果實纍纍，真是鳥類的福音，試吃幾顆果熟蒂落的李子，確實甜蜜美味。步出花園，又循另一河側，有一大區古典雅麗如宮殿般的建築，繞行一大圈，始知是捷克中央政府主要辦公廳室。沿著福爾塔瓦（Vltava）河漫步游走，美好風景無限，真是一大享受。又折入卡夫卡紀念博物館，再從橋下河岸轉進河畔公園，點了兩球美味冰淇淋七十克朗（約新臺幣九十元），一路品賞，滋味無窮。在越南水果雜貨店買了兩款麵包、兩瓶鮮奶、一盆金橘、四顆蘋果僅一百多克朗（約新臺幣一三〇元），經濟實惠，省下晚餐與明天早餐花費。

　　乘夜散步於山下花園、果樹林園，夕照風光無限美好，在茫茫夜色裡，疲累與喜悅交織中，返歸客舍。已近子夜，兩位法國辣妹才整裝香噴噴準備出門夜會，我一人洗浴畢即先就寢，開著小燈「等待」她們夜樂平安歸來。四更天後，兩位辣妹巧聲細語返歸入寢，近五更天原來睡在門口床位的美國小妞，竟然又返回客房，一老男獨窩窗下，三位美嬌娘憩息於側，真是羨煞年輕少年兄也。

六　郭外誰家閒院落

　　二〇一七年八月十日星期四。天朗氣清，近午稍熱，午後微雨旋止，晚夜清涼舒爽。晨興，至洗手間梳洗畢返歸，忽見原本開啟一夜的室內窗戶，已被美國小妞關上，可以理解她近凌晨才返回就寢，而一早教堂鐘鳴聲、電車馳騁聲，時響耳際，二位法國辣妹酣睡香醇，美國小妞忍受不住吵雜，關

起窗戶雖然清靜不少，但空氣不流通，肯定悶熱不舒服。

　　先到隔壁廚房餐廳，享受昨晚在越南雜貨店所購法國麵包、鮮奶、蘋果與金橘等，隨即出門爬山踏青去。在晨間涼風朝露的迎接洗禮下，再度光臨昨夜初臨的山坡果樹大公園，只有附近住戶幾人與我享受著，這一大片的蒼蒼翠翠，美國星條旗兀自傲然飄揚在城堡之下，仰望俯瞰，無盡美景盡在眼前。爬登半山巔，坐定觀賞山下市區風光河景，「千塔之城」美譽的布拉格，天際線下的紅瓦黑塔，穹頂堡壘，千百載天工人成的世界文化遺產，值得好好疼惜欣賞。

　　登山纜車輕輕靈靈的上下山頂園底，我隨意漫步曲徑彎道之間，不知不覺走到一處綠草如茵的典雅莊園，竟是「別有天地非人間」的民俗博物館（Lidové Muzeum），靜僻大公園邊緣角隅，幾無旅客，實在可惜了這一大片古木參天、芊芊綠茵的「優勝美地」。我單獨坐在面對希臘、羅馬三角柱式潔白如宮殿般的博物館正前方噴水池、大草坪雅座，靜觀品味，並享受麵包水果點心，不費一分一毫，愜意至極！並未購票入館參觀，巡遊周遭一過，午陽已熾熱難耐，於是在草坪最底之蒼古大法國梧桐樹下，枕茵為席，臥遊小憩。微光穿葉流瀉而下，夢幻迷離之中，洗盡一身疲乏倦容。

　　起身告別這浪漫典麗的莊園博物館，下得山來，正在噴泉高湧的白色宮殿法院，男女小孩見噴泉樂不可支，雀躍在噴泉大理石板，童真無邪，豔羨佇足，觀賞良久。復往前進，近橋頭前見一家義大利冰淇淋店，點了一球二十三克朗（約新臺幣三十元）目前所享受最便宜，帶有胡椒顆粒的巧克力冰淇淋，特別美味，一路細細品嚐到橋頭，美得如夢似幻的福爾塔瓦河風景，佇立橋上，不忍離去，請過路的外國朋友幫我拍張照留念，不虛此行。

　　從小城區過了橋，便是老城區，橋頭邊造型新穎的「跳舞的房子」（Tančící Dům, The Dancing House），令許多遊客徘徊流連，觀賞品味。再往左側街口直走，終於尋覓到塔樓聳立的新市政廳，繞遊內外一過，再尋路標

探訪正在維修中的捷克國家博物館（Národní Muzeum），從館前林蔭大道直下至舊市政廳，即是著名的天文鐘（Pražský Orloj）與布拉格老城廣場（Staroměstské Náměstí）所在。離整點天文鐘表演尚有一段時間，先離去再訪市民劇場，本擬預購明晚六時音樂會票，但售票人員精神態度稍差，興致全無，就不想再浪費時間金錢了。在附近探詢布拉格查理大學（Univerzita Karlova v Praze）本館所在，承蒙書店熱心親切的男職員指點，大致清楚方向所在。而距離天文鐘整點表演，尚有不到十分鐘時間，趕緊前往已經人山人海的廣場，不到幾分鐘的等待，聚精會神仰望，自有不同於初次觀瞻的心情與心得。

觀賞後，從旁邊靜巷，首先探知莫札特初次首演劇目於此的芭蕾歌劇院，其旁巷內即是布拉格查理大學校本部與博物館，靜坐本館前庭，品味思索這所古老大學的歷史點滴。又再折回布拉格廣場，尋著前日足跡再度拜謁卡夫卡雕像，以及充滿悲情的猶太紀念特區，在一所乏人問津的天主教堂內，聆賞播放的聖樂，環觀聖壇祭殿以及四壁宗教雕塑油畫，真善美聖神的奇異恩典，喜悅降臨賜福於我這獨遊的他鄉騷人墨客。養足精氣神，再度漫遊老城區河岸公園，坐定一隅，靜觀遊艇悠然河川，戲餵可愛和平鴿群，樹影婆娑，河光蕩漾，美景當前，一身雙腳疲累，又煙消雲散，精神抖擻了。

過橋返歸客舍充電，並略事休息後，兩位法國辣妹翩然返歸休息，我為避免尷尬，再度整裝告別出門。先在國會使館區漫遊，在美國大使館徘徊逗留過久，被年輕的捷克警察過來關切，親切告知使館區有安全顧慮與考量，請勿逗留，於是欣然離去。走到四川餐館，點了一份九十五克朗（約新臺幣一二三元）蔬菜雞肉炒飯，足以果腹。又再沿街至越南雜物店，買了一盒李子、一根香蕉、一片鳳梨、兩顆西洋梨、兩款法國麵包，加上兩瓶鮮奶，總共一七四克朗（約新臺幣二二五元），足夠明天朝食、午餐享用了。

邊走邊享用鳳梨片，走到河畔公園一角坐定，回顧今天行旅點滴，適有夜晚清雨，打開手機數據連線，一氣呵成打字完成，已近夜晚十一時，公園

內仍有不少年輕男女戲語聒聒、情話綿綿，徒步返回客舍，又有四位「窈窕淑女」入宿，四女一男五位全員到齊，無福消受，自我安眠夢鄉，方是佳處。

七　畫出樓臺雲水間

二〇一七年八月十一日星期五。從昨晚子夜後下雨，一直到今天午間，猶未稍歇，偶有閃電雷鳴。昨晚兩位法國成熟辣妹、兩位法國稚嫩小妹同處一室，嘰嘰喳喳，笑談到晨一時後始息就寢。晨興，四位辣妹甜蜜酣睡，梳洗後到廚房簡單水果、麵包與牛奶早餐畢，即撐傘外出，散步於小城區聖·尼可拉斯大教堂周邊街衢，遊客稀少，難得清靜安寧，獨享雨後冷寂街道上的新景。

大雨時而滂沱，時而微風細雨，行至登山纜車處，以自動機器購買三十分鐘二十四克朗（約新臺幣三十一元）的車票，乘坐九點首發班車，一路上升，俯仰兩端攝影存念，乘客僅老太太一人、年輕小夥二位，以及中年的我，加上年輕女司機一人，五人騰空而抵山上終點，雨勢稍小，在天文臺前玫瑰花園，欣賞霑露洗新的各色玫瑰花，獨享滿園繽紛，何其幸福圓滿？拍了不少照片，留待日後存念回憶。

乘興而來，盡興而別，沿著蜿蜒石板山路，一路欣賞蒼樹碧茵，俯瞰市區雨中清景，偶有行旅來客，難得邂逅相遇，互道早安而別。徘徊流連山中甚久，又在紀念遭受共產黨迫害犧牲紀念雕像前憑弔良久，再拾級而上，復周旋於佩特林（Petrin）環山公園，俟雨稍息，下山漫步街道，欣賞建築山牆宗教彩繪壁飾，特色商店窗櫥設計，以及靜處一隅的國立音樂博物館（Národní Hudební Muzeum）、潔白無瑕而前有噴泉廣場的司法宮（Justičním Palácem），賞心樂事盈溢胸懷，不費分毫，得來全不費工夫。

往市區西郊行進，途經義大利曲奇冰淇淋（Cookie's Ice Cream）商店，

點了一球二十三克朗（約新臺幣三十元）的招牌冰淇淋，邊走邊享，十分滿足。行腳稍疲，適有雙塔高聳的聖‧瓦茨拉夫教堂（Kostela sv. Vaclava），於是入內坐定，養精蓄銳。教堂不許攝影，又正在布置祭壇，正午關起大門，美妙報時鐘聲響徹空中，雨勢時大忽小，側身教堂大門，聊記晨至午間行旅，風雨雖如晦，亮麗輝耀的精氣神靈，猶然挺立昂揚。

雨勢仍然傾盆滂沱，隨後又冒著雨勢，續往城郊行進中，途經週六戶外市集，因雨顧客不多，稍微停留觀賞，又復前行至市郊公車大站，雨勢滂沱，雷電交加，坐在候車棚中，享受昨晚於越南雜貨店購買的法國麵包、蘋果、黑李、金橘與堅果，略為休憩充饑，並候雨勢稍息。

從公車站右轉福爾塔瓦河方向，經過一間外觀樸素高雅的大型建築，竟然是捷克最著名的「皮爾森」（Pilsner）啤酒工廠，一九〇二年興建，融合古典與現代，令人耳目一新。再前進即達河岸公園，但見白天鵝翩翩悠游於水波蕩漾搖曳的河面上，優雅而逍遙，遠處是暗紅的拱型鐵道大橋，雨中靜觀別有佳趣。沿著岸隄走到底，在鐵道河岸汀洲草叢中，赫然驚見如白雪皚皚的白天鵝群聚覓食水石岸邊，遠處古老的雙尖塔樓教堂（修道院），映襯暗紅的鐵道拱橋，眼前波光粼粼的河面上，白天鵝自在悠悠，真是一幅「天地與我並生，而萬物與我為一」（《莊子‧內篇‧齊物論》）的太和唯美畫面，獨立雨中，幾乎已達忘我的境界。

近傍晚六時許，天霽夕照，清和曼妙，美麗輝光，竟不知今夕，究係何夕？天上、人間？河岸中，豎立著捷克文與英文的告示，饒富警惕「萬物之靈」人類的自我、自私與自利，迎著風雨，靜抄記錄英文內容：

People-Homo Sapiens,Your worldwide expansion is constantly reducing our space for living. We can no longer be sustained by nature, we have to rely on you for our food. Please do not throw out food but bring it to us:

Do not touch us.

Don't banish us from riverbanks - grass is our food.

Don't let out your dogs on us.

Thank you - Your Swans and riverbirds.

萬物之靈的人類，你們的全球擴張正在不斷縮小我們的生存空間。我們不能再靠自然維持下去了，我們必須依靠你們的食物。請不要扔掉食物，而是把它帶給我們：

一、請不要碰我們。

二、請別把我們趕出河岸，因為草是我們的食物。

三、請不要把你的狗放在我們身上。

謝謝你們！你們的天鵝和河鳥敬上。

生命須要彼此尊重，人類不能妄自尊大，一切自以為是、我行我素。在這裡靜觀沉思，中國哲理生命義理的體會，在此朗現無遺。

再順沿河隄，從小城區過橋，往新城區與老城區前行，大雨又復滂沱而下，再度進入「跳舞的房子」歇腳避雨，室外黑暗一片，室內靜寂安詳，偷閒略記中午至午後三時，點點滴滴，甘苦心知。短短一週左右時間，我幾乎踏遍小城區、城堡區與山上公園區的每一條大街小巷、蜿蜒山徑曲途，而老城區與新城區的重要名勝景點，以及主要街衢巷弄，我也幾乎一步一腳印的行過履勘，一週布拉格，此生永恆難忘。

午三時後，從橋邊「跳舞的房子」離開，順著岸邊街道直走到黃金屋頂氣勢恢宏典雅的「國家歌劇院」（Státní Opera, Národní Divadlo）與地鐵藝術廣場（Metro Art Plaza），冒著風雨選擇攝影最佳位置，從不同角度拍攝到之前夜晚難以取景的缺憾，再回頭至橋下船塢沙洲，幾無遊客，靜佇河畔欣賞雨中，對岸小城區、橋樑與河面光影迷離交錯的美景，渾然忘我之際，雨又

傾盆而下，先在河畔餐廳騎樓避雨，順便享用法國麵包與西洋梨，補充體力精神。雨勢接連不息，撐傘一路向布拉格廣場前進，途中不斷獵取建築鏡頭，消解不少疲勞。五點前抵達廣場，走到老城市區標誌建築之一的「市民會館」（Obecní dům, The Municipal House）劇場，適有六點整的「音樂會」（Concerts）交響樂表演，購買八百克朗（約新臺幣一〇三五元）B 區十四排六號的票，就當作風雨告別之夜的身心靈饗宴吧！

　　由於主廳有歌劇排演，此場音樂演奏會安排在右翼小廳，場地呈長方形，無高低位差固定座位，雖然雅致典麗，但排場遠不若八八父親節在魯道夫音樂廳（Rudolfinum）內德佛札克音樂廳（Dvořák Hall）的壯盛堂皇。因演奏時間在傍晚六時，並未滿座，賞樂貴賓皆有年輕漂亮、金髮曼妙身材的姑娘引導入座，非常敬謹專業的儀態表現，值得鼓勵喝彩。

　　準時六點演奏開始，沒有開場介紹，直接按部就班，依循曲目逐一表演，計有男大提琴手一人、女中提琴手一人、女小提琴手一人，加上三位男小提琴手，總共七人，皆屬中老青壯演奏家，除了首席男小提琴手是黑髮之外，其餘男女演奏家皆為金髮，曲目嫻熟、技藝精湛，雖然場地受到一些限制，但是專業水準的小型交響演奏，卻意外博得大家的驚訝與讚賞。約一小時的演奏中，共精選了小約翰‧史特勞斯（J. Strauss, Johann Baptist Strauss, 1825-1899）、皮埃特羅‧安東尼奧‧斯泰法諾‧馬斯卡尼（Pietro Antonio Stefano Mascagni, 1863-1945）、安東尼奧‧盧奇奧‧韋瓦第（Antonio Lucio Vivaldi, 1678-1741）、約翰‧帕海貝爾（Johann Pachelbel, 1653-1706）、約翰‧塞巴斯蒂安‧巴哈（Johann Sebastian Bach, 1685-1750）、沃夫岡‧阿瑪迪烏斯‧莫札特（Wolfgang Amadeus Mozart, 1756-1791）、安東寧‧利奧波德‧德佛札克（Antonín Leopold Dvořák, 1841-1904）、約翰尼斯‧布拉姆斯（Johannes Brahms, 1833-1897）等具代表性的曲目。最後一曲演奏完成後，雖然聽眾都站立鼓掌，但因八點還有另一場演奏會，就此圓滿結束，短短一

小時沉浸在優雅浪漫的琴音樂曲之中，身心、神靈都感到無比和諧舒暢。

意猶未盡之餘，又購買了一卷三百克朗（約新臺幣三八六元）的《四季》（*The Four Seasons*）現場演奏 CD，打算請女兒「姊姊」（秉忻）於九月帶回臺北，提供久習小提琴的小兒「帥哥」（秉坅）聆賞觀摩，期能更臻進境。

欣賞完大、中、小提琴的小型精彩的交響演奏會後，雨已息止，夕照輝映在廣場教堂的雙尖塔樓，以及向陽的許多典雅華麗建築之上，輝煌燦爛得令人仰視觀賞，我獨自漫步在廣場周邊巷弄之間，又捕捉了不少精彩光華的建築與街衢美景。環繞老城區一遭，再從猶太史蹟區轉向福爾塔瓦河畔，在魯道夫音樂廳上橋，隔河對望古典橫臥的查理大橋（Karlův Most），以及雄傲山巔的布拉格城堡（Pražský Hrad），美景大觀，久視凝賞不忍離去。彷彿走了一段甚長的時間，轉瞬之中，忽忽已過橋面，返回小城區。

天色漸漸灰暗下來，從小巷曲弄中，返歸客舍之前，在對面義大利比薩（Pizza）店點了一大片綜合比薩，配上一大杯生啤酒，在溫馨暖和的店裡，享受告別布拉格之前最後的晚餐，深情難忘，依戀不捨。回到客舍，已夜晚十時許，請櫃檯漂亮的看守姑娘，協助列印明天十一點五十分飛返布魯塞爾的線上訂購電子登機票，一切順利如意，感謝小姑娘親切熱誠的服務。

回到 9C 五人床位客房，較成熟的兩位法國辣妹，在房內愉悅聊天，與我招呼過後，隨即連袂洗澡而去。我正好趁此空檔，整理午後至晚行止遊記，稍後腸胃消化，也將沐浴打包行李，明天一早退房，再往附近 A 線地鐵，購買九十分鐘三十二克朗（約新臺幣四十一元）單程地鐵票，從 A 線馬洛斯特蘭斯卡（Malostranská）站，至大榮耀（Velká Sláva）站，再轉接一一九號機場公車。期待一路順適、平安、圓滿。同室另兩位稚嫩法國小妞，已逾子夜，猶未倦鳥歸巢，不知今天是否被風雨所侵凌了？抑或已離別遠行他去？正忖思間，樓下門房小姑娘，正帶領一位中年男士入住我床位旁，人來人往，「濟濟多士」、「灼灼其華」，有緣勝似無情。

樓下「獨樂樂，不如眾樂樂」的爵士吉他音樂聲響，時時傳來，年輕的生命、浪擲的歲月，對於經歷無數行旅風霜甘苦的我而言，後生小子逸豫無節，不知所以裁之，非但不足畏，亦不堪法也。而布拉格古典雅麗，各式建築紛繁爭豔，特色餐館、飯店別出心裁，真是波西米亞王冠（Česká Koruna, Bohe-mian Crown）上最華美燦爛的寶珠。

七天行旅，完成徒步踏查巡遊布拉格小城區、城堡區、山上綜合公園區，查理大橋左右各兩大橋樑、兩岸河濱沙洲公園，以及老城區與新城區，一步一腳印，一思一情懷，我已儼然是「七天布拉格人」，卡夫卡（Franz Kafka, 1883-1924）如地下有知，當稱羨這遠東貴客，已深戀於此，何忍遠離？期待有緣再次邂逅相遇，情牽來日。

八　歸雲一去無蹤跡

二〇一七年八月十二日星期六。布拉格雲開月映，天朗氣清，格外舒暢爽神。昨晨至傍晚，傾盆滂沱大雨，近晚始霽，「雲破月來『人』弄影」，「守得雲開見月明」，亦是難得行旅際遇。子夜後，同室中年壯漢倒頭便睡，兩位法國成熟辣妹盥洗畢，亦陸續回房，我徵得她倆同意，先關閉我與壯漢近內室燈，晚餐後休息時間已足夠，也就下樓至男士浴室淋浴，即將返歸，就不再清洗今日換洗衣物，留待返歸魯汶後，再好整以暇至「洗滌所」（세탁소）清理乾淨。

浴畢，返回房室，另一年輕帥哥翩然而至，並未招呼問好，也是倒頭大睡。如此即可確認，兩位稚嫩的法國小妹已經退房，再往另一征程前進，祝福她們一路平安悅樂。暑期學生背包客甚多，因此經濟實惠的青年旅館客滿為患，生意十分興隆。只是現代年輕人生活習慣隨便隨興，公共廚房、廁所、浴室等搞得到處髒兮兮，三更半夜大聲喧譁戲謔，完全沒有公共禮儀修養，這真是普天之下大多數年輕人的通病：「野而無文，俗而不雅。」

中年壯漢連夜至晨，酣聲大作於床側，窗外喧囂樂音與車行噪音，穿牖入耳，心靜身靜，即將賦別，再次思維回憶之中，不覺進入夢鄉。晨五點三十分醒來，梳洗完畢，整妥行裝，先將枕頭、床被等內務清理，並移到樓下待洗圓桶之中。隨即至廚房餐廳享用法國麵包、金橘與蘋果早餐，約六點三十分下樓退房（check out），向一夜看守門戶漂亮清秀的女大學工讀小妹，互道早安、謝謝協助，祈願後會有期了。

　　從經濟旅館（Budget Hostel）所在的小城區約瑟夫斯卡（Josefska）石板巷弄，背著行囊徒步走向來時之路的馬洛斯特蘭斯卡地鐵站，在市區電車軌道旁人行道上，踽踽獨行，一路欣賞十分用心設計規劃的石板步道，或正方、或交叉、或花邊、或幾何圖案，賞心悅目，如果臺灣各市政當局能夠「博學於文，約之以禮」，好好用心精細經營市政建設，假以數年，何愁市容不能更為典雅麗緻呢？

　　抵達地鐵站，先在自動販賣機購買九十分鐘三十二克朗（約新臺幣四十一元）的地鐵、公車通用票，深邃的手扶電梯直達地底月臺，涼風陣陣，空氣十分清新，不多時 A 線紅色電車翩然而至，上得車廂已有不少大包小袋準備前往機場的旅客，途經四站抵達大榮耀地鐵站，從地底再搭乘兩段電梯、履登一段樓梯，始達地面，一一九號開往捷克布拉格哈維爾機場的公車站牌下，等候乘客已成人龍，約候五分鐘公車抵達，魚貫入座，約七點三十分即抵達機場航站，十分快捷便利。

　　在第一航站（Terminal 1）兌換櫃檯，將所剩三百多捷克克朗（約新臺幣三八六元），轉匯為十六點一○歐元。前面「貴氣逼人」的中東富婆，耗費半小時多辦理退稅，一口氣一大疊退稅單，總共折退一五○○○多捷克克朗（約新臺幣一九三二二元），折合約五七○歐元，真是闊氣豪邁，實非升斗小民所可望其項背。在第一航站入關不遂，經年輕帥哥服務生提醒，布魯塞爾航空航班在第二航站（Terminal 2）辦理入關手續，於是一邊觀賞機場設

施，一邊悠哉前往第二航站，很快就辦好通關檢驗。靜坐C與D區間一隅，等候稍晚公告登機門，明窗淨几之外，「天光雲影共徘徊」，青天朗朗，白雲悠悠，真是一片溫馨祥和氣象，煞是美好怡悅。

機場玻璃帷幕透亮，映襯著藍天白雲，捷克航空、法國航空與荷蘭皇家航空（KLM）班機，逐次停靠眼前登機閘口，遠方碧草如茵，一輪明月在白雲掩映之下，分外迷人，美景當前，攝取照片，留待來年他日回味憶念。忽收所辦許雯怡助教來訊，及中央研究院中國文哲研究所蔡長林仁兄轉傳本系黃麗娟老師臉書消息：「本系退休邱德修（1948-2017）教授於昨晚，在自家客廳趺坐安詳辭世，往生極樂世界。」驚知訃告，感嘆悼念不已。

近十一點起身離坐，檢視登機口為C20閘口；登梯下樓，等待十一點二十分開放驗票，再搭乘接駁大巴士。班機為布魯塞爾航空公司螺旋槳二十二排、每排四人座，操法語的空中小姐，都是來程原機、原空服員，只是原來後場黑髮東方臉孔的空中少爺，已經換成金髮碧眼操荷語的空中小姐，我線上報到（check in）的機位是20C，正好與登機口號碼相同，位置在機尾第二排走道，旁鄰是一位和藹可親的中年胖漢，體重應該超過一百公斤以上，操荷語的後場空中小姐，檢查安全帶時，見不到這位老兄「大肚能容」之內的安全扣鎖，這位老兄與我、空中小姐非常有默契的相視微笑，化解了彼此的一陣尷尬。

三位姑嫂妯娌帶領著四女二男年幼童孩，就坐在我前兩排，大小童真赤子，全程吵吵鬧鬧，片刻不得安寧，鄰座的一對老夫妻，以及同排的大佬兄，均投以異樣而含蓄的眼神；而坐在我之前二排，年輕貌美的「窈窕淑女」（Fair Lady），則受不了後座兩位男女小孩玩鬧與腳踢椅背的干擾，頻頻皺眉使以白目，而孩童母親們則放任不加管束，真是缺乏家教，以及公共場所必要的彼此尊重禮儀。這種在外吵鬧不休的孩童，返家之後應該施以必要的教育與懲罰，日後才不致於我行我素，妨礙他人清寧或干擾社會祥和氣

氛。只是，辛苦而偉大的媽媽們，費盡工夫帶領孩童遊玩度假，卻不見任一位先生（爸爸）隨身，大男人們打拚經濟，婦女們則照料孩子，還真是現代家庭生活的一頁甘苦縮影。

航程中，順適妥善，約一點三十分平安降落布魯塞爾機場。航班前場操法語、氣質優雅的空中小姐，也忙著整理她的行囊，飛機到場降落入關後，她走在我前頭，女士優先，不好意思造次超越。明天週日假期，可以好好休養生息。返歸魯汶後，猶沉浸於布拉格一週徒步漫遊的美妙行旅回憶之中，但生活總是須要回歸常態。

魯汶感覺宛如清秀碧玉佳人，與布拉格的山川人文滂薄大氣、高貴典雅的貴夫人情態相比，確實遠遜一籌；但小城安寧祥和之美，也遠非觀光大都之喧囂吵雜可相比倫。金朝元好問（裕之，遺山，1190-1257）《論詩三十首·其四》云：「一語天然萬古新，豪華落盡見真淳。南窗白日羲皇上，未害淵明是晉人。」而東晉五柳先生陶淵明（潛，元亮，365-427）〈贈羊長史·並序〉曰：「得知千載上，正賴古人書。」或許就是此刻「歸其根，復其初」的最佳履歷注腳了。

左軍羊長史，銜使秦川，作此與之。

愚生三季後，慨然念黃虞。得知千載上，正賴古人書。

聖賢留餘跡，事事在中都。豈忘游心目？關河不可逾。

九域甫已一，逝將理舟輿。聞君當先邁，負屙不獲俱。

路若經商山，為我少躊躇。多謝綺與甪，精爽今何如？

紫芝誰復采？深谷久應蕪。駟馬無貰患，貧賤有交娛。

清謠結心曲，人乖運見疏。擁懷累代下，言盡意不舒。

撰自二〇一七年八月五至十二日

柒

兌義篇

孟秋匈牙利布達佩斯遊記

一　長風破浪會有時

　　二○一七年九月一日星期五。魯汶天朗氣清，惠風和暢。昨晚上網工作並審校文稿，直至凌晨近五時始入眠，上午八點三十分即起床，梳洗沐浴後，出遊行李準備完善，簡單料理西式早餐，牛奶二杯各加少許芝麻，烤麵包六片分成各三片二份，一份早餐一份午餐，添加於布魯日（Brugge, Bruges）購買的綜合水果醬與巧克力醬，另加削成碎片的荷蘭伊丹（Edam）起士，蘋果與香吉士各一顆，清爽飽餐一頓。再至一樓地下室電表房拍錄每月月初度數存查，隨即整裝出門，搭乘約十點三十分的三號公車至魯汶車站，再轉乘十一點○六分前往布魯塞爾機場的火車，不到十一點三十分即抵達並快速辦妥出境通關手續。前往 A 區休息補眠至下午一點五十分，再享用上午準備的麵包午餐，配上蘋果一顆，十分俐落清爽。

　　午後二點十分始公告登機門為五十二號，約二點三十分即排隊魚貫入座，此次航班為布魯塞爾航空（Brussels Airlines）中型空中巴士（Airbus-A319-A320），每排六人座，難得有空橋可以直接登機入座，我已預選 6F 靠窗位置，飛機表訂二點五十五分起飛，約三點進入跑道，很快即升空騰雲而去，密雲層層疊疊，看不到地面景況，空中陽光熾烈，關上小窗，與旁鄰匈牙利（Magyarország, Hungary）母女，很有默契的靜靜休息約一點五小時，等到下降至雲層以下，方開窗欣賞天光雲影，以及地面上阡陌縱橫的鄉野景致，順手拍幾張空中照片，以資留念。廣東梅州五華故鄉族孫女賴美容與同

鄉張進源先生緣定終生，特賦冠首嵌名賀詩，遙祝：執子之手，乾坤定矣！
與爾偕老，琴瑟友之！

　　張家清河百忍堂，**賴**府潁川積善揚。**進**士英雄光耀馥，**源**泉勁健泡清芳。
美嬌新婦凝眸倩，**容**色古香展帔彰。**嘉**慶吉時鐘鼓樂，**禮**成鸞鳳泰寧康。

約二小時航程，非常準時於下午五點平安抵達布達佩斯李斯特國際機場
（Budapest Liszt Ferenc Nemzetközi Repülőtér）。一樣有空橋服務，因坐在前
排很快下機，但空橋卻漆黑一片，以為機場停電，正摸索中，突然大放光
明，天氣悶熱，循指標出關後，先至迷你芽（Mini-Bud）櫃檯登記領取十歐
元車票，候車空檔至自動提款機（ATM）提取匈牙利福林（Forint, HUF）鈔
票備用。一會兒，小巴專車已到，坐滿一車七位旅客，都是不同飯店、青年
旅館，很親切友善的司機先生，從五點三十分至六點三十分，一路奔馳，進
入市區左岸東方佩斯（Pest）城，非常熟練的穿街過巷，一一將旅客送達。
　　我預約的大道旅館（Avenue Hostel）位在佩斯市區一號地鐵中心，是一
棟十分老舊的公寓，上樓報到（Check in），被安排在一○二房男女混住十
二人上下床位，我在房室中央下鋪，出入十分方便，每人各有專用置物櫃附
鑰匙一串，二間廁所與三間浴室在外，一樓（實際二樓）所有男女房客共
用，顯得有些侷促不足。不過有免費無線上網（Wifi）服務，並附有早餐，
以及床頭有專用頭燈、插座與床簾，服務同仁都是年輕男女，青春揚溢，十
分熱情親切，以客為尊，令人有賓至如歸之感。
　　入住手續完成後，約晚上七點即出門，隨意散步漫遊，先行瞭解周遭地
理環境。白天的佩斯有點老舊散漫，感覺不是很先進開發的國家，流浪漢也
不少，但不似布拉格（Praha, Prague）會跪地乞討。先至市內頗為古雅壯觀
的火車站，車站周邊有頗為新穎熱鬧的商場餐館，我繞行一周，隨即拐進僻

靜破落的巷弄，再轉出大街，買了一份七百福林（約新臺幣六十五元，一歐元約三百福林）的中東烤肉串（Kebub），邊走邊食，餐後又步行東南西北各大街一大段，再買兩球藍莓與巧克力冰淇淋（每球三百福林，約新臺幣二十八元），也是邊走邊享受，夜暮漸深，仍在市區遊蕩，還是不辨東西、難分南北，就毫無目標隨意游走，有多處是傍晚迷你芽（Mini-Bud）司機走過的街頭風景，我逐漸尋覓感知來時路的方向，也稍微能夠安定市區座標了。

約九時後，又買了兩球香草與小紅莓果的冰淇淋（每球只須二百福林，約新臺幣十八元），但每球份量幾乎是先前一球加倍而有餘，雖已夜深，天氣仍然悶熱，一路滴著冰淇淋溶化的甜汁，只能有些狼狽而囫圇吞棗似的享用。在街角自來水石柱，清洗黏瘩瘩的雙手與嘴角，大快朵頤之後，精神陡然振奮起來，從十點至十一點三十分又走在市區觀賞琳琅滿目的餐廳、咖啡館、酒吧、甜點店面等，而高潮則是終於不期而遇典雅堂皇的歌劇院（Opera），在夜光迷離中，繞行一圈，仰觀靜賞，拍攝弗朗茨・李斯特（Franz Liszt, 1811-1886）雕像等，興盡而別。又繞經紀念李斯特的公園商場走廊、李斯特國際音樂學院（Liszt Ferenc Zeneművészeti Egyetem, Franz Liszt Academy of Music），享受夜餐醴酒的高朋貴客還是很多，我獨自欣賞公園內幾尊銅像，其中以李斯特最具特色，在紛雜喧鬧的古雅建築夜色中，愉悅的返歸客舍，已過三更天了。

二　直掛雲帆濟滄海

> 自助遊旅，偶逢鄉賢。難得喜樂，隨遇處安。食衣行住，身泰心寬。
> 自在自得，茹苦若甘。十方圓滿，和合因緣。反身誠體，樂莫大焉。
> 　　　　　　　　——客學旅遊四言行吟，回應臺海兩岸朋生門生。

二○一七年九月二日星期六。清晨，微雨稍涼，午間前後悶熱，晚上風雨交加，氣溫下降。昨晚太多人佔用三間浴室，上午六點起床洗澡後，怕吵到左右、前後、上下室友，回床再沉思假寐至七點三十分，早餐八點才開始，先換好出行服裝。右鄰青年是韓國仁川大學生，隔壁是一外國熟女，他的男友在另一側；上鋪室友剛下床，看樣子像臺灣同胞，詢問之下果然如是，他姓許，基隆人，剛考上基隆國立海洋大學輪機系，一個人自助旅行二十餘天，從荷蘭、比利時、奧地利到匈牙利，今午將搭乘火車至維也納，再搭機返臺，老男少青一見如故，相談甚歡。他先到櫃檯退房（check out），並寄放行李，之後一起享用早餐，我拿了兩顆水煮蛋、一盤黃瓜、白青椒與鮮蕃茄，再一杯熱咖啡；一碗鮮奶加三種麥片、綜合脆片，再搭配五六片土司裹黃牛油、草莓與酪梨醬，一邊閒話家常，一邊享受清淡餐點，到九時才離席告別，彼此祝福：自助旅程，悅樂平安。

餐後，先徒步至聖‧史帝芬大天主堂（Szent Intvan Bazillka, St. Stephen Basilica），在正殿大門上方錄寫了以下拉丁文：「EGO SUM VIA VERITAS ET VITA」（我就是道路真理和生命），環繞周遭拍照攝影，在正大門入口處預購明天週日晚上八點，教堂音樂會票八七○○福林（約新臺幣八○四元），再交二百福林（約新臺幣十八元）教堂參觀門票，但我身上只有一百與五十元福林硬幣，拿出一千元福林紙鈔，司門先生說沒零錢找，交納一五○元也沒關係，進入教堂大殿，典雅莊嚴，金碧輝煌，瑰麗雄偉，甚為驚豔！後殿小教堂有十一世紀史帝芬一世國王（I. Szent István，約970至975-1038年）的右指金龕，與德國科隆大教堂（Kölner Dom, Hohe Domkirche St. Peter und Maria）主祭殿後東方三聖人遺骸金龕類似，中老年善男信女頗眾，而又十分虔誠禮敬，感佩在衷。

周覽拜謁後，轉至隔街公園上的「布達佩斯之眼」摩天輪（Oriskerek Bp Eye），客人無幾，買了二七○○福林（約新臺幣二五○元、九歐元）的

票，只有外國人一家三口、中國年輕姑娘二人，以及我「臺灣老男」，上下分乘三廂，輪轉多回，俯瞰佩斯（Pest）與布達（Buda）山河街市風光，賞心悅目，值回票價。

下得摩天輪後，迂迴曲折於大街小巷中，終於十點三十分左右抵達多瑙（Donau）河畔，從東方左岸佩斯，隔江眺望西方右岸布達，風光景致甚佳美，代表景點塞切尼鎖鏈橋（Széchenyi Lánchíd）橫臥如窈窕淑女，沿著河畔步道，慢慢的、靜靜的、悠悠的欣賞，心曠神怡。買了十一點的遊河船票，二七〇〇福林（約新臺幣二五〇元、九歐元），在第十碼頭登船，慢了幾分鐘開船，順河北上，先經右岸皇宮城堡（Budai Vár），再過塞切尼鎖鏈橋、國會大廈（Országház）、瑪格麗特沙洲綠島（Margit Sziget）等，再自洲島轉折南下返程，費時一小時多，蒼穹雲彩變幻，飛龍在天、鳳翔其旁，慶瑞徵祥，美不勝收。

旁座為來自比利時安特衛普的六位廣東華僑老鄉親夫婦好友一行，他鄉遇故知，一路噓寒問暖，倍覺親切溫馨。告知他們下一征程為興建於十九世紀下半葉，古色古香、饒富特色的中央市場（Nagy Vásárcsarnok），我下船後將徒步走訪，他們說老了腳力不行，只能搭乘電聯車。我獨自沿著河岸下行，不到十分鐘即順利抵達，果真琳琅滿目，名不虛傳。從一樓至二樓再往地下室巡遊一過，並未光顧購買食物與紀念品，因已近午後一時，還要徒步一長段路程，前往歌劇院（Opera）參觀下午二點的導覽（Operavisit）。一路經國家博物館（Nemzeti Múzeum）、猶太紀念館（Zsidó Emlékmü）、史帝芬大天主堂、布達佩斯之眼，腳程很快，途中買了三四九福林（約新臺幣三十二元）的三明治、一瓶一九五福林（約新臺幣十八元）的巧克力牛奶，一路邊走邊吃，一路欣賞街景，一路探索進程，一心多用，經過昨晚的踏查歷練，已能自動定位，沒有「歧路亡羊」，在一點四十分順利到達歌劇院。

在劇院正門口外，買了今晚八點原價一二三〇〇福林，折扣優待為一一

五○○福林（約新臺幣一○六三元）的歌劇、芭蕾等表演票，再入劇院購買參觀二九九○福林（約新臺幣二七六元）、攝影六九○福林（約新臺幣六十四元）與小型歌劇表演五百福林（約新臺幣四十六元）票券，合計四一八○福林（約新臺幣三八六元）。因參觀歌劇院貴客甚多，光是英語導覽組就分成三團，分別由年輕的音樂、劇場專業大學生帶領導覽介紹，逐樓層層而上，交換穿梭於各大小廳室、休息交誼廳、抽煙長廊、大門陽臺、歌劇院大表演廳，以及茜茜公主（Sissi, Elisabeth Amalie Eugenie, Elisabeth von Österreich-Ungarn, 1837-1898）皇室貴戚專用包廂，目不暇給，引人入勝。觀賞室內建築結束後，又參加一場迷你女高音歌劇表演，高亢、活潑、生動，真是難得的劇場教育與音樂饗宴。憶及二○○五年暑假期間，與當時小學三年級的小兒「帥哥」（秉圻）自助歐遊一月，也曾買票參加奧地利維也納歌劇院（Wiener Opernhaus, Österreich）的英文劇場導覽介紹，至今印象猶然深刻。

下午三點三十分後徒步返歸客舍大道旅館（Avenue Hostel），手機充電並稍事休息，客舍同仁服務周到，準備了多道茶點與飲料於接待大廳（Reception），幸福享受後，返回房床位內充電，並略記行程。五點三十分又重新整裝出門，先找到今晚將觀賞布達佩斯之夜音樂會（Dudapest Gala Concert）演奏的多瑙宮殿（Duna Palota），就位在史帝芬大天主堂正門步行大街左側，鄰近多瑙河塞切尼鎖鏈橋佩斯端，離開演時間尚早，於是先步行至多瑙河畔、鐵橋上，欣賞旖旎迷人的左右兩岸風光。

約六點三十分再轉回多瑙宮殿對面左前方奧特克特有限公司（Otkert Kft.）開設的義大利比薩（Pizza）專賣餐廳晚餐，點了小份瑪格麗特比薩（Margarita Pizza）一八○○福林（約新臺幣一六六元）、在地生產的「布達佩斯公爵」（Budapest Hercege, The Duke of Budapest）啤酒一瓶一一七○福林（約新臺幣一○八元），再加上稅金二一六福林與服務費一四○福林共三五六福林（約新臺幣三十三元），總計三三二五福林（約新臺幣三○七元），飽

餐一頓頗具當地特色的獨享晚宴。約七點三十分食畢，於表演宮入口票檯，以預約單取得正式入場票二排八號（剛好在演出舞臺正中央），位置甚佳，第一排保留座虛席以待貴賓，剛好無一人入座，得享上下兩場的完美表演。

　　此宮雖不寬大，而小巧玲瓏，義大利大理石柱、天花板與四周牆壁彩繪裝飾，都頗具典雅美感。入座前，有位年輕姑娘詢問要不要拍照留念，盛情難卻，同意拍照一張，中場休息時裝框完成取件，並裝上多瑙河鐵橋紙質相框，付費二千福林（約新臺幣一八五元）。而中場休息時間，也買了三片演奏 CD，每片五千福林（約新臺幣四六二元），打算帶回臺北與家人一同欣賞分享。

　　八點演出前、入座後，忽聞後座三排七、八號一對六十歲以上夫婦，以客家話交談，鄉音在耳，格外難得，倍覺親切，於是回頭以道地四縣客語相互交流認識，這對夫婦是來自馬來西亞吉隆坡，經營旅遊業的客家鄉親，先生蔡伍是「馬來西亞河婆蔡氏公會」會長，他說很可惜同宗而自稱「客家女兒」的臺灣「蔡英文總統」不會說「客家母語」，我回說因為時空因素，臺灣目前會說母語方言的中壯與年輕人漸少，這是時勢所趨，已經很難再回歸傳統了。而十分慶幸，我們彼此還能在中歐異鄉，以正統客家鄉音噓寒問暖，互道鄉情。

　　此次音樂、歌劇與芭蕾晚會，排場十分盛大，雖然表演廳稍微侷促一些，但近三十人的交響樂團、一位上下開場男司儀、一位精練純熟的男指揮、各一位男女高音、各兩對男女芭蕾與匈牙利民俗舞蹈卡司，以及各一位男揚琴、男小提琴、男長笛獨奏家、各一位大小提琴協奏手，陣容齊全、場面飽滿，令人耳目一新。上下兩場（含中場休息）約二小時，上半場以交響樂、芭蕾舞為主；下半場則以匈牙利民俗舞蹈與吉普賽樂隊（Cigányzenekar, Gypsy Band）為主軸，全場專業精彩的音樂交響與獨奏演出、魅力與張力十足的指揮家、昂揚美妙的男女高音、動感活潑的芭蕾與民族舞蹈等，令觀賞

來賓如癡如醉，掌聲連連不絕，真是震撼圓滿的週末夜晚盛典。

　　十點後散場，風雨交加，出口擠滿未帶雨具的賓客，我有隨身攜帶雨傘的習慣，於是奮勇向前擠出重圍，在風雨肆虐的夜色中，獨自撐著小傘，走向多瑙河畔欣賞夜景，從左岸佩斯這端，以塞切尼鎖鏈橋為南界、匈牙利議會大廈（Országház）為北界，遙望右岸布達彼端，狂風驟雨，行止皆難，右岸河畔淒清獨我一人，或迎風撐傘疾行，或立定拍攝夜景，下半身與步鞋全濕，又被疾馳而過的大遊覽巴士，激濺路邊積水，戲弄得狼狽不堪。

　　沿著隄岸，一逛至國會大廈，見好就收，戛然而止，打道回府。手提袋內，還有一顆午後出門前，客舍提供饋贈的紅蘋果，一邊趕行回程，一邊享受甜美，約深夜十一點三十分才安返客舍，先至浴室換洗衣物，晾曬安置衣物、襪子、球鞋，倚靠床頭回味今日點滴，書寫記錄存憶，忽忽不覺已近翌日凌晨二時了。

三　白日放歌須縱酒

　　二○一七年九月三日星期日。天涼好個秋，緣愁似箇長。昨夜風雨交加之後，今晨清爽舒暢，八點早餐一如往常，並無新鮮菜色，簡單享食後，即整裝出行。一○二室十二位室友，送舊迎新，上鋪、右鋪都已分別入住三位外國姑娘，隔鄰則為一外國帥哥俊男，其他床鋪也是男少女多，此一原規劃的男生寢室，已漸漸變成數綠葉映襯朵朵紅花了。現在年輕人晏睡晚起，出出入入，只能點頭問好（say hello），難得良辰好好緣聚、交流聯誼。

　　下得樓來，環視所在佩斯市中心「奧克托貢」（Oktogon）十字四達綠蔭大道，四面高樓大型廣告除一面為綠色的勞力士表（Rolex）高據佔領一角外，其餘三面分別為我所住大道旅館樓頂屬之中國銀行、中國華為（Hua Wei）與韓國三星（Samsung）昂揚崢嶸，加上市區多中國餐館、日本料理

店、泰國按摩院等，東方遊客也多為中國、韓國團，而我所住大道旅館東亞貴客，除了昨天辭別的海洋大學新生許同學外，大多為中國、日本與韓國男女年輕學子，由此以觀，東亞經濟圈情勢發展一片榮景，而反觀省思臺灣，則還有更多進步提昇空間，尚待國人齊心齊力，攜手共同奮鬥，迎接未來更為嚴峻的考驗與挑戰。

從客舍向南直行安德拉西綠蔭大道（Andrassy Avenue），秋風送爽，清新怡人，漫步至多瑙河左岸佩斯地標之一匈牙利國家歌劇院（Magyar Állami Operaház），再次靜觀默賞，從右側巷弄隨意遊走，獨我一人幾無其他行客，多棟舊樓古宅風華餘韻猶存，深深期許祝福這一多難興邦的中歐國家，能夠再造民族輝煌榮光。周轉巷弄之間，忽焉走到聖・史帝芬大天主堂後側大道「巴伊奇・茲林斯基路」（Bajcsy-Zsilnszky Road），過了馬路走進右側「市場大廳」（Market Hall）以及中央金融商圈，此區已漸濱多瑙河畔，臨近匈牙利國家銀行（Magyar Nemzeti Bank）、匈牙利科學院（Magyar Tudományos Akadémia）、匈牙利議會大廈（Országház）等高級國家機關殿堂特區，環境設施更為典雅華美，非常值得流連觀賞。在欣悅之際，走過一社區公園綠帶，噴泉群湧，又有精美藝術雕像，靜觀之下，方知此處是「自由廣場」（Szabadsag Square），頗似臺北「二二八和平紀念公園」，自由女神雕像前滿布破舊皮箱、追悼照片遺物與控訴反省文字，原來是紀念猶太民族二戰慘遭阿道夫・希特勒（Adolf Hitler, 1889-1945）迫害殘殺的歷史沉思所在，靜靜省視、默默緬懷，而此情此景，正體現在此時此刻，格外令我傷感政治的無情、戰爭的殘酷與人類的無知。而遠在臺北，也正是圓山忠烈祠九三軍人節中樞秋祭的日子，代擬〈中樞秋祭忠烈殉職人員典禮祭文〉，以期追思先烈忠賢；而青年為救國之本，緬懷先烈，自應追思踵效。

盛德大業，清奏崇戎偉章；忠烈神魂，昭格典雅華堂。

拋頭顱，灑熱血，皆是國士賢良；

救苦難，扶傾危，盡為豪傑俊芳。

元首中樞，敬禮棠棣節剛；遺族眷屬，默擎箕裘心香。

海峽兩岸，同胞一體，正氣至情耀梓鄉；

臺澎金馬，舟濟相親，光風霽月盈宇疆。

自由，平等，博愛，民主共和政隆昌；

天賦，人權，法治，世界通達道康莊。

美麗之島，婆娑之洋，山川物產郁蒼蒼；

經綸之材，憂樂之志，楨幹棟樑蔚泱泱。

伏維虔告，庇祐吉祥。

　　廣場後為紀念大公園，地下為設備現代化的公有停車場，一、二戰為國家犧牲英雄之紀念碑左後側步道上，直前可見如教堂穹頂的國會殿堂，美國已故總統雷根（Ronald Reagan, 1911-2004）自信瀟灑全形步履銅像，如行旅一般樂觀勇往直前，佇立靜賞，若有所思，景仰而別。此區周遭環境清靜高雅，徘徊流連不忍速離，又轉進附近巷弄之間，隨意隨興，不覺漫遊到舊猶太區，一中型教堂門半開著，似將舉行告別式，但見多位身穿黑服、神色哀悽的老少親友，以及司禮神父等，陸續沉默入堂，不便入殿參觀，肅然離去。復逡巡社區約半小時，偶見流浪漢落魄身影，惻隱之心頻頻興起，但只能靜觀祝福，悄然悵惘而去。

　　在佩斯生活已兩日，不擔心迷路錯途，方向感十足，很快又折返聖‧史帝芬天主堂與國會殿堂之間的左岸多瑙河畔，怡然自得欣賞對面右岸「布達皇宮」（Budavari Palota）、漁夫堡壘（Halászbástya, Fisherman's Bastion）與瑪蒂雅斯教堂（Matyas Templom, Matthias Church）晨光豪景，在塞切尼鎖

鏈橋廣場下河濱，佇足靜立觀望當前麗川、美橋與華宮風光景致，「逝者如斯夫，不舍晝夜」，若得若失、似樂似悲的情思，不斷騰湧胸臆。見一戴帽年輕帥哥靜坐河岸長板木椅上，悠然閱（悅）讀中，上前抱歉打斷他的「神思」，難得良辰美景，請他代為拍照存念。我又循階下河灘，獨自一人在鐵橋兩側「擷精取華」，非常難得，拍攝了不少美好鏡頭，將寶貴珍惜！

從橋下河邊，上得岸來，鎖鏈橋右側昨天已走過，今晨從左側直往皇宮方向前進。在橋上邊走邊欣賞佳景、一邊又隨機拍照，約莫十來分鐘即抵達皇宮山下「克拉克·亞當廣場」（Clark Ádám tér, Clark Adam Square），在索道入口購買單程一二○○福林車票（往返一八○○福林，約新臺幣一六六元），登高回望左岸佩斯，海市蜃樓一般，妙不可言，饒有殊趣。同車廂一對講法語男女情侶在我旁邊濃情蜜意，渾然不知我略能聽懂法語，為免尷尬退避一隅，這裡真是青春浪漫的好所在。

獨立山頭的皇宮區，正在大肆整建，遊客如織似潮，古城堡殘破地基猶存，蔓草叢生，一大片壘砌磚牆，令我大起思古幽懷，憑欄遠眺布達市景，因是高低起伏錯落山陵地形，與佩斯平原大異其趣，偶有仿古巡護馬隊經過，而十一點適逢總統辦公廳儀隊整時交接典禮，陣仗不大，氣勢不壯，服飾有若二戰日本軍服，整體而觀，這個國家的軍武訓練與國防能力，恐怕不是十分精強壯盛。為了避免與蜂湧團客湊熱鬧，我寧可獨自在遺壘殘牆上，迎風漫步懷思，遙想歷史當年種種風情、斑斑史蹟。

近午時分，人群漸少，信步進入皇宮入口，一對衰老中年夫婦在兜售匈牙利彩花刺繡桌布，一條十歐元（三千福林，約新臺幣二七八元），比吃一頓飯還便宜，真是物超所值。我有「婦人之仁」，惻隱之心又起，選買兩款花色，面付六千福林（約新臺幣五五六元），打算送給太座與女兒「姊姊」（秉忻）各一條利用紀念。兩條彩花刺繡桌布還蠻大條，便宜美觀，加上四片音樂歌劇 CD，幾乎塞滿了我的背包。下階後，仿古馬隊停駐角落供遊客

拍照，我也拍了多張，在花園一角又緣遇到昨天在遊艇上，六位安特衛普廣東華僑夫婦友人一行，贈送我一顆新鮮桃果，感謝辭別，在左側觀景餐廳選了榛果核桃、黑巧克力兩球不同口味冰淇淋（六百福林有找零錢，約新臺幣五十六元），坐定位置，桌上一株鮮花為伴，一面享用歐洲甜美香醇冰淇淋，一面欣賞風景休養生息，真是快樂幸福的不得了。

在皇宮前院園區欣賞兩岸河景風光後，隨即購買一八○○福林（約新臺幣一六七元）票價，進入皇宮正殿四層的匈牙利國家藝廊（Magyar Nemzeti Galéria, Hungarian National Gallery）參觀，從古埃及、希臘，到中古世紀，以迄十九、二十世紀的國家藝術典藏，薈萃古今，五光十色，琳瑯滿目，繽紛璀璨，目不暇給，美不勝收，拍了幾百張照片，費了盡三小時始筋疲力盡地瀏覽欣賞一過。

步出皇宮藝苑，從後庭花園，淙淙流泉雕像，非常典雅精巧，在花園逗留養精蓄銳後，又漫步行遊到頗富盛名的漁夫堡壘與瑪蒂雅斯大教堂，因考慮遊客甚多，加上時間體力不足，並未購買兩份參觀票，在廣場公園週遭巡遊一過，隨即沿著下山階梯逐級而下，沿路觀賞山區街景，幾乎沒有徒步下山遊客，清風得意逍遙遊，自在、自得、自樂。

下山後，再循鎖鏈橋另一側漫遊回佩斯城，已經近午後四時，還未午餐饑腸轆轆，在著名猶太教會區選定巷內一家匈牙利餐廳，點一道烤鵝腿風味餐，享用幾款道地匈牙利生啤酒，暢飲品嚐，體驗口感異同，大快朵頤，費資不到四千福林（約新臺幣三七○元），請服務小姑娘結帳，餘錢為感謝小費，賓主盡歡而別。返歸客舍已近午後五點，手機充電並略事休息，上網預先報到（check in）明天傍晚的返程班機，請櫃檯年輕靚妹代印登機卡（boarding card），不另收費服務親切周到。此家青年旅館多由年輕靚妹們掌理，服務甚好、設施完備，又每日準備蘋果、餅乾、醃腸、飲料等，置於櫃檯前桌，免費提供享用，高朋遠客滿室，確是值得推薦的優良青年旅舍。

休息到午六時後，體力恢復，精神飽滿，又出門巡遊街衢巷道，約七點十分微雨寒風中，抵達聖‧史帝芬大教堂，我已預購 B 區九千福林（約新臺幣八三二元）門票，準備欣賞聆聽晚八時的教堂音樂會，在大門躲避風雨與等待入場時間，又購買一卷三千福林（約新臺幣二七七元）教堂管風琴演奏 CD，昨晚音樂會前所購一卷五千福林（約新臺幣四六二元）。

　　七點三十分開放入場，請一位外國年輕男士拍照後，謝謝他並告知我來自臺灣，他很訝異並高興地說：「我父親曾任教於臺灣大學外文系。」經他介紹與其高齡令尊認識，以英語閒話家常，十分愉悅盡興。八點表演正式開始，場地穹頂高挑，金璧輝煌，美輪美奐，可惜只有七位演奏家：大中提琴各一位、小提琴五位（只有一位女士），首席是昨晚獨奏的小提琴家，加上一位女中音，曲目多為名家小品，約歷一小時而圓滿結束。夜涼如水，在一家傑克的漢堡（Jack's Burger）餐館點了兩式七八〇福林（約新臺幣七十二元）香腸、兩片不同風味九九〇福林（約新臺幣九十二元）披薩與一瓶三九〇福林（約新臺幣三十六元）可樂，共一七七〇福林（約新臺幣一六四元），加上三九〇福林（約新臺幣三十六元）稅，也不過二一六〇福林（約新臺幣二百元），在店內飽餐一頓後，再至夜景甚佳的布達佩斯之眼（Budapešíské Oko, Budapest Eye）搭乘二七〇〇福林（約新臺幣二五〇元）摩天輪欣賞夜色，難得良辰美景，憑空自得獨享。

　　下摩天輪後，在廣場上聽到熟悉的臺灣口音，二女一男年輕學子，三人嫌票貴，也在議論不知夜景如何，我主動上前分享日夜各一次所見，在夜色深沉中，互道晚安別。深夜中，獨自漫步於猶太教堂區，巷弄內仍有許多特色酒吧營業中，我無興趣於此，皆過門不入，隨眼欣賞而已。約十一點三十分才從暗巷明街中，疲憊地返歸客舍，明天即將返歸，左鄰右舍雖鼾聲如雷，相互鳴應；但心有所思，意有所歸，仍然一夜好眠，迎接明晨清光溫馨。

四　青春作伴好還鄉

皴褶如皴素白玄，圓融象意忘言詮。形神器道真虛妙，寓理知幾畫慧禪。

繪事後素觀後先，繽紛璀璨輝地天。豪華落盡真淳見，文質彬彬大有年。
　　　　　　——戲題太座與小兒「帥哥」（秉圻）寫生畫作七絕二首

　　二〇一七年九月四日星期一。秋陽煦麗，今天晴空亮湛，映照綠蔭大道，光影如點點碎金，一路賞心悅目，深深眷顧迷戀。

　　臨行前夕，享受一頓正式的匈牙利豐盛午餐：美味的厚麵包、爽口的匈牙利生啤、鵝頸鮮湯、鵝肝醬與香腸蔬果前菜，主菜為生煎鵝肝配馬鈴薯泥與青甜葡萄，飯後甜點為生鵝肝熱巧克力，一頓大餐九一七五福林（不到三十一歐元，約新臺幣一一〇〇元），經濟實惠，大快朵頤，難得的享受，為匈牙利貢獻最後的感謝回禮，功德圓滿！

　　搭乘午後三點單程九百福林（約新臺幣八十三元）100E 機場專線巴士，一千福林（約新臺幣九十二元）紙鈔不找零，奉送一百福林給辛苦的售票先生。坐在司機右手邊第一排首席，沿途回顧來時路，不到四十分鐘順利到達第二航站（Terminal 2）出境航站，已預先上線報到，通關檢查，效率甚佳，幾分鐘內即完成檢驗作業。入站後，買了一瓶一點三〇歐元礦泉水，尚餘五五五〇福林（約新臺幣五一三元），兌換成十六餘歐元，所餘硬幣多枚捐作護犬基金。在市內時，預留較為乾淨潔亮五、十、二十、五十、一百、二百福林新幣，保留贈送女兒「姊姊」（秉忻）收藏紀念。等待五點四十分布魯塞爾航空公司公告航班登機口，坐定一角回味此行點滴。遙寄旅行遊記予臺南永康貴川大哥雅賞請教，酬詩一首：

匈牙利旅記詳明，攝像詩文併列呈。悅閱精編心感動，殷勤履道獲佳評。

美哉！布達佩斯，也將是我行旅中一段「日久他鄉是故鄉」的難忘情緣，布達佩斯將會永遠住在我心。

　　　　　　　　　　　　　　　　　撰自二〇一七年九月一至四日

愛爾蘭都柏林與西海岸秋遊

一　錦江春色來天地

　　二〇一七年九月八日星期五。清晨魯汶（Leuven）微雨頗涼，午後布魯塞爾機場（Aéroport de Bruxelles-National, Luchthaven Brussel-National）亦然，傍晚搭機抵達愛爾蘭都柏林（Baile Átha Cliath, Éire; Dublin, Ireland），雲澹風輕，微冷而舒暢。今天週五至下週一，利用週末假期安排參訪愛爾蘭都柏林，尋訪「喬伊思」（James Joyce, 1882-1941）的《都柏林人》（*Dubliners*）與《尤理希思》（*Ulysses*）。

　　今晨早起，準備前往愛爾蘭都柏林的輕便行李，並處理一些文書完畢。再盥洗沐浴一次，不到十時，連早午餐一同料理，韓國辛辣麵一包、韓國昆布與蒜頭少許、菠菜一大把、綜合蔬菜一小包、橄欖三顆、白草菇八顆，再配上剩餘烤雞肉，一鍋騰騰生香，又飽餐兩碗，鼻水淋漓，非常過癮。餐後，品享香吉士與仙蟠桃各一顆，「心也可以清」。又另烤六片土司，分別塗上在布魯日（Brugge, Bruges）購買的巧克力與草莓果醬，再刨數片荷蘭伊丹起士（Edam Kaas），以真空包裝妥，另備蘋果與仙蟠桃各一顆，當作今晚初履愛爾蘭都柏林的晚餐。餐畢，整理家務，關好門窗，拔掉所有插頭，十一點左右出門，而戶外已經「秋風秋雨愁煞人」了，來往行旅多已經秋冬裝上身，我猶然熱情如火，仍著短袖 T 恤（T-shirt），背著歐盟所送行李包，手提一袋隨身貴重物品，一身輕盈，逍遙自在。

　　在布魯塞爾街（Brusselsestraat）上聖‧彼得醫院（Sint-Pietersziekenhuis）轉乘公車到魯汶火車站（Station Leuven），還不到十一點三十分，班車為十二點○九分直達布魯塞爾機場。因第一月臺施工中，行走不便，遂搭乘電梯，遇到兩位一高一矮的外國年輕姑娘，她們一身淋濕，又急於趕車班，不太清楚電梯與月臺上下情況，身為「老紳士」，遂親切和氣的向她倆指點協助，彼此愉悅道別。她們到第四月臺，我下第二月臺，稍有涼意，於是進入月臺避風雨密室，兩對老夫婦安然在座，隨後他們的老友夫婦又進入，親頻問好，見我東方「孤獨老男」一人，避免尷尬，頻頻相視而莞爾。他們搭乘往北列車，我則往南列車，差不多時間，揮手道別，一路愉快平安！

　　從魯汶到機場只消二十分鐘內即達，十二點三十分後即上樓，因愛爾蘭瑞安航空公司（Ryanair）規定，所有已上線報到（check in）的旅客，仍須臨櫃複核行李與證件蓋章，始能入關檢驗。很快找到 8B 櫃檯，我是第二位捷足先登的「貴客」。再次報到後，入關檢驗，旅客不少，但進行順暢。走到 B 航站，又須檢驗護照，檢查員問我來自北京嗎？我自信大方的說："Sorry! I come from Formosa, the beautiful island—Taiwan." 彼此相視而笑道別。順利進入 B 航站，自助買了一瓶一歐元的礦泉水後，即選定安靜一隅，等待下午三點三十分公告登機口。下午三點三十五分，瑞安航空公司（Ryanair）才公告登機口為 B04，很快到達等候，旅客甚多，約三點五十分逐一驗證，但飛機還未抵達，大家擠滿登機過道，幾乎到五點三十分才順利登上波音（Boeing）737-800 每排六人座的飛機，機內座椅為深藍、頭墊為亮黃，艙頂上為全新上白下黃，整體搭配顏色十分活潑亮麗，感覺十分舒服。只是號稱歐洲最大、最賺錢的廉航，讓旅客枯等甚久，飛機約六點才啟航，離預定四點二十分，延遲一個半多小時，都沒有公開正式道歉，真是「失禮」。

　　約一點五小時航程，即順利平安抵達都柏林機場（Aerfort Bhaile Átha Cliath, Dublin Airport），因與比利時時差一小時，當地時間為七點三十分抵達，出境後購買每人七歐元空中大巴（Aircoach），進入市區，詢問賣票小

姐：「我到市區金萊之家旅館（Kinlay House Hostel, 2-12 Lord Edward Street），該在何站下車較為妥適方便？」她說：「就在第二站克羅克公園對面奎因斯酒吧（for Croke Park: oppsite Quinns Pub）之德拉姆康德拉（Drumcondra）。」但我檢索應該在市中心三一學院（City Center: by Trinity College）的格拉夫頓街（Gra-fton Street）下車，再與司機先生諮詢，他不置可否。我最終還是依照賣票小姐的建議，提前下車了。

人生地不熟，以谷哥地圖（Google Maps）系統導引，忽左忽右，忽三分鐘忽九分鐘，忽十公尺忽四百公尺，系統內為大陸姑娘口音，愈走愈遠，真不知要將我帶往何處。還好初抵此地，天色尚明，就一路欣賞街景，一路依導引前進，費一小時多才平安抵達預約的青年旅館，也不算太累。旅舍其實位在市區核心，布置頗有特色，四人房，住三樓二〇九室 C 床，臨街雖然熱鬧，但也頗為吵雜。入住清理床鋪後，已過晚上九時，還沒吃晚餐，就外出找地方吃飯去。

從旅舍對面城堡街（Castle Street），在夜色中先達「都柏林城堡」（Caisleán Bhaile Átha Cliath, Dublin Castle），再下行則為宛如希臘、羅馬神殿，圓柱三角拱門的「市政廳」（Halla na Cathrach, City Hall），以及古典雅致的「三一學院」（Ollscoil, Trinity College），隨意漫行，不覺走到聖殿酒吧（Temple Bar）夜店大街，洶洶人潮，隆隆樂音，真是「大開眼界」了。

在區內小公園雅致小館，點了一客煎魚、炸薯條與沙拉十三點九五歐元，愛爾蘭啤酒一瓶六點五歐元，晚餐計二十點四五歐元（約新臺幣六七〇元），不甚好吃，感覺稍貴些，也就沒有留下小費回饋感謝了。此區臨市中心運河，地段甚佳，酒吧林立，聲色喧譁繽紛，夜生活真是熱鬧熾烈，感覺有些醉生夢死，沒有興趣於此，穿街走巷，只有我「墨客騷人」獨自在價格街（Price Street）特地設計的「都柏林的圖標」（Icon of Dublin）彩繪牆面，尋訪政治、文學、歷史的雪泥鴻爪，自得其樂，拍了不少照片，很有收穫。

市內流浪漢不少，但多靜默僻處街角，並不擾人，治安應該還可以。但我覺得現在的歐洲人，尤其年輕一代，熱衷享受現代文明中的酒吧夜生活，煙酒不離，雖然看起來活力十足、青春揚溢，當一旦沉澱冷靜過後，可能是更多的虛無與寂寞，「生於憂患，死於安樂」，缺乏對未來文明、文化的創造開展企圖，令人憂心。因隨意漫行，夜深了，於是再檢索谷哥地圖（Google Maps），期待能順利返回。但事與願違，第二次更糟糕，將我胡亂引導到市郊之外，渺無人煙，感覺非常奇怪。於是，當下立斷，自助導航，終於到週六凌晨一點多，才自行解決「迷航」問題，順利回到旅舍。先盥洗沐浴，下鋪年輕男士室友，從我抵達入住，至三更後返歸，都未起床，打赤膊睡著，身體味道甚濃，我怕驚擾他安眠，躡手躡腳爬上床鋪，安然進入夢鄉。

二　玉壘浮雲變古今

　　二〇一七年九月九日星期六。都柏林晴雨不定，氣溫低涼，須著外套保暖。午後至晚，風雨皆息，清涼舒暢。雖然凌晨二時許才入睡，但約六時即醒來，怕驚擾三位室友，在上鋪沉思至七時，才下床至對門浴室廁所漱洗，準備七點三十分享用早餐。下鋪年輕外國人，從我昨晚入宿到早餐完畢，都一直窩在床上睡覺，不知道有多累？早餐十分簡單，餐畢再上樓休息，等待十點四十五分樓下集合，免費市區導覽。十點三十分離房前，三位室友才紛紛辭別，只剩我一人獨住。我這一樓是男女混住區，浴室、廁所經常年輕帥哥、靚妹客滿，清涼率性，習慣成自然，見怪不怪。

　　下樓後，先向櫃檯報到，並報名明天「莫赫懸崖一日遊」（Day Tours: Cliffs of Moher），先繳訂金三十五歐元（約新臺幣一一四五元），明天六點五十分報到時再交十五歐元（約新臺幣四九一元，櫃檯報名折扣五歐元，原價五十五歐元），一整天行程從上午六點五十分至晚上九點，要出城遠至西岸中

世紀古城高而威市（Galway City），以及十分有名的西海邊莫赫懸崖（Cliffs of Moher）等。等候到十一點，一位西班牙馬德里籍的年輕導遊翩然到來，但整個旅舍只有我一位「貴客」參加，可見多數年輕人多麼不重視、不參與歷史文化城市的踏查活動。

一路並行穿街過巷，相談甚歡，先到附近的集結點，與所有旅館客舍報名的觀光客會集，並分別不同語組，我參加英語組約二十人，長者與青年兼雜，而女士、小姐為多，東方客僅我一人。導遊是德裔的夏蘭‧貝漢（Ciaran Behan）先生，滿臉鬍鬚，能言善道，可惜有點雅痞，愛「臭屁」，經常「跑野馬」，言不及意，浪費不少時間。

首先，參觀都柏林城堡，費時解說甚久，在城堡廣場上，見一瘦高年輕貌似日本人的遊客，以英文請他幫我拍照，他也同樣請我代為攝影留念。相談之下，才知是臺灣同胞，更神奇的是：他說父親也任職臺灣師大，我詢問尊姓大名，竟然是系上退休的「歐吉桑」陳瑤璣（1932-）老師，就讀臺灣師大國文系二年級時，曾上過陳老師日文課，後來同在系上服務，經常與親切風趣的陳老師同席，師生同仁感情甚好，與日本籍的師母也常聯繫。他原來是陳老師的公子陳吉泰先生，任職於趨勢科技股份有限公司內部稽核經理，出差至此，趁週末遊覽觀光。趨勢科技執行長陳怡蓁（Jenny Chen, 1956-）女士，臺灣大學中文系畢業，曾參加她舉辦於國家圖書館的心理學與《易》學國際研討會，彼此相識，人生緣遇十分奇妙，他鄉遇新知，真是難得，匆匆歡晤，即行告別，互道珍重。

接著是導遊城堡內的切斯特‧比蒂圖書館（Chester Beatty Library），再轉進都柏林最古老、相傳是維京人所創建的「都柏林：基督教會大教堂」（Dublinia: Christ Church Cathedral），以及河邊酒吧區，昨晚我都已經走過，再複習一次也無妨。途中風雨時行時止，至此已近午後一時，放風至一點十五分讓大家休養生息，補充體能。我在一家咖啡、茶飲店，點了一份馬

芬（Muffin）鬆餅與一杯美式熱咖啡（Americano），不到四歐元（約新臺幣一三〇元），在小館內靜坐品嚐，十分滿足愜意。

再度集合後，又從河邊轉至價格街的彩繪圖像街，昨晚拍了許多夜照，趁機再攝取白天清影留念。在此又耗費不少解說時間，再行進至已有四百多年歷史的「都柏林聖・三一（學院）大學」（Ollscoil Átha Cliath, Trinity College Dublin, The University of Dublin, College of the Holy and Undivided Trinity of Queen Elizabeth near Dublin），適有嘉年華會活動，人潮甚多，熱鬧異常。大家在導覽先生的指揮下，選定庭園一角，又「天南地北」介紹起來，我喜歡這裡古典雅致的學院氛圍，先脫隊四處游走，再度觀賞建築與欣賞表演，雖然在地百姓與觀光遊客擁擠整個學院中庭，但我享受這裡優美典雅的黌宮學舍，非常滿意而沉醉其中。

匆匆一瞥，並未入內導覽，走出學院大門，往市區巷內一角的聖・帕特里克大教堂（St. Patrick's Cathedral）集合，「品頭論足」一番，至二點三十分導覽活動才圓滿結束。我再獨自一人，遊走於街市巷弄之間，獵取不少值得紀念的照片。循著酒吧街區，從市政廳返歸客舍，充電休息。手機充好電，也將上午至午後市區導覽簡介閱讀一過。傍晚時分，先沿著客舍前愛德華勳爵（Lord Edward）大道下行至三一學院，再左轉至都柏林市內利飛河（Leffy River），沿著右岸向北走了一段路程後，再回頭右轉過一八八〇年興建的歐・康乃爾橋（O'Connell Bridge），沿歐・康乃爾街（O'Connell Street）中央人行步道，欣賞一八八二年興建的歐・康乃爾紀念碑（The O'Connell Monument）、一八一八年興建的郵政總局（The General Post Office），以及二〇〇三年豎立高聳的「尖塔」（The Spire）鋼鐵紀念柱，可惜錯過北公爵街（Earl St. North）上的詹姆士・喬伊思雕像（James Joyce Statue），明晨一早要在附近搭乘專車至西部海邊莫赫懸崖與中世紀古城高而威市遊覽前，再順道瞻仰並補拍照片，先返歸休息一會。

午後五點三十分有位塞爾維亞年輕帥哥入住我下鋪，稍晚又一對年輕男女情侶入住，他們講英文，口音像美國人，未主動打招呼，還沒機會閒話家常。轉回利飛河後，在聖殿酒吧（Temple Bar）集中區游走一段時間後，選定巷內一家印度餐館（Indian Restaurant）晚餐，點了前菜、羊肉咖哩，配上喀什米爾（Kashmir）烤餅與紅酒一杯，因午餐只吃一塊馬芬與一杯美式熱黑咖啡，饑腸轆轆，羊肉十分飽滿入口、紅酒醇厚潤澤，大快朵頤，餐費二十三點七〇歐元，服務員來自巴基斯坦，頗覺親切，付款二十五歐元（約新臺幣八一八元），零錢權充小費。飽餐而別，又沿河南下，到成立於一六六二年的工作服小巷劇院（Smock Alley Theatre）參觀，此劇院外觀頗似教堂，裡面尚稱典雅，有一些古戲劇本事介紹的歷史資料與照片，攝影存念後離去。再左轉至市議會附近的「中世紀維京人史區」，在都柏林博物館（Dublinia）與一〇三〇年建立的基督教會大教堂（Christ Church Cathedral）門外，獨立佇足閱覽都柏林從公元八百年至今的英文歷史發展解說牌內容，夜光迷離變幻中，過往歷史點滴似乎不斷在眼前流轉，都柏林歷經維京人（Vikings）、盎格魯‧諾曼人（Anglo-Norman）、法蘭西人（French）、西班牙人（Spanish）與英國人（British）輪替的統治，充滿了許多傳統的民族文化特色，甚具融會貫通、和合一氣的國家性格。

從此又下行，再右轉酒吧專區，在昨晚晚餐的小公園餐館，點了一杯愛爾蘭咖啡（Irish Coffee），非常濃郁的愛爾蘭威士忌（Irish Whiskey）醇釀酒香，一杯七點九五歐元（約新臺幣二六〇元），是我至今喝過最貴的歐美咖啡。在酒吧區流連一陣，隨興穿街過巷，再轉出三一學院前大道，在夜色深沉中，返歸旅舍。三位室友都已倦鳥歸巢，下鋪室友鼾睡，門側情侶在下鋪情話纏綿，我獨自清醒整理打字記錄下半天行旅，不覺已過三更天。

三 天長地久有時盡

　　二〇一七年九月十日星期日。都柏林晨風甚涼，無雨尤佳。愛爾蘭西部海邊高而威古城與莫赫懸崖，時而狂風驟雨，「倒行逆施」，進退不得，狼狽不堪；時而絮雲飛天，晴虹映空，白雲蒼狗，變幻無常。

　　昨晚在都柏林聖殿酒吧熱區巷內，一家巴基斯坦人（Pakistani）開的印度餐廳晚餐，品嚐一杯香醇紅酒，搭配咖哩羊肉，飽足愉悅。稍晚，又點享一杯愛爾蘭利亞特勒（Liatele）咖啡，蘊藏濃烈的威士忌，以致一夜精神特佳，寤寐輾轉，晨五點即起床。先安靜到浴室盥洗沐浴，約五點三十分整裝準備出門。從客舍門外的愛德華勳爵大街南下，一路上多見昨晚醉漢「抓兔」穢物，於是左轉小巷下階走向利飛河，清新舒服許多。

　　晨光濛濛之中，過橋到左岸，沿著河畔人行木道前行，偶有流浪漢蜷縮座椅內、年輕情侶你儂我儂，清潔晨工辛勤打掃，偶有交會，揮手頷首早安而去。前行止步於歐·康乃爾街，再度仰望橋頭紀念碑、獨賞綠蔭大街清晨幽靜安寧之美。過街向北直行，先經過希臘、羅馬角拱柱式的郵政總局，接下到達購物大街伯爵北街（Earl North Street）交口，右前一角豎立著詹姆斯·喬伊思（James Joyce, 1882-1941）右手持杖的紀念銅像，終於與《都柏林人》（Dubliners）與《尤理希思》（Ulysses）不期而遇了，前後左右環視一週，適有口操西班牙語的一對年輕姑娘也翩然而至，佇足觀賞，於是請其中一位拍照紀念。她們走後，我又再三靜觀仰望，各個角度都攝影存念，年輕的清潔工見我這位東方客久久流連不去，十分好奇疑惑。

　　六點五十分前抵達今天遠遊的集結點薩沃伊電影院（Savoy Cinema），在已開放的咖啡早餐店前，零星幾位女士姑娘在座，詢問她們是否一道前往愛爾蘭西濱大西洋的十六世紀西班牙高而威古城，以及世界知名的斷崖地理奇景莫赫懸崖參觀？不出所料，皆是一日遊同行夥伴。稍後，前來一位嬌小

精幹的東方姑娘，我先以英語問她是中國人嗎？她說姓趙來自香港，研習法律，現任職於倫敦，休假來此參加旅遊（Tour），談興正濃，她所報名的另一團車已到，匆匆告別。

團客報到點名、繳費完畢，七點整準時開車出發，大約三分之二人數，車位足夠，十分舒適。在下一站河濱等候處，又有一位韓國姑娘上車，整車約三十人，就只有我們二位東方客人，我坐在司機左後第一排位子，韓國姑娘最後上車，就只能「敬陪末座」了。

從愛爾蘭東方濱海的首都都柏林，向西至十六世紀西班牙高而威古城，直線距離二百公里，大約車程二五〇公里，費時三鐘點，高速公路皆為雙向兩線道，沿線綠野牧場，並無集村聚落，顯得十分遼闊而自然。八點三十分在蘋果綠（Apple Green）服務區休息，上洗手間免費，倒是在歐首次的禮遇，洗手後買了一條香腸〇點六歐元、兩條不同口味巧克力共二歐元，區區二點六〇歐元（約新臺幣八十五元）就解決了早餐。

一路風雨時狂時息，密雲麗陽交錯出現，晴暖雨冷，氣候變化不定，因一早出門，大家都幾乎準備了外套與圍巾，我也不例外。比預計十點抵達高而威慢了十來分鐘，當地男導遊已在興建於一五八四年的西班牙拱門巷口等候，因臨近海邊的關係，風雨時至，頓感寒冷不少，從拱門進入城內老街，依次介紹幾棟有歷史意義的樓房，而我的目光卻轉移到導遊忽略未介紹的奧斯卡・王爾德（Oscar Wilde, 1854-1900）的座談紀念雕像，「謙謙君子，卑以自牧」的紳士形象，深深感染著熱愛文學的我，趁著風雨稍停，趕緊攝影留念，清晨於都柏林街口邂逅喬伊思，近午於高而威街角緣會王爾德，愛爾蘭之旅可謂滿載而歸，不虛此行了。

高而威市區不大，中央街廓之外，幾條小街只有零星幾處古樓深具特色建築，頗能吸引我的目光：高而威博物館（Galway Museum），聖・尼古拉斯中世紀教堂（St. Nicholas' Medieval Church），林奇紀念窗（Lynch Memorial

Window），林奇城堡（Lynch's Castle），以及艾爾廣場（Eyre Square），其餘多不足為觀了。在艾爾廣場（Eyre Square）公園投幣式公廁以二十分歐元（約新臺幣七元）上完洗手間，就自行至街底的美國傳教士古教堂參觀後，提前在十一點五十分集合時間，抵達招商路（Merchants Road）口的金萊旅館（Kinlay Hostel），剛好與在都柏林所住客舍同名，等候大家集合上車。

十一點五十分集合後，前往三百萬年歲月雕琢的世界地景奇觀莫赫斷崖參觀，山路崎嶇蜿蜒，風雨不斷，彩虹時現，綠野白石，牛羊馬群悠然其中，健行旅客點綴阡陌，綿延近十公里的海蝕斷崖，強風馳騁，海濤怒號，壯觀氣象真是嘆為觀止，可惜海風非常強勁，行止維艱，進退兩難，勉強走了右邊上坡至歐·布萊恩塔（O'Brien's Tower）城堡處，實在無法立足，只好退處遊客中心避風躲雨，中心內之遊客體驗（Visitor Experience）融入當地自然景觀，設有教育推廣、影視展示，以及特色餐館與免費洗手間，人滿為患，非常熱鬧。我點了一瓶酪梨汁，配葡萄乾馬芬一塊，不到六歐元（約新臺幣一九六元），就將就權充午餐了。

原本規劃下午一點三十分至三點三十分兩個小時，因風狂雨驟，在戶外勉強參觀半小時，其餘時間多在遊客中心觀賞自然生態影片、照片，以及地球與愛爾蘭歷史、地理變遷的科學人文導覽，也是甚得見識，大開眼界了。約三點四十五分抵達山下杜林（Doolin）小鎮餐館午餐，高朋滿座，四點四十分又要集合上車，一來用餐時間不足，二來已過午餐時間甚久（此地午餐時間頗似西班牙午後兩三點才用餐），三來已在遊客中心享用過點心，於是閒逛街上特色商店、巷弄中民宿，以及山野丘園風光，十分自得自樂。

近午後五時，沿著狂野的大西洋之路（Wild Atlantic Way），一路北行往高而威方向，在嬰孩懸崖（Baby Cliffs）停留十分鐘，欣賞斷崖與海蝕平臺美景，風雨交加，寸步難行，壯麗美色在目，大家還是奮不顧身前進，獵取不少難得鏡頭，留下永恆難忘的回憶。總之，此區風光與二〇一四年七月造

訪歐洲大陸最西端的葡萄牙「羅卡角」（Cabo Da Roca）、韓國濟州島、澎湖群島等景觀，異曲同工，令人無比驚嘆大自然的鬼斧神工。

近晚七點在高而威郊外晶石（Spar）超市，司機換手，兩位司機個性從播放音樂與駕駛習慣，即可知大半。第一位司機一路兼導覽，個性詼諧幽默，開車快慢有度，播放多為抒情浪漫與愛爾蘭民族音樂，非常親切友善。第二位司機急躁衝動，一路播放吵鬧的搖滾、爵士音樂，不綁安全袋，一路吃東西、不斷講電話、猛逼超車，非常不專業、不敬業，約晚九點抵達都柏林終點站，一路看在眼裡，也顧不得國際禮儀，索性不給小費，略示警意。

寒風苦雨，清晨五點三十分出門至晚上九點倦鳥歸巢，午餐未正式用膳，下得車來，淒風苦雨陣陣，腹枵肚瘠，在聖殿酒吧熱區選定一家安靜雅致的拉·貢多拉（La Gondola）義大利餐廳，點選今日主廚綜藝牛肉湯一道五點九五歐元，蒜味麵包一盤四點五歐元，卡波納拉（Tagliatele Carbonara）口味的義大利麵（Pasta）主食一盤十三點九五歐元，再搭配義大利佩羅尼（Peroni）啤酒一瓶五點九五歐元，費貲三十點三五歐（約新臺幣九九三元，另送小費一點六五歐元），感覺稍貴些，也並不十分道地好吃。

總算還是在都柏林享受了三晚各具特色風情的佳餚，論美味與價格，比起魯汶（Leuven）與布達佩斯（Budapest），個人以為都柏林尚有提升改善空間。至於，酒吧夜店，煙酒一氣，就不予置評了。夜色深沉中，返歸客舍，有一位藉酒裝瘋的流浪漢，在旅舍大吵大鬧，值夜人員無法應付，叫來男女警員一組，才請得出去，喝酒常見鬧事，此又可為鑒證。室外夜雨淋漓，明天十點即須退房，回顧一日征程，滿心悅樂！

四　野渡無人舟自橫

二〇一七年九月十一日星期一。都柏林上午天晴舒爽，午後驟雨一陣，

時晴時雨，溫陽穿映白雲，天上人間，麗景聯翩入目，美不勝收。

昨晚飽餐夜歸後，怕干擾室友休息睡眠，便在一樓會客室充電，並以手機打字整理遊記，子夜後逾上午二時，才返回三樓二〇九房，簡單清理行李後，即臥 C 床上鋪，一日奔波，很快就進入甜美夢鄉。

上午六時許醒來，賴床至七時後，才心滿意足的下床盥洗沐浴，並整理打包好行李。七點三十分下一樓廚房早餐，烤了四片土司麵包，分別抹上花生與草莓果醬，並淋些新鮮蜂蜜，冰鮮奶配以麥片、三色碎脆片一大碗，再加一杯熱咖啡，慢慢享受到近九時，然後上樓行動電源充電，再上床休息到九點四十分，才下樓至櫃檯辦理退房（十點為退房時間）手續。然後，以十歐元（約新臺幣三二七元）押金寄放背包（實收二歐，歸還鑰匙與行李房門卡後，再退回八歐元）。行李房在後院一角內室，需要循地上指標，迂迴經過六道門，才能安全進入，頗為隱密謹嚴，被安排在二十號櫃，類似大型鳥籠，一覽無遺，這種設計還是首次經驗，也長了見識。

十點先到客舍前街的「都柏林：體驗維京和中世紀都柏林」（Dublinia: Experience Viking and Medieval Dublin）博物館參觀，票價九歐元（早鳥優待折扣一歐元，實付八歐元，約新臺幣二六二元）。一開館，就有團客準備購票入覽，還算是熱門著名的博物館。第一至第三展室，為北歐海盜維京人特展區，詳細介紹維京人作為水手、武士、工匠與商人等方面的民族特長，他們是第一批航抵都柏林，並創造此一宜居的生活環境，經過幾百年的逐漸發展，奠定今天都柏林的城市樣貌與風格。

維京人初履愛爾蘭，本來是為了搶劫這裡十分富庶的修道院，並在此避開每年冬季返鄉海途中的風險。於是，在公元八四一年，在都柏林建立了永久性、具備防禦工事的營地，而後才發展為熱鬧繁華的貿易中心，以及當時歐洲最大的奴隸交易市場。北歐維京海盜的傳奇，在都柏林不僅遺留下北歐古文字，屢見於出土的骨雕、石雕與陵寢墓室的雕刻之中，他們豐富的文化資產，後來更成為文學作品與電影創作的豐富素材，影響至今，方興未艾。

中世紀生活文明與歷史文化展覽，首先中央展廳，讓觀賞者體驗中世紀後期城鎮生活的點點滴滴、方方面面，也具體反映在十五世紀都柏林的城市微縮風貌模型之中。都柏林在一一七○年，先後被強弓（Strongbow）與倫斯特（Leinster）王所率領的英格蘭諾曼人佔領之後，便迅速擴張為英格蘭殖民地中的一個主要城市。其中，強弓王（King Strongbow）就安眠在隔壁的都柏林基督教會座堂正殿內右下方，有心人士可以膜拜憑弔。

　　其次，第一、二、三、四展室，則分開陳列中世紀晚期富商彼得・希格利（Peter Higley）的個人財富與生活情況，以及十三世紀河面上裝卸布匹、羊毛、鹽、酒的木製平臺，還有在都柏林城牆外，每年一度的大型商貿交易格林集會（Fair Green），並設有「灰腳法庭」（Piepowder Courts）審理裁判交易糾紛；最後，則是中世紀都柏林戰爭、鬥爭、被襲擊的危險生活，以及因為衛生條件不佳，產生疾病、瘟疫的流行，人們因此早喪，平均壽命多在三十歲以下。直到後來英王亨利八世（Henry VIII, 1491-1547）採取了新的宗教改革政策，成為中世紀結束的歷史轉捩點。

　　參觀完各展覽廳室後，獨自一人登上聖・邁克爾教堂（St. Michael Church）共九十六階梯的觀景平臺，俯瞰環觀市區四面景致，更增添了對都柏林的整體街衢設計與城市規模的瞭解。下階至出入口，年輕的男服務生拿出維京人斧頭、盾牌，要我「張牙舞爪」扮演維京國王，大方威猛安坐於專供攝影留念的寶座上，拍下難得照片，以供日後回憶懷想。

　　告別後，意猶未盡，再過街轉入都柏林基督教會座堂（Christ Church Cathedral Dublin），優待票四歐元（約新臺幣一三一元）。這是愛爾蘭國教會聖公會（Anglican, Episcopalian）都柏林與格蘭達教區的主教座堂（Mother Church of the United Dioceses of Dublin and Glendalough），都柏林最古老的教堂，其中「聖・三一座堂」（Cathedral of the Holy Trinity），始建於一○三○年，最初由海博諾・挪威（Hiberno-Norse）人所建造，再由盎格魯・諾曼

（Anglo-Normans）人重建，已至一八七〇年大規模修復。建築整體融合十二、十三世紀石料建材的原始風格，其後則以嚴格標準複製維多利亞・歌德（Victorian Gothic）式建築特色，更加散發出炫目迷人的神聖魅力。

強弓之墓（Strongbow's Tomb）位於正殿下方右側，靠近入口。這是紀念一一七〇年率領盎格魯・諾曼人，佔領都柏林的領導者強弓（Strongbow），他在一一七六年被安葬在此。教堂內中世紀地窖（Medieval Crypt）的歷史，則可追溯到十一至十二世紀晚期，不僅是英國，也是愛爾蘭現存最大者，更是都柏林最古老的建築物。教堂西端的五格尖頂窗重建於十九世紀，彩繪玻璃描繪「耶西的樹」（The Tree of Jesse）。北走廊上可以拜謁查爾斯・林賽主教（Bishop Charles Lindsay）的青銅墓。教堂正殿下方左側有音樂家角落（Musicians' Corner），這是為紀念教堂音樂家而設計。此外，教堂唱詩班（The Cathedral Choir）的歷史，可追溯到一四八〇年，而唱詩學校（The Choir School）則創建於一四九三年，至今在都柏林音樂界仍享有盛譽。

北耳堂（North Transept）典雅的拱頂，興建於一八七〇年代，堂內有兩塊令人過目難忘的十七世紀彩花磁磚（tiles）地板。正殿右上方的聖・勞德小禮拜堂（Chapel of St. Laud），也有十分精美的中世紀磁磚地板，共六十三種圖案，極富感染力。南耳堂（South Transept）裝飾著羅馬式拱券結構門窗，以及兩個上聳的尖拱，兩者奇妙融合了羅馬式與歌德式建築的特徵。

因為時間關係，在此教堂流連稍久，已過了午後一時，趕快告別，沿著利飛河畔木道，疾行至郵政總局，在購物大街地上，偶見喬伊思（James Joyce, 1882-1941）《尤理希思》（Ulysses）某一段落的銅雕紀念牌，幽靜鑲躺在行人步履之下，很難注意及之，既然緣遇，趕緊拍照存念。快步轉入歐・康乃爾街上的郵政總局，趁著上班開放時間，大方入內參觀，辦理郵務的櫃檯古色古香、美輪美奐，也頗似十九世紀的證券交易所，甚多市民在辦理郵務，非常熱鬧。

又橫過大街，到總局左前方北伯爵街（North Earl Street）徒步購物街左側轉角上的喬伊思紀念銅雕立像前，再三瞻望，於日間行人熙熙攘攘之下，再度攝取各種角度留念。四面基座都有行人佔據，一位瘦削的吉他流浪漢站立背依餐館明窗，與閒坐在雕像基座的老者，不斷「打嘴鼓」隔空對話，聽不清楚他倆的交談內容，但感覺十分荒謬唐突。

再往北行，經過緬懷公園（Garden of Remembrance），這是為紀念愛爾蘭為國家奉獻犧牲的忠義勇士而建，大型藝術銅雕像前庭，交錯十字架的長方形水池，波光粼粼，蕩漾天光雲影，映襯流動，甚為美妙亮麗，周遊一過，從北側門離開。在公園左旁的教堂邊上，穿過兩條縱橫街道，直往北行，打算參觀此行最後一個市區博物館──都柏林作家博物館（The Dublin Writers Museum, Nov. 1991）。

此館其實就位於利飛河橋畔歐・康乃爾街向北直走到底，東西向為帕內爾街（Parnell St.），過此街續接者為帕內爾東方廣場（Parnell Sq. East），再直行到十字路口，前為弗雷德里克北街（Frederrick St. N），過了帕內爾北方廣場（Parnell Sq. Nth）與加德納街（Gardiner Row）交口，左前方為一座古雅教堂，隔街對面就是「緬懷忠烈紀念公園」，而教堂左手邊毗鄰的四層樓房，便是一九九一年十一月於帕內爾廣場十八號（18 Parnell Square）正式開放的「都柏林作家博物館」。此館左側為「都柏林城市畫廊」（Dublin City Gallery），再往西北方之西方大道（Western Way）上，則是「國家植物園」（National Botanic Gardens）；此館往右東向嘉丁納廣場（Gardiner Place）第一條丁字街口向南行左側，就是坐落在北大喬治街三十五號著名的「詹姆士・喬伊思中心」（James Joyce Center, 35 North Great George's Street）；此外，東南郊區興建於一八○四年的沙灣馬泰羅塔（The Martello Tower at Sandycove），因為喬伊思曾於一九○四年短暫住過，也描繪進入《尤理希思》（Ulysses）小說的開端，因此於一九六二年創設為「詹姆斯・喬伊思博

物館」（James Joyce Museum），臨別前夕，時間有限，只能參觀「都柏林作家博物館」了。

利飛河往東行港口方向北牆碼頭（North Wall Quay）右前方，有一座紀念文學大家薩繆爾‧貝克特（Samuel Beckett, 1906-1989）的薩繆爾‧貝克特橋（Samuel Beckett Bridge），可惜只有返程至機場經過時，曾經在一瞬間目視顧望而去。而利飛河南岸三一學院東南後街西陸街（Westland Row）上，為大文豪奧斯卡‧王爾德（Oscar Wilde, 1854-1900）誕生地；續往南行至梅里恩廣場（Merrion Square）內，有王爾德的紀念雕像，昨週日午前在西海岸西班牙古城高而威曾經欣賞王爾德座談的雕像丰采，都柏林作家博物館內也有他紳士瀟灑的油畫、照片與雕像等，遺憾未能於此行拜謁的著名作家群的歷史故蹟，期待下次有緣再遊都柏林時，再一一探訪，細觀究竟。

都柏林作家博物館共有兩樓展覽廳，我購買優待票六點三〇歐元（約新臺幣二〇六元）。參觀旅客不多，一進館內首先遇到韓國先生、太太們一團，應該是作家群，他們剛參觀結束，正忙著至館外拍照紀念，沒有機會相互介紹交流。一樓第一、二展廳多為著名作家手稿、原版作品、書信、油畫像、紀念銅像，以及個人閱讀書籍、用品等，雖然展室不大，但多為一手歷史文獻，真是值得好好觀覽品味。除此二處特展專區，不允許拍照外，其他一、二樓紀念文物，以及相關布置陳設，只要不用閃光燈，都可以盡情攝取鏡頭，因此獵獲了許多難得珍貴的歷史照片。

走馬看花，一下子就過了午後二時多，只好依依道別，午後大雨餘勢未歇，撐著小傘疾行於大街通衢、小巷商埠之中，選定一家土耳其伊斯坦堡（Istanbul）人所開的小型快餐食堂，點了一份烤羊肉串（Kebab），厚實道地的烙餅，配上橄欖、醃瓜、黃辣椒、蕃茄青菜沙拉，以及古典可樂（Classical Coke）一瓶，總價不到七歐元（約新臺幣二二九元），大快朵頤一番，非常飽足滿意，快速恢復體能後，精神大振，打道回歸。

再循利飛河，過橋至南岸聖殿酒吧街區，迂迴曲折屢抄捷徑，約三點三十分返歸客舍，領取行李背包，退還房門卡片、鑰匙，並在櫃檯購買七歐元單程的機場空聯快遞（Airlink Express）車票，站牌就在旅館門外愛德華勳爵街邊，十分便捷，等候數分鐘，約四點順利搭乘上下兩層的機場專線巴士，回程上車旅客尚不多，便到上層選定視野極佳座位，沿途回顧來時路，對於都柏林市中心已經走過幾回，基本嫻熟環境，首度搭乘雙層巴士瀏覽觀光市區，真是完美的結局（Ending）。

巴士最後往東，沿著利飛河至港口，往左上機場高速，通過隧道，一路順暢，不到五點即抵達一、二航站。我在終點第一航站下車後，馬上至瑞安航空櫃檯複驗行李與護照，隨即入關檢驗，十分順利完成。離表定午後七點四十五分起飛時程，尚有二小時餘，於是先行選定雅座，整理打字今天行旅履勘所見，不料七點探看航班表，不知什麼原因，航班須延遲（delayed）到十點三十分，到了九點後再看班表又延後到十一點三十分，心裡準備在都柏林機場過夜了。因臨別市區前，午後近三點才用午餐，因此在出境登機口附近餐飲店，預購兩條香蕉、法國長棍三明治麵包一份，以及紅莓果汁一小瓶，共費十一點一八歐元（約新臺幣三六六元），在等待延班時間，一邊充電手機，一邊享用晚餐，解消此行最為疲憊落寞的一夜。

十一點三十分總算廣播可以登機（boarding）了，旅客群聚等候登機，大小行李皮箱甚多，約十二點整順利逆風起飛，等升空平穩後，機長向全機幾乎滿座的貴賓說明致歉，因布魯塞爾暴雨，所有航班都延誤起飛，等到天氣恢復正常，才開放起降，故兩地所有航班都延誤四小時以上。航程約一點五小時，抵達布魯塞爾機場後，再通關入境，已經凌晨二點多了。

預購車票已過期，只好重買單程凌晨首班九點一〇歐元（約新臺幣二九八元）的車票，獨自進入機場地下車站，孤寂的靜坐沉思懷想：愛爾蘭初履印象不太「進化」，都在吃祖宗老本與自然天賜。原屬北歐維京（Nordic

Viking）或塞爾提克語系（Celtic Language Family）的方言已成國家語文，所有標示都是愛爾蘭民族文、英文並列，英語有特別腔調。小國寡民的愛爾蘭，面積約略臺灣兩倍大，但人口不到五百萬，常備軍不到二萬人，而平均國民所得近七萬美元，約臺灣三倍。

晨間清冷，身心疲憊，仍然抱持著樂觀心情、自信胸懷，人生與國家的路，唯有戮力向前，才是坦蕩正途、光明大道！

撰自二○一七年九月八至十一日

孟秋芬蘭赫爾辛基遊記

一　萬里雲帆何時到

芬芳錦繡海林鄉，**蘭**嶼麗都世代昌。**赫**德潛修弘教益，**爾**曹化育暢科光。
辛勤厚植民安樂，**基**業深耕國泰康。**紀**理天工開物蔚，**念**茲善美辨居方。

二○一七年九月十五日星期五。魯汶（Leuven）、布魯塞爾（Bruxelles）兩地，皆晨晴涼爽。

子夜三更後，窗外秋雨淅淅瀝瀝，室內清冷須著外套，孤燈寂明相伴，閱覽處理電腦文件資料至五更天，盥洗沐浴後，打包檢查行李一切停當，烤麵包八片，裹以草莓與巧克力醬，另備清煮蛋一粒、蘋果二顆，分別各四片麵包權作早午餐。先喝一大杯麥片牛奶，以及椰奶加豆漿，津津有味，整裝啟程出發。搭乘六點五十分公車至火車站，剛好趕上七點○九分魯汶直達布魯塞爾機場班車。七點三十分即抵達，一早旅客即川流不息，已先上線報到（check in），直接入關檢驗，不到八點三十分即完成入關手續。坐定一角，享受輕簡早餐，再休養生息一番。

九點五十分公告 A 航站五十六登機口，但因荷航（KLM）原訂十點三十五分航班延遲（delay），改至五十七登機口，遲至十一點才開放登機，幾乎全滿旅客，大小行李充滿上層置物箱，十一點三十分始入座完畢，很快起飛，不到三十分鐘即準備降落了。荷航服務甚好，提供小杯礦泉水與小包鹹餅乾，親切周到，賓至如歸。近午，從布魯塞爾機場平安抵達阿姆斯特丹史基

浦機場（Luchthaven Schiphol, Amsterdam Airport Schiphol），天光雲影共徘徊，四方遊客熙熙攘攘，熱鬧忙碌。利用轉候機時間，略述行旅存憶。

在史基浦機場 C15 等候轉機，仍是荷航直飛芬蘭（Suomi, Finland）赫爾辛基・萬塔機場（Helsinki-Vantaan Lentoasema），下午二點準時啟飛，預計五點三十分前即可抵達。從阿姆斯特丹往北飛，天朗氣清，先經北荷蘭格羅寧根（Groningen），再飛越丹麥哥本哈根（Copenhagen），航程約二小時，即順利平安降落赫爾辛基・萬塔機場，青天白雲，陽光燦爛。這裡時差較比利時快一小時，午後五點三十分仍然天明似晝，因秋陽溫煦，尚未覺清冷。荷航是原機組服務員，再相逢更加親切。想不到飛機升空平穩後，竟有義大利麵（pasta）、紅白酒、可樂、果汁等飲料免費供應，餐後又供給咖啡、熱茶與巧克力小蛋糕，這是多回搭乘歐洲國際廉航班機首次有免費餐飲享用，對於曾經生活過一年的荷蘭，又增添了如歸故鄉的溫馨之感。

座位安排在 18A 機翼旁靠窗位置，飛機雖然騰雲駕霧，但視野清亮，全程俯瞰窗外田園、河海風光，荷蘭全境青青平疇綠野，河道縱橫交錯，煞是賞心悅目；丹麥外海湛藍平靜，芬蘭不愧千島之邦、千湖之國，凌空接目，水鄉澤國，入眼盡是針葉杉林、白樺楊木，綠意盎然；偶有秋氣點染的金紅斑斕，色彩繽紛佳美，早出午行旅程之疲憊，盡消於大化美妙之中。當地午後五點十五分抵達芬蘭赫爾辛基（Helsinki），秋陽送暖，新客初履，心曠神怡。下機通關，無須驗證，直接出境，真是效率經濟。機場內廁所洗手間設有淋浴設施，真是設想周到。機場不大也非豪華，雖尋常而機能健全。此國物價稍昂，機場公車甚為方便，從購票機購買入市區單程五歐元（約新臺幣一六四元）車票，即至機場外公車站搭乘五點四十七分抵達的六一五號公車，此邦電子化甚佳，公車電子看板每站站名與抵達時間，顯示十分清楚明白，對於初履環境陌生的旅客十分方便。

不到六點四十分即順利抵達入住客舍，日本人與中國人不少，此邦因二

戰被德軍佔領，蘇軍曾猛烈空炸，破壞殆盡，一路而下，盡是單純簡潔的現代建築，尚未見到古典雅致的歷史遺跡，也許明天入城中心後，可以觀賞到不少的文化遺產建築。午後氣溫沒預想的寒涼，已經安頓妥善，擬出外遊逛，瞭解周遭環境，晚餐後再返歸客舍，也許陽光隱退後，夜間氣溫會驟降，已準備好圍巾、薄羽絨衣，隨時預防因應。期待明天初履新會，將有耳目一新的緣遇驚喜。

從客舍所在的斯特倫卡圖（Strenkatu）27B 四樓四○八房 J 室，內務清理完畢，約八點三十分整裝外出閒逛，漫步一大長方區塊，費時一點五小時，晚十點返歸，樓下有開到十一點的阿萊帕（Alepa）超市，順道進去參觀，買了一盒小仙蟠桃、兩片不同口味巧克力、麵包六款、小瓶飲料與鮮奶各一瓶，不到九歐元（約新臺幣二九四元），經濟實惠，打算於每晚散步時，可以隨時補充體能。晚八點三十分出門後，天色已深沉，因已飽餐且行走中，雖然夜涼如水，卻覺清爽並無冷意。天氣預報明天降溫到攝氏六度，也許就會感覺些微初冬的寒氣了。一路行人甚少，商店多已關門，頗為寂寥蕭條，沒有西歐、中歐、南歐各城市熱鬧繽紛、多采多姿的夜生活。公車、電車（Tram）不時迎面而來，人行步道與腳踏車專用道區隔清楚，一如荷蘭、比利時荷語區與德國，市區自行車（U-Bike）也似臺北安置妥善，便於利用，可見此邦現代、健康的一面。

經詢阿萊帕超市年輕的男收銀員，方知客舍離市區尚有一段距離，步行稍遠，搭乘公車與電車較為便利。也許此區尚在市中心近郊，沒有鬧區（downtown）的五光十色，還有幾天可以觀察體會，明天入城考察參訪，應該會漸入佳境。夜遊時，見一辦公大樓前，裝置兩大塊原石，粗獷斑駁，頗有樸拙古意，但見一石上標識著芬蘭文「格布哈迪諾基奧一」（Gebhardinaukio 1），想來應該是街名地址吧？復往前行，在十字交叉路口四方逡巡，來回雙向行走，在車行地下道牆面與各支柱上，欣賞到甚具藝術美感的

街頭塗鴉彩繪，表現出民族、民俗與民藝的設計創意，在夜色迷離中，反復佇立欣賞，可說是截至目前為止，在歐洲所見最華麗、神妙與浪漫的彩繪塗鴉，也為今夜初遊劃下完美休止符。

回到四樓客舍，偌大會客室裡，十來位操法語的年輕男女圍桌聚宴，香味四溢，美聲紛陳，靜坐一隅，一邊打字記錄夜行所見點滴，一邊品香聆聽，人來人往，亦聊以識此夜之盛筵嘉會矣！一夜好眠。

二　澄波靜練翠金簌

二〇一七年九月十六日星期六。晨起沐浴盥洗，神清氣爽。上午八點享受蔬菜漢堡、一條香蕉與一杯熱巧克力，服務人員竟是一對中國東北中年夫婦，他鄉遇「同胞」，相談甚歡，倍覺親切。待會準備搭乘7A 電車前進市中心城區，落實探索考察「赫爾辛基」的印象認識。

雲澹風輕，秋陽和煦，氣溫雖在攝氏十度上下，但不覺寒冷，反而清新怡人，正是適合出遊的美好時光。早餐雖然簡單，份量不多；但營養充分，不僅強身健體，也能完全吸收，毫不浪費食物資源。昨晚獨自夜行，發現寓居客舍尚在市區北郊，徒步入城，時間體能均須付出不少，於是先行購買四天期單一區域，成人票價二十二點五〇歐元（約新臺幣七三六元），方便搭乘公車、電車或市區地鐵與外海芬蘭堡（Suomenlinna）渡輪。

上午約九點即出門，搭乘客舍外大街上的 7A 號綠色電車入城，途經十餘站，始抵達赫爾辛基歷史街區核心景點──赫爾辛基路德會天主教堂（Helsingin Tuomiokirkko: Helsingfors Domkyrka, Helsinki Lutheran Cathedral）與參議院廣場（Senaatintori, Senate Square），廣場上豎立著亞歷山大二世（Alexander II, 1818-1881）戎裝站立的銅雕像，四面飾有古典雅致的戰鬥女神、神話英雄等銅雕藝作，成為蒞臨此邦的國際觀光客，獵取最佳紀念鏡頭

的首選。而由著名建築師卡爾‧路德維格‧恩格爾（Carl Ludvig Engel, 1778-1840）與恩斯特‧伯恩哈德‧洛爾曼（Ernst Bernhard Lohrmann, 1803-1870）聯合設計，於一八三○至一八五二年間，仿造希臘、羅馬神殿建造落成，大約四十五階的花崗石級場景，頗似《金枝玉葉‧羅馬假期》（Roman Holiday）影片中的羅馬三十六層石階（二○○四年陽春曾親履登臨）；純白色希臘、羅馬圓柱式、三角拱頂，壯觀排比於仰瞻之目前，引領信眾子民，迎向神聖潔淨的天主聖堂；中央一大圓形與兩旁小圓穹頂（Dome），青綠昂揚天際，三面鑲金十字架閃耀蒼穹，神光無比輝煌亮麗。在此佇足欣賞頗久，流連不忍離去。

廣場左側有城市旅遊（City Tour）紅色雙層隨上隨下（Hop on and Hop off）巴士，單坐巴士三十歐元（約新臺幣九八二元），巴士與遊船聯票（Bus and Boat）則僅須費三十五歐元（約新臺幣一一四五元），當然車船一體較為划算。約從十點三十分至十一點四十分約一小時多，坐在露天上層，繞遊市區二十處景點，對於赫爾辛基的海灣、港埠、海上堡壘、市區建築，以及諸多自然、人文、歷史與文化名勝古蹟等，終於有了輪廓式的全面而基本的認識與瞭解，徹底改變翻轉了昨晚夜遊市郊的初步印象，在傳統歷史文化與現代文明發展的融匯進程中，赫爾辛基確實不愧為「芬芳如蘭」的北歐名城。

車子回到廣場，已近十二點遊船啟航時間，連走帶跑至赫爾辛基市政廳與總統宮殿前的市集廣場（Kauppatori, Market Square）前端的渡輪碼頭，及時順利搭上遊船，往上層駕駛座左後選定視野良好位子，從右翼港灣沿著海岸逐島前進，再左轉至中心焦點，位於港灣出海扼守重地的軍事戰略大島──芬蘭堡（Suomenlinna, Sea Fortress），島上有名列聯合國教科文組織（UNESCO）世界文化遺產的堡壘，導覽介紹說曾同時動員超過六千名工人，費時數年始營造完成。除了芬蘭堡外，尚有建造於一七五○年代的前瑞典海軍船廠（Former Swedish Naval Shipyard）與國王門（Kuninkaanportti, King's

Gate），此門係為迎接瑞典國王阿道夫・福烈德利克（King Adolf Frederick, 1710-1771）的大駕光臨而興建。打算明天專程搭乘渡輪，探幽訪勝，憑弔追思。

過了此堡壘礁島後，已近午後一時，遠方海上黑雲密集籠罩，海雨欲來風滿船，與我鄰座的加拿大溫哥華兩對夫婦（上海人與福州人），受不了陣陣寒涼海風吹襲，紛紛下船艙躲風避雨，一瞬間大雨傾盆而下，起初背靠駕駛船艙，逆風可以躲風避雨，不料四面夾擊，無法順應，我也只好下艙，但見所有上層旅客都已擠滿船艙，好不熱鬧。剛好一位年輕媽媽，帶著兩位小男孩與父親，見我們一群「中國人」，她很有禮貌的以中文主動找我們交談，她是蘇俄聖彼得堡（St. Petersburg）人，現在上海深造商業博士學位，是一位很有遠見慧識的女英豪與好媽媽。邊聊天邊賞景，很快風雨也暫歇，船就要入港靠岸了，航程愉悅平安，歡喜告別，分道揚鑣而去。

下船後，簡單西點麵包午餐，配以鮮奶與昨晚超市所購仙蟠桃，輕鬆解決後。轉至市集廣場左側之裸女、海獅噴泉雕像旁之城市旅遊招呼站，再次搭乘複習上午遊程，選在三分之二行程之後的芬蘭音樂國寶，被譽為「二十世紀貝多芬」的尚・西貝流士（Jean Sibelius, 1865-1957）紀念碑與公園（Sibeliuksen Muistomerkki ja Puisto, Jean Sibelius' Monument and Park）下車。午暴雨後，風雨時襲時息，撐傘觀賞豎立在赭紅色的岩石基座上，彷彿抽象立體藝術雕塑的銀色管風琴紀念碑，以及其右側形象凸顯的西貝流士臉面銅像，靜穆沉思中，西貝流士〈悲傷圓舞曲〉（"Surullinen Valssi", "Sibelius Sad Waltz"）與〈芬蘭頌交響樂〉（"Suomen Ode-sinfonia", "Finland Ode Symphony"），似乎低吟輕唱在耳際身旁，上下前後左右，縈迴在心田腦海，瞻顧仰望，安寧默默辭別。

中國大陸兩臺遊覽車觀光團客，一時洶湧喧嘩而至，相互交錯而過。微雨寒風中，暫止於公園入口處，眼見一位清純芬蘭姑娘的現榨果汁攤位前，

來時無一顧客，將行亦無生意，乏人問津，惻隱之心乍起，又想起一九九八年十月在西安交通大學參加北京大學哲學大師朱伯崑（1923-2007）先生籌辦的國際《易》學會議時，曾每日品賞號稱「西安三寶」之一的石榴時果，美好芬芳至今難忘。因此，選購一大杯十歐元（約新臺幣三二七元）現榨石榴果汁，體力精神提升不少。初嘗色香味，感覺含有醇厚紅酒氣息，再品則蘊藏新鮮柳橙酸甜美味，笑謂姑娘未曾享受如此奇妙「瓊漿玉液」，默契相投，相視莞爾，喜悅歡笑告別，期待有緣再會。平常不太喝果汁，多是直接品嚐鮮果；首次品味新鮮的石榴果汁，雖然有些貴，但十分鮮美，留下難忘的回憶。

午後風雨滴滴答答、淅淅瀝瀝，眼見一時難停，於是再候城市旅遊，轉接其後各景點，以耳機聆聽導覽介紹，忽忽之間，又回到教堂廣場。先在廣場三度細觀亞歷山大二世雕像以及四面藝術銅雕，臨近傍晚觀光人潮愈來愈少，多為情侶、夫婦各國散客，四處選取鏡頭拍照，復逐級登階晉謁教堂，大門未開，左側殿堂庭扉半啟，貼有告示：「內堂舉行婚禮，請遊客止步勿進。」巡遊教堂四面列柱，仰觀俯察，「以通神明之德，以類萬物之情」，欣怡興盡而去。

下得堂階，往幾家頗有情調藝品店參觀，物美而價不廉，未便下手採購，亦不好意思久留，於是靜默離去。再至市集廣場，已近收攤，在水果攤買了一盒五歐元（約新臺幣一六四元）的各色野李子，在裸女噴泉處洗了六顆，汁多味美，津津滿口，一解嘴饞。復往一年輕小姑娘藝品攤位，選購每張○點八五歐元（約新臺幣二十八元）的風景明信片十種，小姑娘問說是否需要郵票，「既來之，則安之」，一併合計二十三歐元（約新臺幣七三五元），賓主盡歡，互道珍重再見。

在渡船碼頭與群集鷗鳥喜相逢、相見歡，雨過天青，港口景致殊為清秀佳美，尚有豪華遊輪停泊右前碼頭，左側岸邊則是數十公尺的赫爾辛基摩天

輪（Helsingin Maailmanpyörä, Skywheel Helsinki）兀立空中，圓轉旋舞，而海灣內進港船舶接踵而至，猶如風中迎接親愛鄉親的遊子如我，此時也有幾許的盼望與期待，幾許的鼓舞與歡欣？歸程百姓旅客魚貫下船，「相逢無一識，空待更怯情」，四顧蒼茫，於是悵然若失，踽踽獨行而去。

在逐漸空曠寂寥的市集廣場上，偶見有幾尊造型可愛的烏龜柱石，究竟是交通管制用？遮陽傘用？不明所以，相對無言，獨自拍了幾張照片存證留念。近晚風雨再度光臨，撐著小傘再走向裸女噴泉藝術廣場四面走動欣賞，再過街前進至一八〇八年赫爾辛基市區大火之後，重新規劃設計的濱海藝術中心公園（Esplanadin Puisto, Esplanade Park），在長條型古雅秀巧的公園紅土沙地上躞蹀漫步，偶遇芬蘭著名民族詩人約翰・路德維格・魯內伯格（Johnn Ludvig Runeberg, 1804-1877）紀念雕像，而這雕像正是由他的哲嗣沃爾特・魯內伯格（Walter Runeberg, 1838-1920）親自設計雕塑的傑作，而於一八八五年五月六日正式揭幕。在全身立像的下緣，有用瑞典文鎸刻的芬蘭國歌歌詞〈我們的國家〉（"Maamine"，"Our Land"），而這歌詞正是約翰・路德維格・魯內伯格的大手筆。

Oi maamme, Suomi, synnyinmaa,　我們的國家，芬蘭，我們的土地，

soi, sana kultainen!　為無價之名高呼！

Ei laaksoa, ei kukkulaa,　沒有峽谷，沒有山丘，

ei vettä, rantaa rakkaampaa　沒有觸及天際的高山

kuin kotimaa tää pohjoinen,　作為北方的故鄉，

maa kallis isien.　如父親般高貴的國家。

Ei laaksoa, ei kukkulaa,　沒有峽谷，沒有山丘，

ei vettä, rantaa rakkaampaa　沒有觸及天際的高山

kuin kotimaa tää pohjoinen,　作為北方的故鄉，

maa kallis isien. 　　如父親般高貴的國家。

Sun kukoistukses kuorestaan　　在寒冷中含苞待放

kerrankin puhkeaa;　　你將再次崛起；

viel' lempemme saa nousemaan　　願我們的愛逐漸昇華

sun toivos, riemus loistossaan,　　你的希望，歡樂與榮耀，

ja kerran laulus, synnyinmaa　　願獻給祖國的歌聲

korkeemman kaiun saa.　　在高處回響。

viel' lempemme saa nousemaan　　願我們的愛逐漸昇華

sun toivos, riemus loistossaan,　　你的希望，歡樂與榮耀，

ja kerran laulus, synnyinmaa　　願獻給祖國的歌聲

korkeemman kaiun saa.　　在高處回響。

已近晚時分，看來雨勢不會驟止暫休了，一路泥濘，已不適合再夜遊散步，只好興盡於此，再至教堂廣場左側街角，搭乘 7A 綠色電車返歸客舍，一路複習審觀來時路，更加能夠掌握市區與市郊的地理路徑與空間設計，期望明天週日，可以好好漫遊觀賞歷史中心城區的美景風光。

　　回歸客舍，人來人往，出出入入，熱鬧盛況不減。有一日本年輕姑娘美智子（Michiko）見我換穿臺灣師大體育表演會紀念「淬鍊」T 恤（T-shirt），以略顯生疏的國語問我「是否為臺灣人」？微笑回答正是不折不扣「絕對深愛臺灣與地球」的客家人，她說「非常喜歡並懷念臺灣」，我說「歡迎再到臺灣」，見她剛享用完晚餐，我還有昨晚超市所買數顆仙蟠桃，以及午後市集廣場所購一盒綜合小李果子，於是大方分送她一些享用，彼此歡談開聊，互道晚安再會。在寢室床上，回顧今日行旅點滴，不禁吟詠起北宋東坡居士蘇軾（子瞻，1037-1101）〈和子由（弟蘇轍字）澠池懷舊〉名詩：

人生到處知何似？應似飛鴻踏雪泥。泥上偶然留指爪，鴻飛那復計東西？
老僧已死成新塔，壞壁無由見舊題。往日崎嶇還記否？路長人困蹇驢嘶。

我是每走過必留下痕跡，不管是文字、圖片或心影，雖是偶然因緣，卻都是
無渝難忘，既短暫又永恆生命中的「雪泥鴻爪」。

三　天涯地角尋思遍

濃郁彩華亮麗鮮，清新澹雅意聯翩。玲瓏欲滴開顏喜，游藝寫真錦瑟年。
——戲吟遙題新店太座、小兒「帥哥」（秉圻）母子瓶花油畫

二〇一七年九月十七日星期日。秋高氣爽，晴朗舒暢。上午八點早餐
後，即整裝出門，在一樓遇到另一位年輕日本小姐開不了大門，協助她順利
解決，但見她一大行李箱，又手提及背負兩皮包，好心詢問她欲前往何處？
她說將到赫爾辛基火車站，卻往反方向電車候車亭，我再主動告知她，我們
應該同搭 7A 電車，我先到達參議院廣場，之後兩站即是中央火車站，她恍
然大悟，連謝不已。日行一善，也是樂事一件。

今天行程主要以芬蘭灣內，一七五〇年代（1748）瑞典王國統治時期
（1150-1809），扼守海防的戰略要塞四島芬蘭堡（Suomenlinna Sveaborg）為
主要探索參訪目標。上午九點後，抵達地標路德天主堂與參議院廣場，一早
旅客稀疏，晴和景佳，又攝取不少光輝美景，欣悅而去。從廣場前石板靜巷，
漫步至芬蘭總統府前市集廣場，尚未開張，氣氛唯美，景致殊好，又乘機獵
取不少亮麗鏡頭，心滿意足，抵達東側的渡輪專用碼頭，以四天日票免費上
船，除外國旅客外，多數為大陸團客與自助旅客，九成近滿座，九點四十五
分啟航，十點〇五分即平安抵達芬蘭堡主島慕思達沙麗島（Iso Mustasaari）

主碼頭，十五至二十分鐘的芬蘭灣麗景聯翩，「朝雲與群鷗齊飛，秋水共長天一色」，二度回味，尤蘊綺芳。

迫不及待的觀光遊客，魚貫而下，各取所需，或分別東、西兩邊循岸而行，或隨導遊從主島城門而入，我則離眾獨遊，擬先以登陸主島之中央大道為核心，再縱橫支分，四處游走。芬蘭堡共有四島，分別是伊索‧穆斯塔薩里（Iso Mustasaari）、蘇西薩里（Susisaari）與古斯塔夫劍（Kustaanmiekka, Sword of Gustaf）兩大島，以及小穆斯塔薩里（Pikku Mustasaari）、蘭西‧穆斯塔薩里（Lansi-Mustasaari）兩小島，各以精巧木橋相互聯通，位處芬蘭灣中央，左右各有諸小島旁翼分列，形勢險要，岩礁峻峭，獨立迎風，環顧四海，激灩旖旎，亙古常新，瞬息永恆。

此島尚有居民八百餘戶，房舍或儼然成棟，或院落青青，西人重隱私、喜寧靜，故家家戶戶、院院庭庭皆於門外園邊，豎立告示「居民區，請保持安靜，尊重我們的隱私。」（Residents Area, please keep quite and respect our privacy.）環境幽雅，建築古樸，而色彩斑斕，布景繽紛，彷彿海上仙鄉、魏晉桃源，令人懷想欽慕。此島已於一九九一年入列聯合國教科文組織世界文化遺產，其實我曾經服預備軍官役的金門，以及曾參訪十二天的馬祖列島諸嶼，雖然與此一七五〇年代相差二六七年之久，但論其規模氣勢，毫不遜色，中華民國在臺灣，無國際「法定」地位，東海鯤瀛西人難得驚豔，何年何月，山海美麗的「福爾摩莎」（Formosa）與坑道錯綜複雜的金門、馬祖、澎湖、南海太平島，方能因時乘勢，晉升世界文化遺產之列？小邦無外交，國際現實如此，臨風顧盼，舉目無親，思之奈何，悵然良久。

在中央步道上，靜賞一戶戶錯落有致的民居建築，賞心悅目，心曠神怡之際，左側石丘上，一棟綠穹頂白柱牆的教堂兼燈塔，神聖昂揚，莊嚴偉岸。覽讀簡介知此教堂為一八〇八年，沙俄（Tsarist Russia）於此打敗瑞典後，作為俄羅斯東正教守衛教堂而建造；俟芬蘭於二十世紀二〇年代取得此

島控制權後，方改造為「路德教派」（Luterilaisuus, Lutheranism）的聖殿，教堂尖塔上尚存一座運行至今的燈塔，同時為海上與空中的航行提供導引，又是從所未見的新奇設計。

大陸團客如蜂湧熱鬧而去後，我再登丘環繞仰瞻，下後丘佇立回顧，見有一瘦高、一微胖拄杖東方女士迤邐而來，以英語問候，竟獲得流利回應，於是彼此交流，乃知是日本九州一對七十歲上下姐妹花，小學英語文教師，當我告知來自臺灣時，她倆喜出望外，親切的拉著我的手說：「我們是日本灣生（日本移民臺灣後生），彼此算半個臺灣鄉親。」她倆興奮的訴說尚在世高壽九十餘的母親出生在花蓮，曾四度「返鄉」探視兒時故居，仍然期待在有生之年，能夠再回「美麗的山海故鄉：花蓮」，他鄉再遇故知，益增行旅之溫馨，遂倩德國漂亮姑娘代為攝影，以存識憶念。

告別後，獨自巡遊環視全島，凡海濱軍營畫廊、一九一八年戰俘集中營紀念碑、城堡旅舍、堡壘（Bastion）酒館、芬芳城堡圖書館（Tuoksuva Linnakirjasto）、馬內基軍事博物館（Manekin Sotamuseo），以及各民居、船塢碼頭與環島景觀，皆盡訪一過，憑弔緬懷、追思滄桑，至午乃別。

向北過設計新穎的木橋至西北角兩小島，南岸為海軍巡防艦基地，停泊兩艘戰備艇；過橋後，北岸為民居與重要軍事設施，多處豎立警告牌嚴禁犯規，違者處罰鉅款。於是，在開放的巷道、海濱群礁崗岩與自然植被區域，縱意游目騁懷，逍遙自在，身心自適，自得其樂。觀光雅客罕見，隨身帶著超市所買丹麥芝麻野莓巧克力，憑風臨岸獨享，美味倍增。見另一岩端，亦有一位「貴妃」身材的外國仕女，遂主動迎前「晉獻」分享丹麥巧克力，並分送數顆市集廣場所買野小李果，獲得溫馨回謝。此妹來自英國（UK），剛好本週末至下週一，將再訪倫敦（London）與劍橋（Cambridge），閒話家常，解消一路疲憊，精神復振而去。

再過橋轉入主島，再往西南角大島 A 與 B 兩區，兩島之間客用小碼頭，

風帆船舶甚多，凌波蕩漾，意趣頻添，默坐岸椅休養生息，靜觀點點帆影、悠悠白雲，縈青繚白、輝映變化的自然與人文景觀，紛陳赴目盈心，人間幸福富貴何逾於斯？在乾涸造船廠塢徘徊流連，遂回頭轉進此島城堡正大門，入口後即為寬敞大庭院，知為此要塞設計創始人奧古斯丁‧厄倫斯瓦德（Augustin Ehrensvard, 1710-1772），於十八世紀六〇年代完工，作為此島主廣場使用。在一八五五年，克里米亞戰爭（Krimin Sota, Crimean War）期間，這裡被嚴重損毀，現在已重建恢復，並豎立了奧古斯丁‧厄倫斯瓦德紀念碑（Augustine Ehrenswaldin Muistomerkki, Monument to Augustine Ehrenswald）。

此島另外兩歷史亮點為古斯塔夫之劍（Kustaanmiekka, Sword of Gustaf）與國王之門（Kuninkaanportti, King's Gate）。前一為芬蘭城堡最初的稜堡，十九世紀後期一度成為俄軍防線，與沙岸上丘的炮兵堡壘，共同構成堅強陣地。有三位調皮的外國小女生，爬上巨炮炮管，擔心她們不慎滑落，於是上前扶持警戒，等她們安全坐穩炮管後，竟大方向我要求照相，很會擺姿態（pose），照了幾張相後，道別而往國王之門，此門位於此島南端東側，是一座具有紀念意義的歷史之門，也是芬蘭城堡的精神象徵。此門興建於一七五三至一七五四年間，是要塞的主入口，也是紀念城堡的奠基者、瑞典國王阿道夫‧弗雷德里克一世（Adolf Fredrick I, 1710-1771）於一七五二年視察城堡建設時，拋錨登岸的地點。芬蘭城堡國王門上，用大理石板鐫刻著奧古斯丁‧厄倫斯瓦德的一句格言：

Eftervärld, stå här på egen botn och lita icke på främmande hielp.
後人們，憑你自己的實力站在這裡，不要依靠外國人的幫助。

原以為此門必定十分雄偉壯觀典麗，而出乎意料之外，卻是小巧玲瓏，稍覺失望，未符期待。不過，環島群礁岩岸風光獨特，處處驚豔觀嘆，起伏

高低上下之間，「故壘西邊」、「亂石穿雲，驚濤拍岸，捲起千堆雪」，千古神遊，「多情應笑我，早生華髮」，人生雖如夢，剎那即是永恆，此生不虛，我心足矣！

在芬蘭堡從上午十點〇五分至下午三點四十分消磨五點五小時，體力消耗不少，但有佳美秀麗風光為伴，一路隨時補充能量，並不覺得筋疲力盡。三點四十五分順利搭乘回歸航渡，四點又爬坡上訪除蘇俄外，北歐最大的赫爾辛基烏斯本斯基東正教堂（Uspenskin Katedraali）——聖母安息主教座堂（Dormitionin Katedraali），四面赭紅牆柱，數座綠頂金色十字架，十分顯目耀眼，臨坡四望，市區景觀一覽無遺。教堂北面有帆船港埠與各具特色的咖啡餐館，西面則為芬蘭港口，兩艘巨型遊輪停泊東西兩岸，赫爾辛基摩天輪圓轉於左，其旁則為海水浴場、室內桑拿「三溫暖」（Sauna）浴池與咖啡餐館，近晚薄暮，輝煌天人，心得意滿，悠然下坡，前往市區閒逛漫遊，真是暢快的一天。

在市中心通衢大街，看到一號電車候車亭，詢問一旁仕女，此方向是否可達客舍車站，獲得親切詳實回應，遂同車迂迴歸程。仕女先行下車，我再巡遊數站後，順利抵達，晚風倏起，天涼好個秋，見街旁公園邊有一家中東人所開「國王烤肉串」（King Kebab）速食店，生意興隆，點了一份「國王特餐」（King Special）晚餐九歐元（約新臺幣二九四元），加無糖可樂一歐元（約新臺幣三十三元），滿滿一大盤：兩塊雞肉、許多牛肉刮片與薯條、泰國米飯與沙拉，在此難得十歐元（約新臺幣三二七元）可以飽餐一頓，市區正式晚餐，光前菜就要十五歐元（約新臺幣四九一元），享受撐飽的滿足，再散步一陣，前往客舍樓下超市，又選購蘋果數顆、濟州小柑橘十餘顆、鮮奶一瓶與各色小麵包數種，費貲八點七三歐元（約新臺幣二八六元），真是經濟划算。

回到宿舍，昨晚曾分享晚餐後水果給來自大阪的美智子姑娘，禮尚往

來，她看到我翩翩歸來，特別向前回饋我一塊精美巧克力，並附上小謝卡，以簡單中英文寫到：「能見到你真的太好了！多謝您的好意！非常感謝。Thank you so much！」

　　十八日星期一，晨起甚早，在會客室書寫明信片與整理遊記，又見到美智子姑娘準備打道回府，遂隨緣請一位神似莎拉波娃（Maria Yuryevna Sharapova，一九八七年四月十九日生，生日與我同一天）的蘇俄姑娘幫忙拍照留念，旅程緣遇邂逅，也是喜樂之事。臨別前，在芬蘭堡遊客服務中心，曾寫下對於赫爾辛基的一段讚美文字，迻錄於下，以為週日佳美妙麗的行旅注腳。

　　H：History is fighting and struggling.（歷史是戰鬥而奮進的。）

　　E：Education is advanced and applied.（教育是先進而應用的。）

　　L：Language is traditional and aboriginal.（語言是傳統而在地的。）

　　S：Science is progressive and implemented.（科學是進步而落實的。）

　　I：Invention is creative and dimensional.（發明是創意而多元的。）

　　N：Nature is beautiful and prosperous.（自然是美麗而繁榮的。）

　　K：Knowledge is respected and lifestyle.（知識是尊重而生活的。）

　　I：Innovation is revolutionary and diversificational.（創新是革命而變化的。）

芬蘭人被譽稱為「極地的拉丁民族」（Latin people in the polar regions），看似矜持，其實十分熱情，也有如韓國人一般堅毅不認輸、不輕易放棄的「戰鬥精神」（Fighting），身為道道地地的「臺灣客家人」，此種民族精神，於我心亦戚戚焉。芬蘭國旗（Siniristilippu），意為「藍十字旗」，圖案為白底上藍色的「斯堪地納維亞十字」（Skandinavian Risti, Scandinavian Cross），一九一八年五月二十九日被正式定為芬蘭的國家標誌。斯堪地納維亞十字反映了

芬蘭與瑞典的歷史傳統關係,而藍色與白色則是俄國沙皇(Tsar)的代表顏色;而今藍色與白色,已經成為芬蘭國家民族的傳統顏色,藍色代表湖與天,白色代表雪。這與日本「太陽旗」與韓國「太極旗」,在色調的義理設計與象徵國家特色上,有某些異曲同工之處。

芬蘭除諾基亞(Nokia)國際品牌外,芬蘭浴(桑拿浴,三溫暖,Sauna)也是土產的國際品牌。芬蘭浴是目前世界上最深度的洗澡方式,而「三溫暖」(Sauna)在芬蘭語中,原意指「一個沒有窗子的小木屋」。芬蘭浴已成為當地人生活的一部分,每週全家至少全裸共享一次。聽旅遊巴士(Tour Bus)導覽介紹說:「某任總統曾與中央官員、民意代表,共同在三溫暖中,商議國是。」因此,在芬蘭「三溫暖」不僅是清潔、紓壓身心,也是社交活動的重要部分。一般傳統芬蘭浴,不分老幼男女都是全裸共浴,聽說溫度在攝氏八十至一百度間,可能不是來自副熱帶的我們可以嘗試忍受。

傳統芬蘭「三溫暖」首先需要一間特別的浴室,浴室當中放置火爐、石塊,再以火將石頭烤熱,沐浴者就脫去衣物,裸身坐於石塊之上。沒多久,沐浴者就會汗流浹背;然後,再將冷水傾倒全身。此時全身被蒸氣所籠罩,再以樺樹枝拍打全身以刺激皮膚。最後,再走下滾燙的平臺,以肥皂刷洗全身,以清水清洗身體後,才完成正統的芬蘭浴。這樣一大套折騰(享受)下來,對於耐力是極大的考驗,一般人可能會受不了。芬蘭人酷愛的這種三溫暖,與韓國的「汗蒸幕」(찜질방,Jingjibang)也有異曲同工之妙,也是芬蘭與韓國民族鍛鍊精神的絕佳方式。芬蘭的廁所設計也別有妙趣,洗手臺、活動沖水龍頭、洗手肥皂與烘乾機等,都設計於廁所內,室內並無以上設施,對於私密的個人清潔而言,確實是體貼周到的設計。

芬蘭是一個真正的民主國家,也是繼澳洲(Australia)、紐西蘭(New Zealand)之後,世界上第三個男女均有選舉與被選舉的民主國家,又聽旅遊巴士導覽說:「一九○六年第一屆國會議員選舉,就有十九位女性議員當

選。」此外，芬蘭運動風氣也十分盛行，赫爾辛基曾舉辦一九七〇年夏季奧運（Summer Olympics），在市區內尚有持續運用的各式場館與博物館。

總之，芬蘭是一個生於憂患的民族國家，富有傳統精神、教育創新與科技發達等多面向的特色，值得細細品味體會——觀國之光，有孚顒若。

四　自在飛花輕似夢

蔣府福星四海光，**公**誠正大性情芳。**秋**聲婉約風流雅，**華**表堂皇道業昌。
生意欣欣榮哲嗣，**日**元郁郁惠賢良。**快**人美事頻分享，**樂**善延年海嶽長。

二〇一七年九月十八日星期一。赫爾辛基自晨至午後四時，皆陰雲寒風，傍晚轉晴，朵朵祥雲，層層綿綿；煦煦夕暉，燦燦映照，唯美而浪漫。

昨晚在市區誤打誤撞，大膽乘坐一號有軌電車返歸客舍，車程頗長，停靠近二十站，正好觀察瞭解市區從西南往南北縱向的城市建設，也有許多意料之外的收穫。今天一早就陰雲密佈，鬱鬱似將風雨時至，準備禦寒衣巾妥善，再憑四天期赫爾辛基交通車票，嘗試搭乘客舍大街外的一號電車入市中心，非常順利未等候多時就搭上電車，一路回味複習，更能掌握沿途環境與領略名勝風光。

甫入城區北端，就是赫爾辛基市立植物園，前臨市內港灣，環境十分靜謐優雅，園林左側分別為至今仍正常使用中的一九七〇年夏季奧運體育館主場，佔地甚廣，分建好多大小比賽與訓練的大足球場、電車博物館等，再往西即是西貝流士紀念碑公園（Sibeliuksen Muistopuisto, Sibelius Monument Park）、奧林匹克滑雪場（Olympic-hiihtokeskus, Olympic Ski Resort）與海塔躝迷海灘（Hietaniemen Ranta, Hietaniemi Beach），週六兩度搭乘城市旅遊時，已默識在心了。

我在歐洲最早欣賞的植物園，是二〇〇三年八月客座創立於一五七五年的荷蘭萊頓大學（Universiteit Leiden, Leiden University）時，漢學院白津（Witte Singel）不遠處，有一所十分幽美的大學植物園（Universitaire Botanische Tuin）；在此園中，一五八〇年代萊頓植物學教授培育出原生土耳其的鬱金香（Tulip），至今都成為荷蘭經濟成長的一項「黑金」、「鑽石」產業。後來，又參觀西班牙馬德里（Madrid, España）皇家植物園（Real Jardín Botánico）、格瑞納達大學植物園（Jardín Botánico de la Universidad de Granada）等，而最為驚豔的則是今年四月下旬，趁比利時布魯塞爾北郊國王寓邸之拉肯皇家植物園（Jardin Botanique Royal de Laeken）開放兩週，提供購票入內觀賞繽紛春華，譽稱全世界最豪華壯觀的玻璃溫室（Serres Royales de Laeken），至今仍回味難忘。而最常日觀午賞的植物園，則非屬現在的魯汶了。群芳競豔，花團錦簇的園藝美景，不知解消了遊子多少鄉愁別思。

　　車再往南，就是西北至東南縱貫的赫爾辛基大街（Helsinginkatu），一左轉彎就是國家歌劇院（Kansallisooppera, National Opera），右側濱臨妥羅灣（Toolo Bay），林木扶疏，海天一色，真是融合自然與藝術的「優勝美地」，可惜沒有時間與機緣，在此歌劇院欣賞享受一番。港灣南端則是芬蘭廳（Suomi-huone, Finlandia Hall），其下一大片綠意盎然的公園廣場，則是音樂中心（Musiikkikeskus, Music Centre）；芬蘭廳斜前方右側則是國家博物館（Kansallismuseo, National Museum），中心正對面則是芬蘭國會（Suomen eduskunta, The Finnish Parliament），國會後區巷內，則是十分獨特著名的聖殿廣場岩石教堂（Temppeliaukion Kirkko, Rock Church）與國家歷史博物館（Kansallismuseo, Nationalmuseum）。此區域園區現代與古典建築雅美並立，文教與政治和諧共存，雕像與公園噴泉動靜映襯，對於芬蘭政府與赫爾辛基市政廳，宏謀偉識的規劃建設，由衷敬佩欽服！尤其仿照希臘、羅馬列柱式建築的國會大廈，二三十根列柱的壯觀氣勢，「仰之彌高，鑽之彌堅」，靜賞獨觀，漪歟盛哉！

在郵政總局門口下車，投遞清晨書寫的風景明信片，感覺與至親、好友的距離，更加縮短了。郵局前面為紀念十九至二十世紀蘇聯將軍卡爾‧古斯塔夫‧埃米爾‧曼納海姆（Carl Gustaf Emil Mannerheim, 1867-1951）的通街大衢（Mannerheimintie），他著蘇式軍絨帽的偉岸騎馬戎裝銅像，在芬蘭赫爾辛基百姓的眼中心裡，恐怕是喜厭兩難吧！逡巡一週，迎風辭別，下轉至頗具蘇俄風格的中央火車站，正門口四尊冷峻剛硬的石雕像，感覺肅殺缺乏柔美；反倒是聳立右側的高大鐘樓，則顯得親切人性多了。

車站右側為公車總站，站前廣場正好有各國料理展售攤位，十分熱鬧有趣，已近午後四時，溫度十至十二度上下，饑腸轆轆，選了一家法國攤位，點了一盤十歐元（約新臺幣三二七元）的豬肉、馬鈴薯、葡萄、蘋果與紅洋蔥鍋燴，實在美味好吃，詢問年輕的帥哥老闆，他說這是法國南部的傳統鄉間佳餚，賓主盡歡，再見（Au revoir）！

此廣場北方為古典穹頂的芬蘭國家劇院（Suomen Kansallisteatteri, Finnish National Theatre），其南則為「雅典娜」（Ateneum）亦是典雅華麗的一棟標誌性建築。東邊則是賭場（Casino）、餐館、飯店等古今並立的建築群，頗有可觀之處。巡遊一圈後，從國家劇院後，轉入赫爾辛基大學植物園（Helsingin Yliopiston Kasvitieteellinen Puutarha, University Botanic Garden），正在整建中，一大池塘倒影劇院，四周花木點綴，晴暉天光，亦別有幽趣。池塘兩側花園各有一裸體美女藝術雕像與抽象的創作雕像，適有五、六位黑人年輕流浪漢群聚雕像旁，其中一位情態猥瑣，似有吸毒模樣，靠近身旁索費，故意傻笑兩手一攤，從容下草坡而去。

從火車站正對面購物中心（Shopping Center）與大型百貨公司「斯托克曼」（Stockmann）徒步街走進，對於購物素無興致，於是轉至「瑞典劇院」（Ruotsin Teatteri, Swedish Theatre），以及周邊的街頭藝術雕像、各古典門牆裝飾的建築，漫遊觀賞，亦十分盡興。芬蘭治安很好，也沒有到處胡亂塗鴉，人民非常和善友好，印象觀感十分佳美。

近傍晚，夕陽餘暉甚美，天光雲影共我心，歡喜徘徊，近晚風寒，遂回火車站，轉乘七號電車返歸客舍。復至客舍樓下阿萊帕連鎖超市，買了一盒六顆小仙蟠桃、原味與莓果優格三小盒、鮮奶一瓶、原味麵包二份，費五歐元餘（約新臺幣一六四元），真是經濟。客舍貴賓受風寒咳嗽者漸增，頗為戒備，一切清理停當，換裝早早入睡，靜養安神，準備明天返歸。

　　二〇一七年九月十九日星期二。上午再與備餐的東北鄉親賢伉儷，以及留下美好深刻印象與回憶的「芬」芳北「蘭」，鄭重依依告別，期望後會有期，能夠再度重逢、重溫近一週來美好的邂逅情緣。已經通關入境，但飛機又延遲（delay）中，最近經常如此，上週在都柏林是首次遇到，到隔天清晨才返歸魯汶。今晚抵達阿姆斯特丹機場，不知能否順利轉機回布魯塞爾？雖然在赫爾辛基已經延遲（delayed）近二小時，但因兩地時差一小時，在史基浦機場從 D44 連跑帶走至 B26，幾乎在關登機門前順利登機，滿頭大汗，荷航空服員先送我兩小杯礦泉水，平常有運動，坐定後就漸漸平息了。

　　晚上十點左右平安降落布魯塞爾機場，已先預購回程火車票，又快速抵達地下一樓三號月臺，搭乘十點二十一分前往哈賽爾特（Haselt）的班車，上車後享受一顆赫爾辛基紅蘋果，真是舒服！在赫爾辛基至史基浦機場二小時航程中，仍供應義大利麵（pasta）晚餐、點心與飲料。從史基浦至布魯塞爾機場又提供一小包加鹽餅乾與小杯礦泉水，旅程的擔憂與疲累盡掃一空。順利到達魯汶後，及時接上十點四十分的三七一號公車，幾乎一氣呵成，沒有浪費等待時間，未到十一點就順利平安返歸溫暖的住家了。

　　先喝杯泰國椰子汁與永和豆漿，梳洗一下，就要入眠了。明天又將恢復正常生活。女兒「姊姊」（秉忻）與男友「馬蹄兒」（Mathieu Willame）贈送的歐盟背包，兩條後肩帶縫得不密緻，左邊已斷裂，右邊快脫線了，一同走過幾個國家首都，終於要「壽終正寢」了。

撰自二〇一七年九月十五至十八日

英國倫敦與劍橋觀國之光

一　英國倫敦觀國之光（一）

千禧前歲憶初遊，壯美琳琅遍歷求。日訪夜行觀國粹，今來古往履風流。
政經深造豐千策，文化廣搜萃五洲。泰晤河濱蹤跡覓，紛飛獨立繆思悠。

——一九九九年溽暑初訪英國倫敦，二〇一七年金秋再謁賦感。

二〇一七年九月二十二日星期五。魯汶（Leuven）與倫敦（London）皆
秋高氣爽，適合出遊。晨起甚早，五點三十三分至住處附近之魯汶布魯塞爾
街（Brusselse Straat）搭乘三三三公車至車站，轉乘五點五十二分的火車，不
到三十分鐘車程，於六點二十一即抵達布魯塞爾南站（Gare de Bruxelles-
Midi, Station Brussel-Zuid）。六點三十分先入關檢查，搭乘上午七點五十六分
的歐洲之星（Eurostar）至倫敦，星期六晚至星期日至劍橋（Cambridge），星
期一晚返歸魯汶，期待能一飽眼福。歐洲之星入關後，英國之歡迎與宣傳，
顯現出國家的民族「自信」與文化「偉大」，有為者亦若是焉！

Welcome to **GREAT**: Britain and Northern Ireland.
（歡迎來到很棒的：英國和北愛爾蘭。）

Green is GREAT.（環保很棒。）

Research is GREAT.（研究很棒。）

Education is GREAT.（教育很棒。）

Adventure is GREAT.（探險很棒。）

Technology is GREAT.（科技很棒。）

以上除最後科技（Technology）是我自加補充外，其他重編其所宣傳內容，以下並同，依字母排序。

B usiness is GREAT.（商業很棒。）

C reativity is GREAT.（創造很棒。）

C ulture is GREAT.（文化很棒。）

D esign is GREAT.（設計很棒。）

F ashion is GREAT.（時尚很棒。）

F ood is GREAT.（食物很棒。）

H eritage is GREAT.（遺產很棒。）

I nnovation is GREAT.（創新很棒。）

K nowledge is GREAT.（知識很棒。）

M usic is GREAT.（音樂很棒。）

S cience is GREAT.（科學很棒。）

S hopping is GREAT.（購物很棒。）

　　八點五十七分準時抵達倫敦聖‧潘克拉斯國際車站（St. Pancras International Station），天晴氣和，於站內兩著名藝術雕像留影。古典華美如教堂的國際車站，以及樸素外表而內在現代綺麗的國王十字（King's Cross）車站，毗連相接，設計者奈傑爾‧格雷斯利爵士（Sir Nigel Gresley, 1876-1941）真有慧眼。等待下午二點，倫敦之家（Home London）客舍報到（check in）後，擬先到附近大英圖書館（The British Library）看看，再往大英博物館

（British Museum）觀國之光，秋夜步遊泰晤士河（River Thames）濱，應該十分悠然曼妙。

午二時入宿後，獨遊至深夜。先觀大英圖書館，再遊英國倫敦大學（University of London）。週五大英博物館開放到晚八點三十分，琳琅滿目，美不勝收，欣觀飽覽後，饑腸轆轆，館內中庭頂樓有一間雅致餐廳，觀賞免門票，就大方享受正式英國倫敦三十點二五英鎊（約新臺幣一一六二元）晚餐，好好犒賞自己一下。夜行泰晤士河北南兩岸，縱走冥歸喧鬧中。

Never in the field of human conflict was so much owed by so many to so Few.

（Winston Churchill）

在人類衝突領域，從來沒有如此多的人，對如此少的人，有如此多的虧欠。

（溫斯頓‧邱吉爾）

二○一七年九月二十三日星期六。倫敦天清氣和，雲澹園蒼，秋景繽紛亮美。從晨至午，步遊甘地公園廣場（Gandhi Park Plaza）、羅素公園廣場（Russell Park Plaza）、牛津街（Oxford Street）、倫敦華埠中國城（Chinatown），牌樓對聯「倫肆遙臨英帝苑，敦誼克紹漢天威」，頗有華夏上國的胸襟大度。特意停留在唐人街華埠午餐，點了一份三寶叉燒飯八點五英鎊（約新臺幣三二八元），與臺灣大學鳳城燒臘店口味環境相當。午餐後，先至「保持健康」（Be Health）健身房消費五十英鎊（約新臺幣一九二一元），再轉進同志夜店蘇活區（Soho），駐足流連於蘇活廣場公園（Soho Square Park）、莎士比亞與卓別林紀念公園（Shakespeare and Chaplin Memorial Park）、攝政王大道（Regent Street）、聖・詹姆斯公園（St. James Park）、格林公園（Green Park）、白金漢宮（Buckingham Palace）與海德公園（Hyde Park）等，十分緊湊而盡興。

今晚六點三十分將往劍橋，故搭乘海德公園角（Hyde Park Corner）站地鐵，單程四點九英鎊（約新臺幣一八九元）返歸至客舍附近之國王十字火車站，適見第九至十月臺間《哈利波特》「九又四分之三月臺」，哈迷排隊攝影，逐一取照付費，純屬商業噱頭，從旁獵鏡，博君一粲。欣知任教於臺北市立南湖高中的王慧茹女棣生日，偷閒賦詩一首遙賀：

南宗北祖道同參，**湖**海一原脈絡潯。**慧**蘊文心仁路晉，**茹**連聖業禮門瞻。
生成化育三才懋，**日**益新興八德酣。**快**捷輕盈身手巧，**樂**觀知命孔顏攀。

晚六點三十分於國王十字火車站大廳，與二○○三年八月至二○○四年六月客座荷蘭萊頓大學（Universiteit Leiden）期間，時任駐荷代表處行政主任的臺南一中學長張裕常先生、葉婚女士賢伉儷，特別邀請擔任公子之穎、愛女曉芸兄妹中國歷史文化家教，忽忽一別已十三年矣！之穎之後就學、就

業、成家於倫敦與劍橋，遂利用此次英倫之行，相約再會，以敘久別舊情。與之穎及新婚夫人王紹華（臺灣大學外文系畢業，牛津博士，現任職於劍橋）賢伉儷相會後，隨即於第五月臺搭乘晚六點四十一分前往劍橋的火車，六十餘英哩約費一小時，車外綠野田疇，蒼穹雲暉映照，氣氛景致殊美。

再於劍橋轉乘至今年五月始完工啟用的「北劍橋」（Cambridge North）新站，臨夜旅客三兩，偌大廣場闃靜寂寥，三人在夜幕漸濃中，漫步於新栽樹林人車行道之中，至之穎公司內停車場開車，獨享鄉間夜風清景，怡然自得而歸。與之穎久別十三年，一路閒話家常，暢談往昔今日種種，時光雖然如白駒過隙，但曾經歷的歲月記憶，猶如生命風景幕幕重現，更為鮮明難忘。

在鄉間一家建築古老，頗具都鐸（Tudor）式風格的餐館兼客棧餐敘，高朋滿座，甚為典雅。昨晚於大英博物館頂樓餐廳，已經點選享受過清炸鮮魚，於是點了夙富名聲的三分熟沙朗牛排（Sirloin Steak），配上紅酒醬汁，並佐以一大盤沙拉、清炸厚馬鈴薯，以及冰清透紅越蔓莓果汁，大快朵頤，賓主盡歡且盡興。餐畢，再乘車返歸之穎、紹華賢伉儷溫馨的鄉間雅房，清新雅致，二樓客室窗外綠樹紅樓，一夜好眠。

三　英國劍橋觀國之光（二）

之子于歸琴瑟友，**穎**超溫潤鸞鳳鳴。**紹**柔情美駕盟締，**華**雅性真德業興。
幸會生生游鶼鰈，**福**緣世世壽鵠鴻。**快**心如意平安泰，**樂**譜穌章懋蔭庭。

二〇一七年九月二十四日星期日。劍橋天朗氣清，惠風和暢，典雅黌宮，美不勝收。午後，即將返歸倫敦，復歸塵囂，臨晚夜雨，蕭瑟清秋。臺灣師大教育系博士班黃雁輝學棣時相交流，特別傳來「敬讚吾師小詩一首，並祝師長遊學平安愉快」，情義真摯，感銘在衷：

植本國學跨西東，暗鑲《易》文了無蹤。

繆思悠悠游大化，吾師學蘊再玲瓏。

　　晨起，東方既白，碎金流光，穿牖入戶，「正大光明」。週末夜與週日叨擾，再遊劍橋，重新勾憶一九九九年初履美好曼妙印象。再度訪謁劍橋，因緣巧合，與之穎、紹華賢伉儷及時趕上，參加十點三十分國王學院禮拜堂（King's College Chapel）唱詩班祭典，歷時約一小時，扇型穹頂連綿近九十公尺，為世界上最大的扇形拱頂，由石匠約翰‧懷斯特（John Wastell，約1460-1518）興建於一五一二至一五一五年間。祭典禮儀簡約隆重，真是難得的宗教藝術洗禮，可惜不能拍照留念。

　　國王學院禮拜堂為英國哥德式垂直風格的代表作品，堂內一五三二年至一五三六年早期文藝復興聖壇屏，具有鮮明對比的風格，尼古勞斯‧佩夫斯納爵士（Sir Nikolaus Pevsner, 1902-1983）譽稱為「英格蘭尚存最精美的一塊義大利裝飾」（The most exquisite piece of Italian decoration surviving in England）。禮拜堂長二八九英尺（八十八公尺），寬四十英尺（十二公尺），室內高度八十英尺（二十四公尺），外部高度九十四英尺（二十九公尺），禮拜堂內裝飾著美麗的中世紀花窗玻璃，祭壇上面的《三博士朝拜》（Three Doctors Worship）是法蘭德斯畫家、巴洛克畫派早期的代表名家魯本斯（Sir Peter Paul Rubens, 1577-1640）的傑作，繪製完成於一六三四年，原典藏在比利時魯汶修女院（Groot Begijnhof, Leuven），一九六八年移置於此堂。

　　禮拜後，三人漫遊舊區集市，午餐於巷內靜謐的「彩虹咖啡」（Rainbow Coffee）素食餐廳，清雅別致，高朋滿座，排隊候位已成一小條長龍，可見熱門盛名，為感謝之穎、紹華賢伉儷熱情接待，由我作東「埋單」，計費四十二點〇五英鎊（約新臺幣一六一六元），賓主盡歡。餐後，悠閒參訪「三一學院」（Trinity College），今年九月八日星期五至十一日星期一，也曾拜訪愛爾

蘭都柏林「三一學院」，可謂頡頏雙璧。又親臨「聖約翰學院」（St. John's College），青青草茵，深深院庭，賞心悅目，逍遙自在。劍河小舟輕槳，凌波悠遊，真是令人欽羨的學林桃源，杏壇華堂。

　　劍橋大學三一學院係由亨利八世（Henry VIII, 1491-1547）於一五四六年創建，成為劍橋大學內規模最大、財力最雄厚、名聲最響亮的學院之一，擁有約七百名大學生，三五〇名研究生和一八〇名教授。同時，也擁有全劍橋大學中最優美的建築與「巨庭」（Great Court）中庭花園。在二十世紀，三一學院獲得了三十二個諾貝爾獎（Nobel Prize），以及五個國際傑出數學發現獎——菲爾茲獎（Fields Medal, The International Medals for Outstanding Discoveries in Mathematics），為劍橋大學各個學院中獨佔鰲頭、佼佼者。

　　搭乘下午三點二十八分返回倫敦國王十字火車站班車，乘興而來，盡興而歸，不虛此行，又內化為學術教育文化之另一生命風景，此生難忘，回味無窮。

四　英國倫敦觀國之光（二）

　　二〇一七年九月二十五日星期一。晨雨寒風，上午尋訪客舍附近「尋常百姓家」，發現一處十九世紀後期的倫敦煤炭集散站，正在改造成未來的綜合大型商場，未來將從貧民窟一躍龍門，有如人生的變化無常。不過百年，滄桑如斯；人生逆旅，革故鼎新。微風細雨中，搭乘兩線觀光巴士繞遊市區，並免費搭乘泰晤士河遊艇，至倫敦塔（Tower of London, Her Majesty's Palace and Fortress）下船，漫步參觀倫敦塔橋（Tower Bridge），盡覽倫敦風華，晚七點三十四分再搭乘歐洲之星，於十點三十八分抵達布魯塞爾南站，轉乘火車回魯汶，已是深夜，夜闌人靜，別有一番滋味在心頭。

　　臺灣師大國文系碩士班指導畢業，現在執教於新竹新豐國中並擔任學務

主任，同時在新竹清華大學中文系攻讀博士學位的賴欣旻女棣，秀外慧中，多才多藝，今天是她誕生玉辰，特賦詩遙寄為賀：

欣欣大化古今同，旻碧玉英天地融。博約體仁游藝悅，士林行禮誨文隆。
生平志學相觀善，日用歸常共折中。快步輕盈和節奏，樂師儒道正蒙功。

撰自二〇一七年九月二十二至二十五日

波蘭華沙與古都克拉科夫秋遊

一 波蘭華沙觀光隨筆（一）

玉潔冰清智蘊輝，**明**眸慧識百千回。北平深造崇文典，**京**兆博觀仰道蕤。
生化性情融德望，**日**成涵養鑄章魁。**快**攻才藝瑩宮耀，**樂**育莘莘鼓瑟吹。

——系友板橋高中張玉明女棣，遠赴北京移地研究，遙祝生日快樂。

二〇一七年九月二十九日星期五。魯汶（Leuven）晨涼天晴，上午四時許起床，沐浴盥洗後，整理出遊行李，韓國辛辣麵一包佐以菠菜、大白菜、二顆紅蕃茄、三顆橄欖，分盛二碗，汗涕淋漓，大快朵頤。餐後，香吉士二顆，酸中帶甘，甜蜜無比；又煎火腿二片、烤麵包四片，裹以巧克力醬、堅果與荷蘭起士（kaas, cheese），又清洗蘋果三顆，權充行旅午餐與漫遊點心。

六時許出門，時已中秋，天猶黯淡無光，路上清冷，幾無行人，順利搭乘三七一號公車，今日有市集於聖・彼得教堂（Sint-Pieterskerk）旁大路，公車改道，十餘分鐘即抵達車站，時間切得很好，馬上到火車站七號月臺，搭乘六點二十六分開往安特衛普（Antwerpen）班車，下一站即是布魯塞爾機場（Brussels Airport），一路順暢通達，不到晨七時，即已抵達。很快從 A 區順利通關，八點三十分才會通告登機閘口，先找到一隅靜座，略事休養生息。一位仕女橫陳睡臥座旁，酣睡入夢，順便幫她看守行李，自在得意。

公告登機口為三十六號，步行不到一分鐘，即抵達等候。九點上接駁車，同機旅客陸續湧入，布魯塞爾航空（Brussel Airlines）的螺旋槳飛機，

每排二、三位共五人座，椅子皆為皮革軟墊，寬敞而舒適，十分滿意。被安排三人座 14F 靠窗位置，中間沒乘客，坐走道位子的波蘭先生，一上機就呼呼大睡，樂得清閒寬鬆，非常逍遙。從九點三十分準時起飛，一路上欣賞天光雲海、綠野平疇，十分賞心悅目。十一點三十分準時，平安降落波蘭華沙（Warszawa, Polska）蕭邦國際機場（Lotnisko Chopina w Warszawie），匈牙利布達佩斯（Budapest, Magyarország）有紀念音樂大師的李斯特國際機場（Budapest Liszt Ferenc Nemzetközi Repülőtér），捷克布拉格（Praha, Česká Republika）有紀念文學總統的哈維爾國際機場（Letiště Václava Havla Praha），可知東歐國家民族的人文性格，值得寶島臺灣與對岸中國大陸反思。

天氣甚好，秋陽溫煦亮麗，清新怡人。心裡搖蕩著鋼琴詩人蕭邦（Fryderyk Franciszek Chopin, 1810-1849）的優雅樂音，以及激揚著波蘭（Rzeczpospolita Polska）坎坷的國族歷史。無須安檢，即一路出關，先在機場兌換二百歐元為波蘭茲羅提（Polski Złoty, PLN），一歐元兌換三點四五七九茲羅提，計六九一點五八茲羅提（約新臺幣四九四二元）備用，進城後則發現華沙中央火車站兌換處一歐元可兌換四點二茲羅提，證明機場多會欺負國際觀光客。先在網路檢索了解如何搭乘巴士進城，在機場櫃檯買了一張單程四點四茲羅提（約新臺幣三十一元）的公車票，即至機場外公車站搭乘一七五號公車，途經十餘站，費時約四十分鐘抵達華沙中央車站（Warszawa Centralna），順利平安下車。

二戰時，由於納粹德國（Nationalsozialistische Deutschland）希特勒（Adolf Hitler, 1889-1945）下令全面鏟除華沙，以致超過百分之九十的市區建築，幾乎全毀，戰後陸續重建，逐漸恢復。波蘭城區人口超過一五〇萬，加上郊區，全市人口已達二百萬以上，在歐洲可算是具有規模的大城市。也因為二戰摧殘破壞的關係，重建的市區街道顯得寬敞，入秋後的綠蔭大道，金光燦爛，更為楚楚動人，對於這個「多難興邦」的東歐國家，第一

次的接觸感覺，有著既欽佩又歡喜的心情。憶及七月底在德國特里爾大學（Universität Trier）參加國際學術會議，以及參訪德國、盧森堡、比利時與荷蘭十天期間，與遊覽車波蘭司機路卡斯（Lucas）先生，建立了良好的友誼，對於波蘭更有一份感同身受的嚮往與親切之情。

華沙中央車站及其週邊，多為新式現代建築，其右側廣場上，巍然屹立著高聳典型蘇式風格的古雅塔樓——文化科學宮（Pałac Kultury i Nauki），兼設影劇宮殿與科技博物館，非常吸引行旅的目光。此樓高達二三七公尺，為波蘭最高的建築物，共有三二八八間房，包含三劇院、一游泳池、一博物館，還有能容納三千人的大會議廳，其獨特的外型波蘭人謔稱為「史達林的注射器」（Strzykawka Stalina）、「俄國婚禮蛋糕」（Rosyjski Tort Weselny）。先在此宮公園廣場佇足欣賞，再前後左右徘徊流連，最先感受到古今並陳的首都城市丰采。科技博物館後，即是旅遊中心（Centrum Turystyczne），中心內展現頗多國寶蕭邦的影像與遊覽資料，陸續有遊客入內詢問。隨觀隨取不少導覽資料後，即至現代造型的中央火車站瞭解相關設施，並預先察看、確認回程機場巴士的候車站。一切順利停當，即步行尋覓預約的客舍。

不依賴谷哥地圖（Google Mop），憑著地理方位感，很快確認方向，從塔樓博物館與中央車站間的南北街道，一路往南，先經過一座如修道院的天主教堂與庭園，入內參觀拜謁，可惜入堂鐵門深鎖，無法入殿參拜，從鐵窗內視，主祭壇裝飾頗具特色，選擇鐵窗適宜空隙，拍了幾張照片以資存念。偶有虔誠女教徒於鐵窗下，屈膝祈禱天主庇祐，堂內有位中年婦女乞討於角落，可惜我沒有零錢，無法周濟，悵然若失，含愧而去。

教堂外，一路上色情夜店小宣傳單，或插放在每部停車駕駛座窗外，或到處飄散路邊（隨後三天，也常見市內到處是色情傳單垃圾），顯得有些冒瀆而迷茫了。左轉再右行，尚未到午後二時報到（check in）時間，就順利抵達預約的「休閒旅館」（Chillout Hostel），位在三樓非常潔淨，四天三夜，八人

房，我被安排在三樓七號房下層 F 床位，總費三十二點九○歐元（九十七點八五茲羅提，約新臺幣七百元），算是十分經濟實惠了。櫃檯執班姑娘非常親切有禮，引導我入住，室友皆不在，獨處一室，整理床單、棉被、枕套等內務，建築新穎，環境雅潔，採光良好，是截至目前為止，最為滿意的旅館（Hostel），真是出乎意料之外。

　　午後華沙攝氏十四度，秋陽送暖，白雲懸空，清新雅麗，身心舒暢。清理內務畢，手機也充滿電了，就整裝準備出遊去。循著客舍前街往北直走，約十餘分鐘，即抵達中央火車站右側高聳的文化科學宮塔樓，此樓與北京海澱區中國人民革命軍事博物館、上海靜安區中蘇友好大廈（上海展覽中心）、北歐波羅的海三小國（Baltijas Valstis）拉脫維亞（Latvijas Republika）首都里加（Rīga）的俄式大樓相彷彿，方正剛直，還好塔樓四週有科技博物館、音樂影劇院，以及南北相對稱的傲埃及方尖碑（Obelisk）。英國倫敦泰晤士河北岸近滑鐵盧鐵橋附近，也有一座埃及贈送的古老方尖碑與兩座獅身人面像（Sphinx）；之前曾數度參觀過法國巴黎香樹麗舍大道（Avenue des Champs-Élysées）底、羅浮宮杜樂麗花園（Jardin des Tuileries, Musée du Louvre）前端，協和噴泉（Fontaines de la Concorde）廣場上一座道地的埃及方尖碑，因此備感熟悉與親切。

　　此區周遭有廣闊的公園與典雅的噴泉相映襯，人來人往，熙熙攘攘之中，顯得剛柔並濟、動靜咸宜。此處又正好是火車、地鐵、電車與公車的大交會中心，流浪乞漢與流動攤販不少，巡邏警察時時臨檢，在此逗留旅行，還算安全平靜。在此四處遊走後，逡往北行，見往東有指標至蕭邦博物館（Muzeum Fryderyka Chopina）、蕭邦音樂研究所（Instytut Muzyczny Chopina）與蕭邦音樂大學（Uniwersytet Muzyczny Fryderyka Chopina），於是右轉直下，沿途新舊建築林立，也有許多正在大肆新建與翻修的大樓、街路，顯得生氣蓬勃、條理井然。在波蘭財政部前庭，佇足欣賞倣古重建的巴洛克式建築群，頗有浴火重生的感受。

一路下坡至 T 字街口，施工阻道，適有新設引導路標，順利從小巷抵達蕭邦博物館，磚牆墊高為臺基，正館如希臘、羅馬式宮殿造型，簡潔雅致，已近午後六時，館外有新修工程圍欄進行，於是在右側公園遛達一會後轉入方正格局的蕭邦音樂大學參觀，樂聲飄揚，不知多少未來音樂大師將誕生創造於此？拍攝內外二尊蕭邦紀念雕像後，靜默從其後公園離去。

　　華沙東西兩區，以南北縱流的維斯拉河（Wisla）為界，耳中似隱隱聞聽淙淙流水聲，於是再往東一路直行，十餘分鐘即抵達河畔公園，高空夕陽餘暉甚美，斜張臂大橋與對岸霓虹閃耀的新穎體育館左右輝映，河水流淌疾疾，行人旅客悠閒靜賞，真是一幅「天人合一」的極佳盛景。河畔豎立著一尊「華沙美人魚」（Warszawska Syrenka, Warsaw Mermaid）裸體銅雕，手持老鷹盾牌，英姿昂揚，巾幗不讓鬚眉，箇中有漁夫與美人魚相愛、誕生創造男女雙胞胎「華爾斯」（Wars）與「沙娃」（Sawa）的浪漫美麗神話，也有波蘭民族建國安邦的英勇奮鬥寓意，適有一群男女朋友合照於此，請一位帥哥代為攝影留念。

　　在維斯拉河畔美人魚雕像閱覽相關文字說明後，再循岸邊棧道，一路北行，經過造型新穎別致，紀念文藝復興時期舉世聞名的波蘭數學與天文學家哥白尼（Mikołaj Kopernik, 1473-1543）的科學與星球體驗館，僅入內參觀並未購票體驗。河畔石階上，男女情侶頗多，皆攜美酒佳餚，景美境幽，真是市民與遊客消磨散步、談情說愛的極佳場所。經過三座大橋姿態各有千秋，潺潺流水，皎皎明月，難得今夜如此美好浪漫，真是不虛此行。

　　從隄岸左轉往老城區方向前進，已近晚八時，饑腸轆轆，見一家庭餐館氣氛布置頗佳，入內座定，只有一對情侶尚在享用晚餐，老闆從裡出迎，很誠懇客氣說道：「抱歉！所有食物都吃完了。」（Sorry, all foods are finished.）只好互道晚安道別。穿街過巷後，不自覺間，即進入老城區舊皇宮（Stary Pałac），仍有工程進行中，不過夜遊旅客不少，氣氛十分熱絡，獨行城內靜

巷幽徑，店家多數已關門歇息，在此處徘徊流連甚久，於是覓食一處波蘭傳統水餃店，點了一盤九大顆水餃與波蘭傳統苦湯一碗，共二十七點八○茲羅提，另加啤酒一瓶，總費三十五茲羅提（約新臺幣二五○元），服務員以英語問我水餃口感如何？我抱歉微笑答道：「我們臺灣的水餃花樣紛繁，口味多元，略勝一籌。」新嘗此味，頗覺油膩，背包內有預備蘋果，一路享受，解膩消脂不少。

又在總統府前觀望一會，即轉入夜色清麗中的華沙大學（Uniwersytet Warszawski），進入校門後正中央的舊圖書館，門房先生開門讓我進入參觀，拍攝不少歷史照片，古色古香的校園，讓我平添更多的歡喜與祝福。夜色中的老城區，熱鬧之餘，總覺得有些歷史的傷感，沿途中有不少紀念解說碑座，以及播放蕭邦鋼琴音樂的椅子，破壞容易建設難，波蘭從二戰廢墟中，歷經數十年努力，終於完美重建新修重要古蹟建築，這種毅力、魄力更能體現波蘭民族不斷奮鬥的傳統精神。

華沙大學正對面整體覆蓋修繕的聖‧十字雙塔聖殿教堂（Bazylika Świętego Krzyża），失去了往昔熠熠生輝的聖殿神光，憑空瞻仰，徒留些許遺憾。反倒是其右前方的波蘭科學院（Polska Akademia Nauk, PAN），吸引住我的目光，十五世紀天文大家哥白尼手持球儀的紀念雕像，巍然屹立廣場，前仰見古人，後期有來者；念寰宇悠悠，獨欣然而感動！

從老城區南下，誤入酒吧、舞場、夜店「禁區」，年輕貌美的姑娘不斷前來「拉客」，逕行不言，默然而去，街上巷弄內，多少青春男女沉醉在「酒池肉林」之中，浮華世界、虛幻天地，真不知消耗浪擲了多少美好青春歲月？已近晚上十點三十分，再以文化科學宮塔樓為座標，順利便捷的抵達中央車站，購票旅客猶眾，於是跟隨隊伍前進，預購了明天上午六點四十分，傍晚五點四十五分，前往波蘭南方第二大城，也是昔時故都的克拉科夫（Kraków）拜謁參訪，來回票價各三百茲羅提（約新臺幣二一四五元），較

諸旅遊中心一日遊九百茲羅提（約新臺幣六四三六元），自由行真是經濟實惠多了，期待自助旅行有意外的驚喜與收穫。

吃了波蘭水餃，非常口渴，在車站飲料機，選購二點五茲羅提（約新臺幣十八元）的百事可樂（Pepsi），一路清涼返歸旅舍，在會客室品嚐贈送的西洋梨一顆，十分甜蜜爽口，後檯有一位東方姑娘在打電腦，頷首微笑招呼，先入房梳洗準備休息，此姑娘竟然入室，其床鋪就在我旁側，一聊方知是韓國外國語大學亞洲研究大學校本科生，我於二〇一一至二〇一二年曾在韓國外大講學一年，也算是難得旅外的師生緣分，如晤故人，相談甚歡。

二　波蘭古都克拉科夫觀光隨筆

華美典型耀古今，沙金塔聚鼎貞深。**克**勤堅志家邦復，**拉**勁遠圖世界欽。**科**技藝文雙市競，**夫**君政教五倫親。**紀**存真善心神聖，**念**憶沉思對越吟。

二〇一七年九月三十日星期六。華沙與克拉科夫清晨涼爽，午後轉熱，至晚又覺寒涼。

今晨五時前即起床，怕吵到室友，摸黑躡手躡腳，穿好行裝，漱洗完成後，即下樓迎著晨風，徒步至中央車站，腳程甚快，抵達時還未到晨六時。先到站內創始於一八八九年的保羅（Paul）麵包店點了煙燻鮭魚法國麵包十八點九〇元、檸檬紅茶一瓶八點九〇元，共二十七點八〇茲羅提（約新臺幣一九九元）；此與昨晚在老城區餐館內，所享用一盤九顆豬肉泥餡水餃二十點九〇元，加微苦濃郁菜湯六點九〇元，一樣是二十七點八〇茲羅提，但鮭魚法國麵包顯然更勝一籌。坐定一角，慢慢、靜靜品嚐享受。六點五十分於三號月臺，順利坐上第五車廂三十五號靠窗位置，一人獨坐，車廂新穎，十分舒服，靜觀窗外沿途風光。

從現代新穎的波蘭華沙中央火車站，搭乘高速直達南方古城、波蘭舊都的克拉科夫，子彈流線型嶄新城際直達列車，單程票價一五〇茲羅提（約新臺幣一〇七三元），座椅寬敞舒服，有免費咖啡、熱茶招待，服務十分親切周到，首度搭乘印象非常美好。出了華沙城外，但見綠野平疇，或遍植青、紅蘋果，或廣植樹林環保，綠意盎然，賞心悅目之外，格外令人心曠神怡。越往南進，地勢明顯有高低起伏，已頗似德國丘陵地形，丘田阡陌錯落繽紛，十分引人注目欣賞。

距離約四百公里，費時約二點五小時，於九點二十分左右順利抵達克拉科夫中央車站，一如華沙車站，建築俐落別致，與新式商場百貨共構，形成入古城前的現代觀照與洗禮。天晴氣和，雖然稍覺清冷，但晨陽溫煦，雲澹風輕，真是出遊的美好時光。昨晚的決定，的確明智而果決。

循著指標，往老城區邁進，首先映入眼簾的是莊嚴雅致的天主教堂，正有週六祭典熱鬧進行，在門內殿外佇足禮敬，波蘭百姓宗教信仰虔誠，教堂林立，每到一座教堂，如門開啟，必入內參謁，行旅獨客的孤寂心靈，時時獲得救贖（Zbawienie, Salvation）與淨化（Oczyścić, Purify）。辭別教堂後，在舊市集廣場上，瞻仰昔日國王戎裝騎馬入城雕像。

圓形甕城外大街正在大肆整建，繞行而過，見許多婦女沿街設攤販賣各類花果、食品、衣物等，頗為風霜勤勞，於是拐彎進入從十四世紀迄今，仍日常營業的傳統古老市場，琳琅滿目，環觀一遭，多為年邁老婦，心有不忍，於是買了大、中兩瓶兩種自製口味奶品飲料，費資不到八茲羅提（約新臺幣五十七元）；新鮮李子一公斤，十茲羅提（約新臺幣七十二元）有找；又選購造型十分具傳統民族風味的黃色條紋像小蛋糕狀六份點心，起初以為是發酵麵包，食用後才赫然發現原來是非常鹹的起士，共費資三十茲羅提（約新臺幣二一五元），獲得老農婦頻頻道謝，心裡也十分悅樂歡喜。但沉甸甸的採購成果，成為一路行旅上的甜蜜負擔。渴了就喝農婦家製飲品，以

及誤為麵包的鹹起士與新鮮李果，倒也稱心快意。

在古城皇家大道（Królewska Mila）前公園，衛塔四週漫步閒遊頗久，清新安寧，難得上午遊客不多，好好品味懷想一番。進入城門，筆直直通聖母瑪利亞大教堂（Katedra Mariacka）、市集廣場（Bazar）與國王城堡（Zamek króla）的皇家大道，各式各樣商店林立，此城因毗鄰德國，昔為日耳曼民族聚居地，故一、二戰都未慘遭德國鐵蹄摧殘踐踏，古城保持完美如初，成為波蘭聞名的觀光首都，確實不同凡響，值得仔細玩味品賞。

城牆兩側，斑駁磚石上，有藝術家依著牆壁陳列形形色色的油畫，城右翼又有荷蘭萊頓（Leiden, Nederland）鄉親十七世紀國寶林布蘭（Rembrandt Harmenszoon van Rijn, 1606-1669）典藏此城的繪畫博物館，幽幽卵石古巷，引人無限遐思。在城門周遭穆穆懷古，追思良久，遂沿皇家大道入城，瞻仰聖母瑪利亞大教堂、市集廣場與鐘塔古樓等，從廣場後廢棄電車道，先行告別「舊時王謝堂」，走入「尋常百姓家」。在街角買了每份一點五茲羅提（約新臺幣十一元）類似麻花的波蘭圓形中空傳統芝麻烙餅，手揉團麵Q彈有勁，出乎意料「好食」，搭配先前購買的鹹起士、牛奶飲品與鮮李，非常美味爽口，輕鬆飽足，午餐解決。

隨興遊走古城外，古老小巧教堂幾處，殘破落寞舊宅幾棟，迂迴曲折，再轉回環古城綠蔭大道，在哥白尼紀念雕像（Pomnik Kopernika）前，憑弔追思一番。沉重的背包，輕鬆的心情，邊走邊息邊食，也甚為自得其樂、自在逍遙。環城公園正有市集活動，蘇格蘭風笛樂隊悠揚而過，見角落有兩位數學大師坐在椅上討論的紀念雕像，趕緊前往參拜，並請隨和的克拉科夫太太幫忙攝影留念，滿足欣悅而去。最高潮則是沿著丘階，蜿蜒逐級登臨古典雅致的國王城堡（Zamek Króla），如曾經訪臨的蘇格蘭愛丁堡城堡（Edinburgh Castle, Scotland）、捷克布拉格城堡（Pražský hrad, Česká Republika）與匈牙利布達佩斯城堡（Budapesti vár, Magyarország）等，都是據高臨下，且多濱臨

河川、簪峙山頭，不僅龍蟠虎踞，更是錦山繡水，壯美優雅，令人仰觀俯止。

　　流連城堡周遭，午後遊客甚多，並未購票參觀內部教堂、宮殿、塔樓與博物館等，光是欣賞城堡風光，就耗費不少時力神思。又步下城堡，繞遊仰瞻宛如星稜形的城牆，新舊磚石錯落，歷史幽懷汩汩湧上心頭，遂走下城堡至華沙的母親河——維斯拉河（Wisla），「逝者如斯，不舍晝夜」，此河流衍於克拉科夫與華沙之間，點染兩城無限風華，不禁讚美感嘆。

　　依依而別，再入古老城區，午後近晚，天光雲影，惠風和暢，觀光人潮如蜂湧而入，熱鬧異常。於是，轉入市集廣場左前方，寧謐典雅的聖母瑪利亞大教堂，可說是今日此行的壓軸了。大教堂興建於十三世紀末到十五世紀初，一二二一至一二二二年間，原初是一座羅馬式聖殿，建築風格是典型哥德式，堪稱波蘭哥德式建築的典範。大教堂中殿有三座耳堂，互有交叉甬道相通。教堂外，聳立著兩座尖塔，分別高八十一公尺與六十九公尺。從中世紀開始，每隔一小時，就有一名小喇叭手在高塔上吹奏號角，非常吸引眾人瞻仰的目光，吹奏報時號角完畢，吹號手從打開的窗臺上，向廣場上眾人揮手致意，形成此大教堂的獨有特色。

　　教堂入口門廳處，左右兩翼分別為：安東尼小教堂（Kaplica Antoniego）與琴希托霍瓦聖母小教堂（Kaplica Matki Bożej Częstochowskiej）。入堂後，中殿從右到左、從下往上，兩翼分別為聖·瓦加什小教堂（Kaplica św. Vagasa）、聖·瓦萊特小教堂（Kaplica św. Valleta）、聖·約翰拿波奴采小教堂（Kaplica św. Jana Naponuce）、聖·約翰禾什齊切爾小教堂（Kaplica św. Jana Heschzchera）、聖·瓦夫卡小教堂（Kaplica św. Wavki），以及耶穌變容小教堂（Kościół Przemienienia Pańskiego）；中殿左下側，則為洛蕾塔聖母小教堂（Kaplica Matki Bożej Loretańskiej）。內殿左側為小禮拜堂（Kaplica），以及中心祭壇（Ołtarz Centralny）。教堂整體設施裝潢，神聖莊嚴、美侖美奐而篤實謹密，真是令人嘆為觀止。遊客入堂參觀僅費十元茲羅提（約新臺

幣七十二元），非常值回票價。遊客先在右側堂外購票處購票後，從右側邊門入堂參觀，錄影、照相須另購特別票始同意進行。

中殿內，有十四座宗教祭壇，最上由右而左四幅，分別是：維特·施托斯（Veit Stoss, Witt Stors, 1450-1533）被釘在十字架上的耶穌石雕像（Kamienna Figura Jezusa Przybita do Krzyża）、聖體盒（Skrzynia Eucharystii）、天使報喜祭壇（Ołtarz Zwiastowania）、聖·斯坦尼斯瓦夫祭壇（Ołtarz św. Stanisława）；左右兩翼，又各有兩座祭壇，分別是：聖·約瑟夫祭壇（Ołtarz św. Józefa）、聖·安娜祭壇（Ołtarz św. Anny），以及聖·海羅寧與奧古斯汀祭壇（Ołtarz św. Helona i Augustyna）、聖·阿格涅詩卡祭壇（Ołtarz św. Agnieszki）。中殿左右兩側，又分別各設置三座祭壇，從左上而下，逆時鐘方向，分別是：聖·塞巴斯蒂安祭壇（Ołtarz San Sebastian）、三博士獻禮祭壇（Ołtarz Trzech Lekarzy）、聖·西蒙與朱蒂·塔代烏什祭壇（Ołtarz San Simeon i Judy Tadeusz），以及聖·阿波羅尼亞祭壇（Ołtarz św. Apollonia）、聖·瑪利亞·瑪格達萊娜祭壇（Ołtarz Santa Maria Magdalena）與聖·菲利普·納萊烏什祭壇（Ołtarz św. Filipa Naleusa），祭壇如此繽紛璀璨，我雖非信徒教友，但在絡繹不絕的膜拜頂禮信眾，及熙來攘往的觀光客中，身心靈都沐浴榮享於聖母的慈悲主懷，獲得無上的寧謐與祥和。

但最為精彩的壓軸，則是內殿的維特·施托斯祭壇（Ołtarz Dowcipów Stors），正中央底下基座為耶穌家譜（Genealogia Jezusa），雕刻著耶穌與瑪利亞家譜；其上為三聯屏畫：正中由下而上兩幅，分別為：熟睡中的聖母瑪利亞（Śpiąca Dziewica Maryja）與聖母升天（Wniebowzięcie Najświętszej Maryi Panny）。左屏由上而下三幅，分別為：天使報喜（zwiastowanie）、耶穌降生（Horoskop）與三博士獻禮（Hołd dla trzech Lekarzy）；右屏由上而下三幅，分別為：耶穌復活（Zmartwychwstanie Jezusa）、耶穌升天（Wniebowstąpienie Jezusa）與聖靈離去（Duch święty Odchodzi）。正中央最上層，由左至右

三幅，分別為：聖・斯坦尼斯瓦夫（Św. Stanisław）、聖母加冕（Koronacja Dziewicy）與聖・沃依切（Święty vaice i）。

　　此聖殿祭壇四個高架側翼，祭壇外部框架都以橡木製成，雕刻的材料為椴木。其中靠外面的兩翼無法移動；打開的格子上，雕刻著瑪利亞歡樂的秘密：從天使報喜，到聖靈離去（側翼）。在祥和美麗的背景下，聖母在熟睡，使徒們環繞在她身旁（中央）；而在聖・沃依切與聖・斯坦尼斯瓦夫的陪伴下，聖母加冕與升天（上部）。當兩翼關閉時，格子上的十二幅畫面，則展現了聖母瑪利亞的痛苦。此一精美的中世紀雕刻祭壇，建於一四七七至一四八九年，由克拉科夫市民集資興建，是為了紀念聖母瑪利亞而建。長十一公尺、寬十三公尺，雕刻的人物高約二點七公尺，是全歐洲同類祭壇中最大者，成為整個大教堂中，最為重要、最具特色，同時也最吸引人目光的藝術精品，數世紀幾百年來，每日每時都引起一代又一代信徒、教友與遊客的讚美與驚嘆。

　　心裡還沉醉在聖母慈殿的富麗堂皇、莊嚴肅穆之中，依依再循皇家大道（Królewska Mila），一一回味來時路，距離回程五點四十七分火車還有一段時間，於是再漫步於城門外公園，以及甕城外廣場，又買了另一種口味一點五茲羅提（約新臺幣十一元）的波蘭傳統芝麻烙圈餅，與晨間所買飲品與鮮李，權充車上晚餐。在車站右側共構的百貨商場歇腿充電，約五點二十分離開，進入第三月臺，火車已經到站，乘坐四車二十三號靠走道位置，不久一位中年男士入座，僅點頭示好，一路並未交談。幾乎滿座，許多年輕男女乘客，歡笑戲謔不止，意外增加返程的趣味，車外一片迷茫暗淡，靜觀默想，八點二十分悄然到站，迎著清寒晚風，步行回歸客舍。

　　昨晚隔床的韓國外大女學生，已經不告而別了。不一會兒，進來一位東方小帥哥，試探性問了一下，竟然是祖籍宜蘭羅東、現居臺北的「方淵」同學。聊天中，才知曉他在臺北市立建國中學就讀時，與臺灣師大國文系學長

黃明理教授公子「方碩」是同班同學,「方淵」現讀臺灣大學工商管理學系,交換於荷蘭鹿特丹大學(Universiteit van Rotterdam),異邦又逢鄉親,其樂云何?三樓七房八位男女室友,僅我倆為東方雅客,為免談話影響室友,互道晚安後,即獨自到會客室書寫於克拉科夫購買的明信片,擬寄給比利時與臺灣親友,以為紀念。

三　波蘭華沙觀光隨筆(二)

LOVE makes a house a **HOME**. **Home** is where your **Heart** is.

二〇一七年十月一日星期日。波蘭華沙清秋煦陽,晨涼午馨晚寒,漫遊舒爽適意。以上是客寓華沙休閒旅館(Chillout Hostel)會客室牆上所貼旅者名言,饒富意趣。

徒步近一小時,前往華沙最西邊的熱門「起義博物館」(Muzeum Powstania, The Rising Museum),憑票免費入場。在「解放人廳」(w Sali pod Liberatorem)排隊入場,期待欣賞一九四五年飛行攝影的擬真 3D 影片——華沙毀滅(Zniszczenie Warszawy, Miasto Ruin-The City of Ruins),在「解放者飛機」(w Samolocie Liberator)旁,開放式的階梯劇院中,靜坐欣賞三段黑白 2D 的歷史紀錄,深刻影響、震撼著觀賞者的心靈。

在地下室與一、二樓展覽場中,花費近三小時,盡情而傷感的憑弔二戰期間,波蘭起義軍的英勇事跡,血淚斑斑,令人感動而心傷。臨別之前,搭乘電梯到四樓觀景臺,四望城內四周的歷史場景,遙想當年與今時的情境,不免悵然若失,心情頓時陰晦難過起來。隨後,至室外紀念公園,無人獨賞,清冷空氣,洗滌不少戰爭慘烈的內心陰霾。

一路往回走,尋覓猶太人存遺的華沙會堂(Sala Warszawska),在幽靜的

公園底，大樓林立的市區一角，終於追蹤抵達，此與捷克布拉格老城區、匈牙利布達佩斯中心市區所見，大同小異，只是此處更為隱僻、蕭條與寂寥。徘徊流連後，轉進一所天主堂，適有婚禮進行中，不便入殿參謁，加長型豪華禮車在外候駕，親友與新人陸續出堂，一片歡樂幸福氣象，也佇足一旁給予無上祝福。從此往北，右側驚豔於一大片深林綠園，此園正是無名英雄紀念廣場（Grob Nieznanego Zolnierza）後廣袤靜雅的市立公園，請一對丰采優雅的母女代為攝影留念。從廣場步行進入皇家大道，又回到週五首日抵達夜晚初訪的驚豔皇城區，一路欣賞薄暮美景。

六點三十分前，在老城區皇宮前舊廣場通往新廣場的天主教堂旁小巷，迪安宮（Dean's Palace）的總教區博物館（Archdiocese Museum, ul. Dziekania 1），剛好看見有瑪麗亞・斯庫里亞特・席爾瓦（Maria Skuriat Silva）女士獨彈表演的蕭邦鋼琴演奏會（Recital Chopinowski），票價四十茲羅提（約新臺幣二八六元），趕緊進入巷內入口購票進場，時間掌握得十分恰當。席爾瓦女士從五歲起，開始接受音樂教育，十五歲即榮獲天才年輕音樂家的名譽，她畢業於華沙的蕭邦音樂大學，師從大家名師芭芭拉・黑塞・布考斯卡（Barbara Hesse-Bukowska, 1930-2013）與安傑伊・拉圖辛斯基（Andrzej Ratusinski），主修鋼琴。此後，她在國家蕭邦競賽中，贏得無數獎項，從此展開她鋼琴獨奏與室內交響音樂家的生涯；同時，執教於華沙音樂大學（Uniwersytet Muzyczny w Warszawie）。

席爾瓦女士曾經在美國、加拿大、中國、南美與歐洲巡迴演出。一九九四年與一九九五年，以〈告別吾愛〉（"Żegnaj Kochanie"，"Farewell My Love"）與〈精神向度〉（"Wymiar Mentalny"，"Spiritual Dimensions"），連續榮獲坎城音樂嘉年華（Carnaval Musical de Cannes）獎項。今晚演奏波蘭鋼琴詩人蕭邦的曲目有：

Nocturne B major Op. 32 No. 13.

Mazurkas: B flat major Op.17 No. 1, A minor Op.17 No.4, C major Op. 56 No. 2.

Nocturne C sharp minor Op. posth. Valse C sharp minor op. 64 No. 2.

Prelude D flat major Op. 28 No. 15 (Raindrop) Andante Spianato.

Grande Polonaise Brillante E flat major Op. 22.

席爾瓦女士琴藝游刃有餘，演奏以上曲目與安可曲，如行雲流水的快板慢調，獲得滿座貴賓的禮讚與掌聲。演奏完畢後，我購買了一卷五十元茲羅提（約新臺幣三五六元）的 CD，並獲得席爾瓦女士的親筆簽名與合照，真是難得而美好的臨別一夜。

循著古街進入新廣場，中央小噴泉池上，豎立著一正宗原汁原味的「華沙美人魚」（Warszawska Syrenka）雕像，比維斯拉河畔的同型雕像，更為樸質精美，拍照存念，迷茫夜景中，更增一分古典的浪漫與現代的想像。從新廣場再訪古城堡周圍街衢，各天主教堂聖樂、福音，頻頻揚溢於寧靜平安的夜空中，聞聲入堂，在內殿外仰瞻安享，身心靈神都如虔誠的波蘭華沙信徒，沐浴神恩之中，獲得週日天主的眷顧與關愛。

在一家創業於一九一三年的扎弗萊克波蘭餃子（Zapiecek Polskie Pierogarnie）連鎖美食餐館，點了一鍋九顆傳統波蘭炸水餃，以及五百毫升生啤酒，費貲不到三十五茲羅提（約新臺幣二五〇元），雖然「秀色可餐」，但對於我這位饕客，與週五晚在皇家大道上的另一家戈希涅茨波蘭餃子店（Gosciniec Polskie Pierogi）所享用一般，肉餡過於單調綿密，入味不夠，並無想像中的可口美味。餐後，在寒風夜色中，漫步巡遊歸宿。

四　波蘭華沙觀光隨筆（三）

幾度圓明望故鄉？身居世態變尋常。嬋娟萬里情同詠，繾綣千年醉異觴。
自古行思無遠近，從今別聚有時方。天涯海角心安止，上國華邦道樂航。
客學觀光欣薈萃，神遊尚友契琳瑯。逍遙寂寞乾坤共，妙化靈犀晦赫彰。
　　——中秋前夕，遠遊客宿波蘭華沙，遐思賦感，兼寄懷親友師生。

　　二〇一七年十月二日星期一。感謝波蘭虔誠敬謹信仰的天主、聖母，沐
恩寵祐，週五至週一四天來秋陽和風，清涼寒爽，諸事圓滿如意！今天也是
一個十分特別的日子：二〇一七一〇二，倒過來唸，還是二〇一七一〇二，
祝福大家過去、現在與未來的日子，不管是順逆的生命時光，都過著無怨無
悔，甘苦共嚐、福禍相倚。

　　昨晚十一點返歸客舍後，與隔床的臺灣大學工商管理學系交換至鹿特
丹大學的「方淵」同學，輕聲交流觀訪心得，談興正濃，被前床上鋪的大陸
「女同志」埋怨：「已經十一點很晚了。」她既愛清靜，又無情趣，為表尊
重，只好寢聲沉默，盥洗沐浴去。深夜，入住兩位新室友，一位克拉科夫的
波蘭帥哥，能講流利法語，且熱愛中醫，他今天上午將在華沙有工作面談，
他說波蘭謀職不容易，老人化社會日益嚴重，失業率高，年輕人身心負擔沉
重，這是目前已開發與開發中國家的常態，有賴國際共同合作解決。他還以
為我與「方淵」同學是父子一家人，我說是因緣際會，「他鄉遇故知」，人生
一大樂事！我說雖已五十五歲了，但喜好自助旅行，他竟然說：「你看起來十
分年輕，不像已過半百中年！」我笑回：「生理年齡已不小，因在大學任教，
心理年齡則自覺永遠是大學新鮮人（Student Pierwszego Roku, Freshman）入
學的十八歲！」

　　上午十一點前必須退房（check out），整理好內務，準備了二顆西洋梨、

一顆蘋果、近十顆鮮李，以及在克拉科夫傳統市場購買的貌似麵包的超鹹起士。背起行囊，向室友們、年輕可愛的客舍華沙值班大學工讀生、小姑娘等，歡喜道別，期待後會有緣。一路品嚐鮮果、鹹起士，往南曲折漫遊，一路多見具蘇俄風情的建築與雕塑，質樸友善的男女老少，沿途美景風情殊好，加上晨光佳麗，公園碎金流盪，格外充滿浪漫生機。

從華沙南區一處大型市民公園遛達一遭，旋即往東南近郊前進，尋訪波蘭皇家夏天避暑的行宮──維拉努夫宮（Pałac w Wilanowie, Wilanów Palace）。此宮也被稱作「波蘭的凡爾賽宮」（Palace of Versailles in Poland），佔地面積廣大，由一組巴洛克風格的建築群──橘園、宮殿與公園三部分組成，公園裡植被茂密，還有很多小動物。我甫進入公園，迎面而來即是廣袤蒼翠的園林，宛如原始森林的環境十分清靜幽雅，小巧可愛的黃毛小松鼠活潑跳躍，煞是可愛！先朝拜座落於皇家園林入口的蕭邦紀念噴泉雕像（Pomnik Fontanny Chopina），聽說此處露天花園也是室外蕭邦音樂會（Koncert Chopinowski）的熱門場地，清晨遊客陸續入園，請一對情侶幫忙攝影留念，週五拜謁了蕭邦博物館與蕭邦音樂大學，昨晚在古城區聆聽瑪莉亞女士的蕭邦音樂獨奏會，如沐春風，如親謦欬，玫瑰園四處，左右前後巡遊一番，芬芳馥郁，一身舒暢歡欣。

在蕭邦銅像右側一角，寂靜豎立著一尊匈牙利音樂國寶李斯特（Liszt Ferenc, 1811-1886）的半身雕像。匈牙利人自詡為歐洲唯一的有色人種，他們的姓名排列和其他歐洲人不同：姓在前，名在後，與大部份歐美國家的姓名恰好相反。以英文語境規則，李斯特更常見的譯法則是法蘭茲・李斯特（Franz Liszt），此譯法仍在大部分的漢語使用者間被熟知。但茫茫人海，何處尋覓，知音幾許？此雕像幾乎無人造訪，我這音樂門外漢、千里迢迢，從克拉科夫皇家城堡（Zamek Królewski w Krakówie）為起點計算，與歐洲各大名城里程，距離比利時魯汶在一〇八二公里之外，我這一位遠來「貴

客」，在華沙皇家園林內，或許是李斯特雅奏「高山流水」唯一而難得的「鍾子期」了。園林甚廣且密，宮殿苑囿，噴泉清泉，真是有如華沙版的巴黎凡爾賽宮（Château de Versailles）、維也納美泉宮（Schloss Schönbrunn），以及北京頤和園與圓明園，沉醉其中，久久不忍離去。

　　昨晚返歸途中，瞥見老城區皇宮右側的聖・安妮天主堂（Katedra św. Anny）有每日中午十二點的管風琴演奏會，於是匆匆十一點半，從皇林夏宮逍遙遊之後，即到園外大道搭乘一八○號公車入老城區，在十二點前趕抵購票十五茲羅提（約新臺幣一○七元），又加購 CD 一片三十茲羅提（約新臺幣二一五元），身穿典雅禮服的演奏家普熱米斯瓦夫・卡皮圖拉（Przemyslaw Kapitula）先生，親自以波蘭語與英語介紹後，登上管風琴臺，分別演奏以下各家：約翰・恩斯特（Johann Ernst, 1696-1715）、米奇斯瓦夫・蘇爾津斯基（Mieczyslaw Surzynski, 1866-1924），以及約翰・塞巴斯蒂安・巴哈（Johann Sebastian Bach, 1685-1750）的著名代表曲目，高低頓挫，珠落玉盤，聖樂飄飄於典雅教堂之中，盈耳繞梁的串串旋律，引人遐思與無限觀想，真是美好的心靈饗宴。逾半小時的演奏結束後，因購買 CD 獲得卡皮圖拉（Kapitula）先生親筆簽名，準備送給小女「姊姊」（秉忻）與小兒「帥哥」（秉圻）欣賞紀念。

　　乘興而來，盡興而歸。再巡遊老城區周遭，取道無名英雄紀念碑，剛好下午一點整衛兵交接，又攝取不少鏡頭，再經紀念碑後大型噴泉市立公園，轉折巷弄之間，順利抵達文化科學宮，午餐尚未食用，在一家中東穆斯林沙威瑪店，選購一大包綜合烤肉串（Kebab）十四茲羅提（約新臺幣一百元）、一瓶原味口樂四茲羅提（約新臺幣二十九元），香味誘人，再疾行至火車站前公車亭，從自動購票機購買四點四○茲羅提（約新臺幣三十一元）的機場單程票，順利搭乘一七五號公車於下午二點三十分左右抵達華沙蕭邦機場，先在候機室大快朵頤一番後，隨即快速入關，選定靜處一隅，一邊充電，一

邊休養生息，一邊記錄最後一日華沙行旅，「寤寐求之，求之不得，寤寐思服」，誠如琦君（潘希珍，1917-2006）《琴心》、《煙愁》詩云：「留予他年說夢痕，一花一木耐溫存。夢中相會醒時淚，一縷煙愁斷腸人。」足以永識於心，魂牽夢繫於此因緣歡會的波蘭新舊二都了。

撰自二○一七年九月二十九至十月二日

仲秋挪威奧斯陸遊記

一　水何澹澹，山島竦峙

　　二○一七年十月六日星期五。昨晚中秋後一日，月亮更為圓潤清麗，楚楚動人，夜景甚美，更增思親懷鄉之情。因今晨為早班飛機，又須至荷蘭史基浦機場（Luchthaven Schiphol）轉機，恐怕耽誤旅程，昨日週四晚餐後，隨即準備出遊行李，搭乘晚間九點的公車前往魯汶車站，接著轉乘九點二十六分的火車，前往布魯塞爾機場（Aéroport de Bruxelles-National, Luchthaven Brussel-Nationaal），順利通關，於出境候機室獨自枕椅臥睡，窹寐輾轉，至今晨四時方才起身。

　　晨雨，寒涼許多，即將入冬了。五點二十五分公告六○登機口，六點順利入座荷航（Koninklijke Luchtvaart Maatschappij N.V., KLM）城市哈潑（City Harper）飛機，一排四人座 14A 靠窗位置，約六點二十分穿雲升空後，暗空中明月高懸，半小時航程，一路相伴至阿姆斯特丹史基浦機場，消解一夜難眠疲憊。荷航服務甚好，招待巧克力餅乾與礦泉水，感覺體貼禮遇。

　　晨曦未明，即已抵達，先檢視荷航前往挪威奧斯陸（Oslo, Norge）九點二十分的航班在 C8，前往坐定充電，上網檢閱旅遊相關資訊，不到二小時的候機時間，很快就過去了。準備登機，一排六人座客機，座位安排在 26E 中間座位，先拔得頭籌入座，一對操荷蘭語的中年夫婦，先生跟我換了走道位置，各取所好，甚愜我意。機上一邊閱覽雜誌，一邊休息，荷航服務周到，還是奉上免費贈送的小蛋糕、小碗礦泉水、果汁飲料，以及熱茶、咖啡

等，賓至如歸，皆大歡喜，十分滿意。

　　一路雲澹風輕，高低起伏的綠野森林，地廣人稀，片片肥土沃壤，臨空下望，心曠神怡。從丹麥進入挪威，又更加絢麗燦爛了，彷彿流金的秋葉閃閃亮亮，而千百萬年形成的峽灣、河道與湖泊，激灩波瀾，點綴在叢林綠野之中，悠悠白雲掩映、燦燦麗陽輝耀於蒼穹，真是人間桃源勝境。

　　入秋後，因公私忙碌，事前未詳加考察，相信預約網上旅舍英文介紹說在奧斯陸市區「中央」（center）內，且價格較「便宜」（奧斯陸物價甚昂），因此就預約了。待行前仔細檢索谷哥地圖（Google Maps）研究，方知所上網預約的奧斯陸加勒穆恩・通酒店（Thon Hotel Gardermoen），位臨機場邊區七公里，荒郊野外，距離市中心近四十公里，已經成為事實，「既來之，則安之」，正費思如何經濟便利入城區觀光，心裡轉念「塞翁失馬，焉知非福」？「時到時擔當」，看開一些、想開一點，積極面對問題，主動解決，一切自然能順利圓滿、如意平安。

　　航班原訂十一點○五分抵達，稍微延遲至十一點二十分，才平安降落奧斯陸加勒穆恩機場（Gardermoen Flyplass, Gardermoen Airport），不必再安檢直接入境，先找尋自動提款機（ATM）提領一千元挪威克朗（約新臺幣三五○○元，一克朗約新臺幣三至四元之間），再到服務中心詢問如何購買交通票卡，以及乘坐哪路巴士前往預約旅館，男女服務員英文流利、解說詳細，而且親切和藹，大致解決眼前的疑惑與困境。從機場搭乘八三八與八五五號公車，即可抵達旅館外的公車站。而行經旅館的接駁穿梭公車（shuttle bus）單程須七十挪威克朗（約新臺幣二四五元）；因此，決定先在機場購買一週（只有一、三、七日）的交通票卡，六四○挪威克朗（約新臺幣二二四○元），可不限次數搭乘大眾運輸之公車、火車、電車與市內公營渡輪，較為經濟便利。不到午後時二時，即搭乘八五五公車順利抵達旅館，就像美國、臺灣常見的大型汽車旅館一般，棟棟連成一氣，客房上百間以上，馬上

報到（check in）入住二樓二○二三號房，兩人床位一人獨享，這次算是近來出遊住宿青年旅館，最為舒適享受的了。

手機充電完成，馬上出門準備「探險」漫遊市區去。午後，秋高氣爽，金黃蒼綠與白雲燦陽相映，景色靜美，清新怡人，期待有意外的驚豔與喜樂。搭乘八三八公車直上高速公路，僅八分鐘即抵達機場，票卡無法搭乘機場特快列車（Express）直達奧斯陸中央車站（Oslo Sentralstasjon），但可以搭乘停靠四號月臺的 NSB L12 班車，其實僅停一站後，歷時約二十三分（下午二點四十三分至三點○六分）即抵達中央車站，也是十分快速方便。挪威公車與火車設備新穎先進，車上有精準的電腦螢幕站名、到達時間，空間寬敞，設計優良，體現出挪威國家的創造能力，以及敦厚樸實的民族精神。

抵達火車站後，先隨意散步市區，再搭乘十二號電車試著尋方定位，但坐到往郊區的方向，愈來愈不像繁華現代的市中心，於是匆忙下車，又游走附近工廠、公園與街區，再轉乘反方向進市區的十三號電車，在火車站前下車，右上方聳立著暗赭紅色的古老建築，原來就是創建於一六九七年的「天主大教堂」（Oslo Domkirke, Oslo Cathedral），趕快入殿拜謁，整面穹頂有十分別出新裁的宗教彩繪與圖案設計，神聖而華麗，令人仰觀嘆止，適有福音禱告與聖樂演奏，靜坐洗禮，身心神靈都安詳沉穩了。

在教堂四週巡遊一遭，轉個彎，意外發現竟是直達皇宮的康莊大道，一路為寬敞的行人徒步街，逕直往前有古典堂皇的國會（Kongress）、國家劇院（Nasjonalteateret）、奧斯陸大學（Universiteteti Oslo）以及公園水樹，而最高點也是終點，即是典雅的挪威皇宮（Det Kongelige Slott）與皇家公園（Kongelig Park），登高俯瞰熙熙攘攘的市區行人，以及古典與現代紛陳的樓房，在蒼穹白雲與暉光的映襯照耀下，美景當前，浪漫韻味，更加引人入勝，不忍驟然離去。溫度從午後攝氏十四度，隨著夕陽西下，而十一度、九度，臨晚天黑後，又降至四度，但因空氣清新，乾爽宜人，絲毫不覺寒冷。

在十二號月臺，搭乘六點五十六分的 NSB L12 班車，七點十七分即抵達機場，天已近全黑，室外寒風陣陣，我又不察八五五號公車分別有毛拉（Maura）與耶斯海姆（Jessheim）兩條不同路線，回旅館須搭乘八三八或八五五耶斯海姆公車，意外誤乘八五五號開往毛拉的公車，愈開愈遠，環境愈覺陌生，趕快詢問司機，確認搭錯車了，好心友善的司機在合適的車站放我下來，再指示如何搭乘反向公車回機場，寒風黑夜中，獨自一人在荒郊野外，心裡頓覺淒涼起來。驚惶之餘，但見月娘在濃雲行掩之中，逐漸顯現清光丰采，情緒也就穩定平和下來，不一會兒，僅有三兩乘客的八五五號開往機場的公車緩緩駛來，一路在月娘的陪伴之下，順利返回機場外四十八公車站，真是又一次難得的體驗。

夜晚寒風更加凜冽，終於搭上八點三十六分直上高速公路，僅費八分鐘即抵達旅館外加勒穆恩・諾林斯帕克（Gardermoen Noringspark）站的八三八號公車，獨我一人下車，四周闃寂漆黑一片，幸有月娘在雲翳掩映之中，依舊清明含笑相送，讓獨行於密林馬路邊上返歸旅舍的我，心情輕鬆自在許多。夜闌人靜，冥冥默默，回顧今日行旅，如人飲水，點滴在心頭。

二　秋風蕭瑟，洪波湧起

二〇一七年十月七日星期六。奧斯陸晨風冷冽，近午陽明方暖，近晚濃雲密布，狂風驟雨，偶現彩虹。歸程中，獨行於客舍外環森林道路，興味夐絕，真是此生難得一回的挪威自然體驗。

通酒店（Thon Hotel）幽靜安寧，昨晚一夜好眠，晨起盥洗沐浴後，十分舒暢。七點下樓早餐，想不到「高朋滿座」、「杯盤狼藉」，東方團客以中國大陸人為多，應該只有我是唯一的臺灣「貴客」了。自助餐食（Buffet）非常「澎湃」（豐富），將所餘美味佳餚如煙燻生鮭魚片、烤鮭魚、鵝肝醬

等，一掃而空，再搭配青、紅椒與蕃茄切片及三味優格、法國麵包，大快朵頤！餐後，水果亦僅存青蘋果與西洋梨，各取一顆享用，後又增補黃香瓜、香吉士與帶皮鳳梨切片，獨坐一樓餐廳空位角落處，十分飽足享受。

晨八時後，迎著陰霾寒風，踽踽獨行於道上，數百公尺外的公車亭，僅我獨自候車，檢視時刻表，週六日最早班車為十點十四分，遂黯然回歸旅館，忍痛付費七十克朗，轉乘九點〇七分機場與旅館間的接駁巴士（shuttle bus），外國旅客行李甚多且鉅，滿滿一整車，非常擁擠熱鬧。不消十餘分鐘即抵達機場出境區，下樓檢視火車班次，九點四十三分第四月臺有 NSB L12 行經奧斯陸中央車站的車班，乘坐電梯抵地下月臺，寒風陣陣，頗為冷峻，順利上車後，溫暖甚多，再欣賞窗外蒼黃綠林與五彩繽紛農家，心情極為鼓舞歡欣。

僅二十三分鐘車程，下得火車，趕緊疾行快步，曲折於街衢巷弄之間，穿越瑞典統治時期興築的阿克斯・胡斯城堡（Aker Hus Slott, Akershus Fortress）外公園，十點二十五分抵達市政廳前港灣碼頭，趕快購買二小時二九九克朗（約新臺幣一〇四七元）的奧斯陸峽灣巡遊船票，趕在最後時刻登上倣古桅帆船，因寒風刺骨，樓下雅座皆客滿，遂覓上層船尾一空座，與一對來自英國南威爾斯（South Wales, United Kingdom）的母子共享一席，輕揚溫柔的南威爾斯聲色腔調，如同挪威語一般聽來舒服極了，美好的對話不斷在耳畔「淺吟低唱」，悅耳而動聽。非常親善禮貌的淑女媽媽熱心地為我遞上毛毯，感謝不已！寒喧一番，得知其公子目前正工作於丹麥哥本哈根（Copenhagen, Denmark），特別陪伴母親至奧斯陸旅遊，我向溫柔優雅的淑女媽媽說：「公子形容、言談與舉止，好像貴國威廉王子（HRH Prince William, Duke of Cambridge, 1982- ）。」她笑滋滋地說：「真是如此？非常榮幸！」全程相陪同席，共享萬古造化天成的自然峽灣旖旎激灩美景，「此時無聲勝有聲」，真是難得的幸福享受。

航程中，於重要自然、歷史、人文與博物館等名勝景點，適時地會有挪威語、英語與日語錄音廣播介紹，船行穩定舒適，海水湛藍，峽灣島嶼如寶珠錯落其間，造型如泰國、日本佛壇的舟艇停泊碼頭，在山海之間櫛比鱗次，襯托著流金灑翠的密林雅舍，以及「天光雲影共徘徊」的藍天蒼穹，真是一趟「三合一」──天人合一、情景合一、知行合一的浪漫航旅，此生難得而難忘。雖已「雲澹風輕近午天」，但仍覺海風冷冽，至下艙吧檯（Bar）點了一杯加奶泡三十三克朗（約新臺幣一一六元）的熱可可，溫馨甜美入口，整個身心不禁活躍振奮，前瞻回顧皆是勝景迎目，獵取不少佳美鏡頭，頻頻檢視相片，非常心滿意足，真是值回票價，不虛此行了。

準時十二點三十分兩個小時航程，平安拋錨下船後，轉至港口左側的諾貝爾和平中心（Nobels Fredssenter, Nobel Peace Center），免費入館，從下午一點起每整點，在大廳安排幾場二〇一七年諾貝爾和平獎公開系列說明、專題演講等活動，還不到一點，演講廳已幾乎滿座，躬逢其盛，也入座準備參加第一場的公開與發問說明會。會議開始前，有一溫馨的黑人小女孩與白髮蒼蒼的白人老先生的交流對談，揭開第一場活動序幕。接著由諾貝爾和平獎籌委會秘書長主持與說明，於昨天正式公佈，由位於瑞士日內瓦的「國際廢除核武運動組織」（International Campaign to Abolish Nuclear, ICAN）獲得二〇一七年諾貝爾和平獎，秘書長非常誠懇務實，先後以挪威語與英語說明本年和平獎的審核會議決議，以及介紹獲獎組織及其獲獎理由，並開放提問。

首先，有前座兩位東方先生，從其樣貌口音判斷，一為日本人，一為中國人，提出「不清楚表達問題所在」（秘書長的回應語）的發言，秘書長輕鬆而嚴正回應，獲得滿堂喝采。最後，由一位後座的白人先生提問：「為什麼美、英、法、蘇、中等大國強邦，不先主動廢除核武，而竟無恥要求北韓、伊朗等國家廢除核武？」秘書長又是「四兩撥千斤」，非常幽默詼諧的回應，在陣陣笑謔中，結束第一場公開說明會活動。

會議結束後，我在一、二樓參觀，拍攝幾張歷屆諾貝爾和平獎得主的照片，包括二〇一〇年獲獎的中國劉曉波（1955-2017）先生，其形貌面容頗似也曾獲得和平獎的第十四世達賴喇嘛（Dalä Lama, 1935-），感動與感傷兼而有之的告別離去。

　　其後，搭乘十二號電車，準備前往西北郊外參觀挪威著名雕刻家古斯塔夫・維格蘭（Gustav Vigeland, 1869-1943）一生心血的「維格蘭雕塑公園」（VigelandSkulpturpark, Vigeland Sculpture Park）。上了十二號電車後，複核車上的站次表，發覺方向相反，在火車站布魯加塔（Brugata）站下車，再到對向搭乘十二號電車，一路婉轉經市政廳而上行，終於抵達公園站。一下車，停靠於公園大門口的幾輛遊覽車，音樂震耳欲聾，一群青春揚溢的紅女綠男快樂曼妙的大跳狂歡、手舞足蹈，佇觀片刻而入園。

　　此園呈縱深設計，公園廣闊，非常亮麗佳妙。維格蘭的紀念雕像豎立在入園右側，遊客僅「光顧」眼前直線的雕塑主道，幾乎都「冷落」創造此園的主人了。獨自佇立瞻仰維格蘭全身銅像，雖其早年作品以木刻與繪畫為主，與朱銘（1938-2023）大師有點類似，朱銘美術館亦堪比此雕刻公園，後受到法國藝術大家羅丹（François-Auguste-René Rodin, 1840-1917）作品的啟發後，即以石雕創作為發展的進程，受到奧斯陸市政府的重視與委託，於是創造並捐贈於市政府此座舉世聞名的石雕公園。此園原名「福格納公園」（Fogner Park），後改今名，以紀念古斯塔夫・維格蘭先生。

　　公園兩側皆為花木扶疏的綠林、碧茵與湖潭，天鵝悠游其中，天青雲白，上下襯托掩映，無限美麗清景，不僅賞心悅目，更加令人心曠神怡。中軸線則是此園「人生主題」（Livstema）聚焦重點，先後有四大主題——生命之橋（Livets Bro）、生命之泉（Livets Fontene）、生命之柱（Livssøyle）與生命之輪（Livets Hjul）。古斯塔夫・維格蘭先生以其精湛熟練、游刃有餘的藝術技法，生動活潑地刻劃出生老病死、悲歡離合、喜怒哀樂等人生百態，值得一一探訪省思。

我先從第一主題「維格蘭橋：生命之橋」展開序曲，迎著溫煦麗陽，仔細品味橋上五十八尊男人、女人與小孩的青銅雕像，其中左側中心小角落號稱「挪威國寶」（Norsk Nasjonalskatt）的「生氣（憤怒）的小孩」（Sinnataggen）成為這座橋上的「大明星」，媲美布魯塞爾「尿尿小童」（Manenken Pis），可惜魯汶大學文學院與圖書館之間，庭園過道上坐落一隅的「小白」（De Witte）銅雕全身立像，乏人問津，無法如「挪威國寶」享受觀光客的撫摩與體貼。

　　第二主題「生命之泉」，主座由六尊男性雕塑構成，四周外緣還有二十座以「生命之樹」為主軸的雕塑。

　　第三主題「生命之柱」，是此公園的核心焦點，磐柱高十七公尺，由一二一個裸體男女糾纏在白色花崗石柱上，由於造型大膽開放，曾引起衛道人士的強烈反彈；其左側有高架施工中，頗影響整體的觀賞美感。

　　最後的第四主題「生命之輪」，亦稱「生命之環」（Livets Ring），宛如法輪，常轉圓滿。公園底端右前方山頭上，仍可見冬季奧運留存展覽的高塔滑雪臺，景觀清麗夐美。此園免費參觀，真是親子教育、休閒遊樂的好所在。

　　乘興而來，盡興飽覽，靜坐「生命之輪」左側樹蔭下長椅，享受從魯汶帶來的清煮雞蛋與紅蘋果，尤覺美味。不久，三位中國大陸留學生坐在隔壁另一長椅，直呼「累死人了！奧斯陸就這樣都玩完了，還有啥好看？」又不斷大放厥辭，「月旦評」各自心儀或交往過的女朋友，也不管我這位飽經世故的「臺灣同胞」，也聽得一清二楚他們的交談。「後生可畏」如此，亦夫復何言？

　　臨去秋波，四點〇六分於公園一角弗羅納文（Frognerveien）六十七號觀光商店，選購了明信片十張（每張十二挪威克朗）共一二〇元、歐洲郵票二張（每張二十二元）共四十四元、國際郵票八張（每張二十五元）共二百元，總計三六四元挪威克朗，約合新臺幣一二七四元，消費不低，俟返歸客

舍，再書寫祝福思念短語，付郵遠寄比利時與臺灣親朋師友紀念，「書生人情紙一張」，聊表衷心微忱而已。

出園復乘坐十二號電車返歸火車站，四點四十五分第十一月臺 NSB L12 開往機場，先到站內便利商店，購買烤起士大水餃一個、可口可樂一瓶，費資七十五克朗（約新臺幣二六三元），權充晚餐。兩位大陸女學生扛著飽實厚重的行李，隔鄰而坐，滿面疲憊的神情，看著真令人「憐香惜玉」，她們一路閉目休養生息，無緣交談，只好識趣地獨自欣賞車窗外旖旎的風光。

五點十七分火車到達機場站，再往公車招呼站順利搭乘五點三十六分準時出發的八三八號公車，五點四十四分抵達郊外加勒穆恩・諾林斯帕克站，時間尚早，天尚未冥，索性轉往森林方向之僻靜道路前進，終於親近一座豎立在森林一角，造型如複疊星光的風力發電塔，此塔從甫到客舍之時，就一直吸引著我的目光，遂大膽迎向前去；適有一位年輕貌美的姑娘，開車載著兩位奶奶（應該是母親與婆婆）與小兒子，剛好就停在我照相的前方，興奮的小男孩拚命直往前衝，於是與陌生的「東方伯伯」，老少一同駐足仰觀此座罕人光顧的電塔，臨晚依依，互相告別。一路獨吟晚唐詩人許渾（用晦，約788-860）〈咸陽城東樓〉（〈咸陽城西樓晚眺〉）：

一上高城萬里愁，蒹葭楊柳似汀洲。溪雲初起日沉閣，山雨欲來風滿樓。
鳥下綠蕪秦苑夕，蟬鳴黃葉漢宮秋。行人莫問當年事，故國東來渭水流。

夕陽餘暉照耀之下，景色格外燦爛秀美，幽幽鬱鬱獨立於蒼茫之間，內心的感動真是無言可喻；正在心嚮神往之際，而遠方高空濃雲密布，趕緊收拾「物我兩忘」的心情，快步疾行於彷彿美國中西部一般的荒野曠林，杳無塵煙，「前無古人，後無來者」，伴我者唯蒼蒼古松、燦燦金櫸，以及猶熠熠生輝的夕照而已。風雨驟然凌空飄落，回頭天際，竟神奇地畫出一道妙麗彩

虹，心情更為昂揚激越了；右轉過彎後，狂風吹襲得金葉繽紛飛灑，冷雨淡薄隨風飄泊、蕩漾在空中，此時溫度陡降，而我已安然抵達旅館路口，陣陣溫馨，湧上心頭，平安返歸，沐浴盥洗，一夜好眠，直到天明。

三　日月之行，若出其中

二〇一七年十月八日星期日。秋高氣爽，白雲晴空，昨夜好眠，精神振奮，再整裝至市區觀光去。一早搭乘火車抵達奧斯陸後，先隨興漫遊於寧靜恬謐的大街小巷；俟晨陽乍現，遂轉入市政廳（Oslo Rådhus）後門，象徵「正義」（Rettferdighet）的天鵝噴泉，引領著我逐步踏上階梯，詢問門警週日是否開放參觀，獲得滿意的答覆，先在兩側迴廊盡情欣賞拍攝極富民族風情的彩色系列陶瓷壁畫，再悠悠盪盪進入每年舉辦諾貝爾和平獎（Nobels Fredspris）頒獎的市政大廳。憶及二〇〇四年四月時，曾參觀瑞典斯德哥爾摩（Stockholm, Sverige）諾貝爾獎頒獎典禮的市政廳一樓宴會「藍廳」（Blå Hallen）與二樓典禮「金廳」（Guld Hallen），金碧輝煌，光彩奪目，可謂異曲同工，伯仲之間，不分軒輊。

奧斯陸市政廳免費參觀，偌大華麗典雅的大廳竟然只有一位身著西裝十分高帥的黑人警衛，以及左側伉儷情深的一對老夫婦，坐在長絲絨椅上休息；二樓正有婚禮舉行，樓梯已被圍住，雖然無法上樓一探究竟，但靜謐堂皇的情景，不禁令我為之神魂顛倒了。

我特地立定在稜形大理石板上代表城市中心點的小洞前，目瞪口呆的環視大廳四面民族、歷史、文化、藝術多元豐彩的濕壁畫創作之前，感動得無以復加，適有一對高雅的慈母、淑女入廳，徵得同意為我拍照留念。中庭上四週全部畫滿濕壁畫，大氣磅礡，琳瑯滿目，真是「大手筆」。

漂亮繽紛而神奇璀璨的市政大廳，真是一座充滿著民族風格、文化壁畫

的藝術殿堂，具體而微呈現出挪威國家民族的生活、歷史與神話。其中，四位翩躚美人代表四季；很多人群，則代表挪威也是個民族大熔爐。右邊牆面上的濕壁畫是由亨利克・索倫森（Henrik Sørensen, 1882-1962）所畫，描述奧斯陸聖・哈爾瓦德（Saint Halvard）守護神，祖護一位無辜的懷孕婦女而殉教，聖者手拿一隻箭和一個石磨。左邊一樓是一幅橫亙長廊的濕壁畫牆，雖然看得眼花撩亂，但遊客與壁上的畫竟然和諧地融合一起，這幅大畫描繪出第二次世界大戰的情景，挪威曾被納粹德軍佔領，居住在挪威的猶太人也被關禁到集中營，這一長壁畫從左起開始奮戰，到最後邊上則是小朋友閒坐著，象徵挪威獲得了自由，人民高唱凱旋歌。整個市政廳彷彿是一座民族藝術博物館。

可惜無法再上樓參觀挪威國王哈拉爾德・哈德拉德（Harald Hardrade, 1015-1066）命名的「哈拉爾德・哈德拉德廳」（Harald Hardrada Hall, The Hardrade Room），從英文導覽上可知房間裝潢以中古世紀風格為主，牆面鋪上出產於南谷（Nam Valley）的滑石，廳內地板由耶勒貝克（Gjellebekk）大理石，木造天花板漆成紅白黃；牆面上的精織掛毯（Fin VevdTapet, Fine Woven Tapestry）由阿克塞爾・雷沃爾德（Axel Revold, 1887-1962）設計，烏爾里克・格雷夫（Ulrikke Greve, 1868-1951）編織，圖案描述在公元一〇六六年的斯坦福橋（Stamford Bridge）戰役，哈拉爾德・哈德拉德國王失利。另一幅掛毯則是描繪哈拉爾德・哈德拉德國王騎馬進入奧斯陸，朝臣向君王行禮的「迎君圖」（Velkommen Monarkillustrasjon），後面背景結合奧斯陸市景與神話故事。由卡里・魯德（Kari Rude, 1907-？）設計窗簾、建築師馬格努斯・波爾森（Magnus Poulsson, 1881-1958）創作松木家具（在一樓大廳看見他的紀念銅雕頭像），以及維格蘭（Gustav Vigeland, 1869-1943）的鐵匠打造鍛鐵大門；此外，特隆赫姆（Tondheim）市贈送由歐德・希爾特（Odd Hilt, 1915-1986）所雕刻的窗間雕像，紀念一九五〇年的奧斯陸市週年。

另一個廳房則以挪威最有名的《吶喊》（*Skrik*），現藏於奧斯陸國家美術館（Oslo Nasjonalgalleri）藝術家愛德華・孟克（Edvard Munch, 1863-1944）為名，他完成於一九一○年的畫作就掛在房內，名為《生命》（*Liv, Life*）。此畫上老少男女環繞著一棵「生命之樹」（Livets Tre, The Tree of Life），這幅畫是奧斯陸市政府在一九三○年代，於德國德勒斯登國家美術館（National-galerie Dresden, Deutschland）拍賣會標購所得。

整個房間的地板、牆面與天花板，都以無結松木刷白飾板裝飾。天花板以傳統挪威繪畫與工藝完成，室內的簡約家具，設計創造都是阿恩斯坦・阿內伯格（Arnstein Arneberg, 1882-1961）的精心傑作，一樓大廳也有他的紀念銅雕頭像。紅色窗簾上的印花為市徽，並由謝勞格・霍拉斯（Kjellaug Hølaas, 1906-1990）設計二張方型圖案地毯，特別委託專業的西格倫・伯格（Sigrun Berg, 1901-1982）編織；圓毯則由烏爾里克・穆勒・弗萊克・約根森（Ulrikke Muller Flck-Jorgensen）設計，安娜・托雷斯達爾（Anna Torresdal）所編織。而廳房內水晶燈，則由主要負責市政廳燈光照明設計的喬納斯・希爾德（Jonas Hilde）女士負責，全在哈德蘭玻璃廠（Hadeland Glassverk, Hadeland Glassworks）玻璃工廠生產。此房原本設計為結婚登記處，自一九九四年改在法院登記後，此房即改作集會接待與用餐專用。

市政廳第二大房間則是「禮儀畫廊」（Festgalleriet, The Ceremonial Gallery），為舉辦儀式典禮的大廳，牆面、地板都貼上高級拋光大理石與石灰岩。而阿克塞爾・雷沃爾德（Axel Revold, 1887-1962）彩繪的濕壁畫就在大廳東方整個牆面上，主題為《漁與農》（*Fiske ogJordbruk, Fishing and Farming*），描繪挪威從南到北、往東從森林到農地、往西到羅弗敦群島（Lofoten）的打漁生活；西方牆面上也是阿克塞爾・雷沃爾德的濕壁畫，主題為《船運》（*Skinsfurt, Shipping*），描繪鋼鐵鑄造、船運與礦坑生活，牆上掛毯亦圍繞著這個主題。窗簾委由弗雷德里克・尼古拉森（Fredrikke

Nicholaysen）設計，圖案以阿克斯‧胡斯城堡（Aker Hus Slott, Akershus Fortress）的側影紀念克里斯蒂安四世國王（Kong Christian IV, 1577-1648）；桌椅由建築師阿恩斯坦‧阿內伯格（Arnstein Arneberg, 1882-1961）設計；地毯由卡雷‧瓊斯博格（Kåre Mikkelsen Jonsborg, 1912-1977）設計，描述利勒托維特（Lilletorvet）夜間看守人，禁止農夫牽馬喝水，而商人保羅‧瑟蘭（Paul Thrane）則主動協助農夫。另一間東廂廳房為克羅格房間‧東畫廊（The Krohg Room-East Gallery），用來舉辦非正式的政治活動，或召開市議會會議。牆上的壁畫由培爾‧拉森‧克羅格（Per LassonKrohg, 1889-1965）所畫，東面主題是《城市與其環境》（*Byen of dens Oppland, The City and its Environs*）；南面畫出奧斯陸的市民活動，北面則是鄉下生活的四季變換；西面短牆畫有蜜蜂與蜂巢，象徵忙碌的都市生活，薔薇花叢則代表鄉間。北面牆上描述二次世界大戰的殘酷事實，有戰俘集中營，以凶惡的大昆蟲代表敵人，樹根與殘骸則是作者在二次大戰期間成為戰俘的具體表現。

又有一間斯托斯坦廳（Storstein-rommet, The Storstein Room），也是用來舉辦非正式的政治活動，壁畫委由奧格‧斯托斯坦（Aage Storstein, 1900-1983）所繪製，西牆整體設計主題為《人權》（*Menneskerettigheter*），挪威憲法的根源來自於法國大革命；南牆有一把點燃的火炬，描述一七八九年的革命戰爭，畫出卡爾‧約翰國王（Kong Carl Johan, 1763-1844）解救被綁架的挪威公主，冬眠中的熊，象徵當時被丹麥統治下，不自由而蟄伏中的挪威，而自由火炬則驅趕了地底的幽靈。北牆則以挪威神話拉格希爾德（Ragnhild）皇后的夢境為主軸，皇后預測金髮碧眼的哈拉爾（Harald Harfagre, Harald the Fair-Haired）王子將會統一挪威，人們手舉憲法，挪威艾茲沃爾（Eidsvol）兄弟之情纏繞著樹，詩人亨利克‧韋格蘭（Henrik Wergeland, 1808-1845）接收了自由火把，作家比約恩斯傑恩‧比約森（Bjørnstjerne Martinius Bjørnson, 1832-1910）領著兒童們前進，童話故事公主騎著熊，接收一八一四年為挪

威國王的丹麥王子克里斯蒂安・弗雷德里克（Christian Frederik, Christian VIII, 1786-1848）的皇冠和王權。廳內家具由馬格努斯・波爾森（Magnus Poulsson, 1881-1958）設計，水晶燈則是喬納斯・希德爾（Jonas Hidle, 1912-2001），地上鋪白色大理石。這些濕壁畫與天花板上的畫，從一九四○至一九四九年總共花了九年時間才圓滿完成，可見其不凡的藝術價值。

壓軸則是市政廳最大的房間宴會廳（Bankettsalen, The Banqueting Hall），地上鋪墊諾蘭德（Norland）白色大理石，配上黑長石「幼蟲」（Larvikite）花紋；牆面密貼錦緞，窗簾由卡里・魯德（Kari Rude, 1907-？）設計圖案，阿恩斯坦・阿內伯格（Arnstein Arneberg, 1882-1961）設計家具；長桌由藍花楹木製造，牆上裝飾三位挪威君王畫像，左邊是一九三七年國王哈拉爾德五世（Konge Harald V），於二○○一年由當時國王揭幕；以及誕生於一九三七年的松雅皇后（Dronning Sonja）畫像，也同時於二○○三年揭幕，兩幅畫像都是委由哈肯・古爾瓦格（Håkon Gullvåg, 1959-）繪製。中間則是由揚・托馬斯・恩傑夫（Jan Thomas Njerve, 1927-2014）所畫國王歐拉福五世（Konge Olav V, 1903-1991），歐拉福五世是哈拉爾德五世的父親，其畫像則已先於一九八三年揭幕，慶賀國王八十大壽。右邊一幅由艾格尼絲・希奧爾斯（Agnes Hiorth, 1899-1984）所畫國王哈孔七世（Konge Haakon VII, 1872-1957），他是歐拉福五世的父親；哈孔七世原是丹麥王子，為挪威自瑞典獨立後第一個國王。總之，奧斯陸市政廳內，到處彌漫著濃烈的藝術氣息，令人流連忘返。

觀賞完市政廳後，先在側門公園略事休息，以及觀賞各色紀念藝術雕像與景觀造型，隨即搭乘市政廳前的公車，前往西北角濱海的北極冰洋探險船「前進號」（Fram, 1893）弗拉姆博物館（Frammuseet），同時也買了隔壁海洋博物館（Maritimt Museum）的參觀連票，物超所值，十分盡興。三角造型象徵北極層冰的探險船博物館，是十分熱門的生態教育博物館，參觀遊客不

少，此館將弗拉姆「前進號」原船展示，這與二○○四年四月曾參訪瑞典斯德哥爾摩十七世紀初航即沉沒的瓦薩（Vasa）戰船博物館頗為類似。此館並有十分豐富的相關器物與影片觀賞，餓著肚子，也忘記了疲勞，真是美妙而浪漫的邂逅。

出了博物館，先到海邊簡單享受自帶的早餐麵包、水果等，遇見一群義大利紳士們，「哈拉」一陣，彼此拍照後，隨即告別，轉往奧斯陸海洋博物館，館內展品琳瑯滿目，設計動線甚佳，而且臨窗面海，景致尤其浪漫；但最令我滿意的則是，正在展覽的十九至二十世紀的海洋油畫藝術特展，幾乎拍攝了每一幅畫作，並傳寄給正在習畫的太座、小兒「帥哥」（秉圻），以及屏東老同鄉、本校前美術學院院長游藝入道的黃進龍教授相觀而善，真是午後美麗的藝術饗宴。

告別此館後，趁著天氣正好，雖然寒涼，但美景當前，一路上坡沿著公路走了一長段路程，適有公車到來，於是再搭乘回市政廳，轉往市廳左側的阿克斯・胡斯城堡（Aker Hus Slott, Akershus Fortress）尋幽訪勝，週日假期免費入堡，居高臨下，俯瞰港灣島海，目不暇給，美不勝收。延著城堡高牆步道，一路迤邐而下，無限美好的夕陽、崢嶸金燦的高樹、雄峙古雅的教堂作伴，真是滿載而歸，不虛此行了。

從古堡再經古鏈橋城門，轉入軍事博物館，已近閉館時間，只好在幽靜的國防大學校園欣賞深秋臨晚勝景，悠哉悠哉一路穿街走巷，漫步回歸火車站，獨自品賞沿途的風光民情，充實愉悅的返歸，又是美好的一天。

四　幸甚至哉，歌以詠志

北極寒圈美峽灣，歐風點綴海林山。**挪**移造化繽紛彩，**威**懾雕刻璀璨顏。
奧義深藏幽浪漫，**斯**文赫耀雅安閒。陸離變幻天人合，**觀**照圓融道器攀。
光澤麗空欣盡意，**孚**邦好爵貴和寰。**顯**顯仰德珪璋潤，**頌**古揚今詠歎潺。

二〇一七年十月九日星期一。即將離別的日子，有一點捨不得的愁緒。今日一早晴空清寒，整理好行李，先下樓享用豐富的早餐，隨即退房，背著一包、提著一袋行囊，在冷冽的晨風中步行，乘公車至機場，再轉火車至奧斯陸市區，三天來出了機場下一停靠站就是利勒斯特羅姆（Lillestrøm），已往返經過六次，本想逕自下車，逛逛這個小鎮，但怕耽誤行程時間，也就將這份心中願望，留待來年看能否再彌補緣慳一面的遺憾了。

　　抵達市區車站，即步行至濱海港灣邊上造型現代新穎、設計別出新裁的「國家歌劇院」（Operaen, The Norwegian National Opera and Ballet），堪與丹麥哥本哈根皇宮隔海相望的國家歌劇院媲美，只是腹地與景觀尚難頡頏。入口街上仍有維修工程，稍稍破壞此院的美感與安寧。大門進入後，眼前即是從海隄邊平面緩坡逐漸上升的露天看臺，左側有一尊克爾斯滕‧弗拉格斯塔德（Kirsten Flagstad, 1895-1962）的全身銅雕紀念塑像，孤獨迎著海風無人臨觀，我是「好奇寶寶」環繞一圈，再上網檢索，原來她是二十世紀挪威最被尊敬、鼎鼎大名的一代華格納女高音家，許多樂評家讚美她是難以超越的偉大華格納女高音。

　　二戰後，德國作曲家與指揮家理查‧史特勞斯（Richard Georg Strauss, 1864-1949）特別將精心創作的最後四首歌：《入睡、九月、春、日暮之時》（Vier Letzte Lieder: Beim Schlafengehen. September. Frühling. Im Abendrot）獻給她，但直到一九五〇年五月二十二日才在英國倫敦最著名的皇家艾伯特音樂廳（Royal Albert Hall）正式登場，憑欄遙思一代女高音的丰采，「其人雖已沒，千載有餘情」。

　　由外而內，自下而上，飽覽歌劇院的建築與景觀風華，寒風中的海鷗群不時飛來覓食，索興將預備午餐的麵包，統統拿出來奉獻給「飛取嗟來食」的群鷗，羨煞許多可愛的小孩童們，徵得他們父母的同意，大方共享凌空餵食的樂趣，旁邊適有一對操臺灣口音的男女朋友偕同父母聊天經過，來不及

與他們閒話家常，匆匆而去，失之交臂，頗覺遺憾。週六近午從峽灣遊艇海上遠觀歌劇院，今晨一窺「廬山真面目」，也算了卻一樁心願。

我購有一週期的交通卡，火車、電車、公車與市營遊艇都免費，隨即至火車站前，搭乘電車至市政廳，轉搭市營的海上計程車（Sjøtaxi）交通船，前往西南四海浬（七公里）外的內索丹根（Nesoddtangen）島，島村上約有一二〇〇〇居民，但百分之九十都在奧斯陸上班，因此每一小時都有往返船班，頗似高雄西子灣哈瑪星至旗津的交通船，但此島位處峽灣之內，距離較長，景觀甚美，遠非高雄西子灣可比。

匆匆來去，到此一遊，返歸市政廳前碼頭，再從諾貝爾和平中心左轉進入時尚、藝術、餐飲特區——阿克‧布里格（Aker Brygge），濱臨海港的散步木道、購物商衢、豪華住宅與造型特殊的現代美術博物館（Astrup Fearnley Museet），悠遊其中，真是人生一大享受。午餐已奉獻給歌劇院的海鷗饑友，早已過午，饑腸轆轆，因為遊客稀少，停泊在私人遊艇港邊的一攤義大利冰淇淋店，寒風颼颼，竟然還在營業，中年太太笑容可掬，乏人問津，我這位東方老饕於是向前各選了巧克力、草莓、薄荷口味，共三球冰淇淋，挪威克朗七十五元（約新臺幣二六三元），一位時髦高雅的年輕貴婦推著小嬰孩經過，媽媽嫣然一笑，小娃垂涎三尺，我瑟瑟唏唏迎著海風，獨享三球三口味冰淇淋甜蜜而美好的午餐時光。

在此區游蕩甚久，週一閉館不得其門而入，但是戶外有許多唯美、情色的藝術雕塑與裝飾，也足夠我細加品味觀賞了。已近黃昏，幾無遊客，海隄角落有一位帶著墨鏡的仁兄，以電腦播放著輕快流暢的現代音樂，他自得其樂，我也賞心悅耳，靜聽幾曲，只好打道離別。再度搭乘電車至火車站，再轉機場班車，約於午後五點三十分抵達機場，大廳內也有一尊「斷頭缺足」的裸體美女雕像，匆匆行旅無人關顧，我還是「憐香惜玉」靜觀左右前後，攝取倩影美姿後，才入關檢查，效率真好，一下子就出境了。

還有一些挪威克朗，在機場超市購買了小包混合堅果三十四元（約新臺幣一一九元），以及牙線、護膚膏、百事可樂等，共挪威克朗一二〇元（約新臺幣四二〇元），功德圓滿。七點二十分入坐，一樣受到荷航親切周到的服務，享受了一頓美好的晚餐，乘風凌雲而上，九點十分抵達荷蘭史基浦機場，但已無轉班飛機可供搭乘，在機場流浪隨宿一夜，又是難得的一次經驗，回味無窮，爰賦七絕詩，以記客心旅情：

　　回味舊情故趣同，如煙若夢憶無窮。撫今追昔平常事，當下順時樂始終。

　　二〇一七年十月十日星期二。魯汶陰雲微雨，晨晚寒涼。
　　清晨六點五十分搭乘荷航直飛布魯塞爾機場，七點三十五分抵達後，再轉乘火車返歸魯汶，告別四天三夜北歐挪威奧斯陸觀國之光，慶幸旅程秋高氣爽，天高雲靜，流金瀲碧，湛海翠灣，誠如曹操（孟德，155-220）〈觀滄海〉「東臨碣石，以觀滄海」、「星漢燦爛，若出其里」，此生難忘。
　　而回到魯汶，天候顯得陰鬱沉悶，在家略事休息後，還是抖擻精神，前往中央圖書館二樓東方圖書館欣迎悅讀的新生活。欣逢就讀臺灣大學地理環境資源學系的小兒「帥哥」（秉圻）雙十國慶生日，「帥哥」從小學習朱宗慶打擊樂、小提琴與繪畫，圍棋已至業餘六段，又能打桌球、羽毛球，可謂多才多藝，真是後生可畏。特賦冠首藏頭詩一首，遙賀遠祝快樂：

　　秉志時行進學功，**圻**原萬里任飛鴻。**帥**材成濟經綸盛，**哥**性輔裁德業隆。
　　雙管雙流妙通貫，十全十美欣折中。**生**涯常變人間世，日月瞬恆宇內驄。
　　平實篤行游道藝，安康博習歸和同。**快**心馳騁逍遙境，**樂**翯鵬程赤松童。

　　　　　　　　　　　　　　　　　撰自二〇一七年十月六至十日

仲秋冰島旅遊紀實詠懷

北洋中脊匯雙流，億萬春秋淬煉收。島嶼冰川生化顯，海山熱氣蓄藏幽。
風雕雪潤靈魂塑，雨琢紋摩絕藝偷。白練琮琤滂沛舞，長虹窈窕怯忭抽。
趵泉渾沌含弘大，飛瀑氤氳滌蕩周。迷幻極光離俗擾，穆和清景解身愁。
賞鯨潛泳歡招攬，騎馬健行悅結紉。苔原靜默安吞吐，曠野蒼茫謐息休。
廣袤豐盈無盡寶，純真善美永嘉述。維京草奠漁家港，雅克初營貨棧樓。
簡政新民開泰運，高瞻遠矚創鴻謀。時潮左右難輕撼，勢利沉浮易脫勾。
稱物平施精集散，裒多益寡巧羅搜。層巒疊壑逍遙秀，雅舍金波綽約柔。
噴薄乾坤煙縹緲，戾翔宇宙鳥喁啾。桃源勝地東西譽，樂土天堂世代謳。
俯仰縱橫頤萬物，往來通達貫神遊。永續薪傳輝澤熠，自然遺產道心投。

——二〇一七年十月十八日星期三，晚秋冰島旅遊紀實兼詠懷賦感。

一　冰島初履印象

　　二〇一七年十月十三日星期五。魯汶（Leuven）晨晴氣和，冰島雷克雅末克（Reykjavík, Ísland）午後陰涼，臨晚寒風飛沙襲人。早餐溫熱昨晨綠豆、花豆與紫米合煮的稠粥，配以鮮奶，美味可口；餐後，秋橘一顆、葡萄數粒，清新甜美。餐後，整理出遊行李，先搭乘公車前往火車站，再轉乘直達布魯塞爾機場班車，出遊旅客甚多，大排長龍，還好秩序井然，按部就班，順利通過安檢。

　　十一點五十五分登上幾乎滿座的冰島「哇」（Wow）航空一排六人座客機，以紫紅色機身油彩，搭配白色「Wow」商標，非常亮麗顯眼，充滿浪

漫愉悅氣息，首度搭乘印象甚好。金髮服務員也著紫紅制服，環肥燕瘦，各具丰姿，機上並未提供免費餐點、咖啡茶飲，必須另外付費點購。我隨身自備一些法國麵包、堅果、蘋果、秋橘、葡萄與無花果等，足以充饑飽腹，一路閱讀機上冰島旅遊介紹雜誌與宣傳資料，倒也自足自得自樂。

我機位在三十排三人座 D、E、F 之 D，難得中間 E 位無乘客，靠窗 F 位子的帥哥一身運動短褲、運動短衫，一副夏天清涼裝束，好像大有冰島天寒地凍，奈我若何的英雄氣概，他全程戴耳機兀自聆賞 iPad 影片，沒有理會我這位東方老兄，隔位同坐，緣慳一「晤」，真服了這位年輕帥氣的「少年兄」。

冰島與比利時時差二小時，比利時時間約下午三點二十分（冰島一點二十分）抵達冰島西南半島北洋海濱上的凱夫拉維克（Keflavik）國際機場上空，北洋極區海景甚美，從晴朗高空而下，則漸漸濃雲密布，機長廣播冰島陰天，午後溫度攝氏八度，感覺十分舒爽。冰島時間一點三十分平安降落，入境不必再檢查，直接通關。通關前，見有一面牆彩繪甚有民族特色的畫作，遂佇足欣賞，並攝影留念。

出關後，先兌換冰島克朗（ÍslandKróna, ISK）備用。一歐元約值一二○冰島克朗，新臺幣一元約值四冰島克朗。再至飛行巴士（Flybus）購買往返雷克雅未克「赫勒穆爾廣場旅館」（Hlemmur Square Hostel）車票，機場外寒風冷冽，在尋找巴士站的途中，拍攝了類似奧斯卡金人（Oscar Goldman）的藝術雕塑，以及白金蘋果的噴泉雕塑，機場原為美軍基地，不宏偉也不華麗，一如歐洲各國機場簡樸實用，偶有驚鴻瞥豔而已。順利搭上滿座的飛行巴士（Flybus），首途位於冰島西方靠南之北大西洋海濱，且有北大西洋與墨西哥灣暖流匯聚的首都雷克雅未克市（Reykjavíkurborg），冰島為「冰火二重天」的北極區國度，火山、冰川與地熱、溫泉交織混合，時常煙雲霧靄迷濛，故以「冒煙的灣岸」（Smokey Bayshore）命名首都。

冰島面積十點三萬平方公里，約臺灣三倍，但人口不及四十萬，僅及臺

灣市鎮人口，「小國寡民」無國防軍隊，真是人間難得保留自然原始的「優勝美地」。車出機場之後，一路火山苔原，幾無村落，甚為原始自然，海水澈瀲湛藍，遠山吞雲吐嵐，偶有純樸五顏六色木構民居，頗能引起注目，原計四十五分鐘車程，費了一小時餘，已過下午三點才抵達市區下榻客舍，剛好也是報到（check in）的時段，櫃檯小姐安排我住在三樓十二房十四人床位，我可能也是最後一位入住旅客，只剩一上鋪床位別無他選，趁室友外遊，趕快換裝盥洗去。簡便的浴室，舒服的固定上位蓮蓬頭，熱水淋浴格外舒暢。浴後，檢視櫃檯提供的當地旅遊（Local Tours）介紹，見有九點三十分的北極光（Northern Lights）夜訪三小時五九九○克朗，折扣後為五七九○克朗（約新臺幣一二七九元）的遊覽，於是整裝下樓預約，期待今晚能一飽眼福，先睹為快。

二　海灣麗景與北極光夜訪

　　近晚寒風習習，隨興漫步街頭，市區頗似一般小鎮，路不寬廣，房舍也不豪華高大，仍然是一派清純簡樸風格，與歐洲古典雅緻的古老市區，迥然不同，沒有特別令人起眼注目的代表性建築，堪稱是歐洲與世界最北「小家碧玉」的首都了，心裡頗有一些失落與意外之感。街道一角，見到一座不十分起眼的旅遊中心小建築，內有多位遊客洽詢商購旅遊產品。也順道進入，預約了星期日「黃金圈秘密溫泉之旅」（Golden Circle with Secret Lagoon Tour）一日遊行程，旅遊中心折扣價為一一○○○克朗（約新臺幣二四三○元），十分期待能回歸自然，盡情享受此一人間化外桃源。

　　街道右側即是北大西洋海邊，於是轉入前行，簡潔的木構三層樓房，算是市區不錯的豪宅了。傍晚雲暉佳麗，突見彩虹凌波騰空而生，幸運而美好。海邊風景殊美，晚霞穿雲映照遠山，海上濃雲蒸氣，遂生五彩虹霓，橫

空煥然，美不勝收，吸引過往遊客群集海濱一座宛如「諾亞方舟」（Noah's Ark）的現代白金藝術雕塑，捕捉這難得一見的山海空、天人虹──三位一體（Trinity）的自然勝景。一群操粵語的觀光團，有些過分的越界跨坐「諾亞方舟」雕塑上攝影取景，不僅有礙觀瞻，也非常缺乏對藝術品的尊重，我在一旁欣賞良久，未見任何一位外國遊客近前「褻瀆冒犯」，都是遠觀靜賞，而「不敢褻玩焉」。就此而言，中國同胞的文化水平與文明素養，尚待加強提升，這必須仰賴生活教育與自我覺醒。

前後游移欣賞海山、人我相印與雲霞、虹彩相耀的臨晚美景，雖然海風冷冽襲人，但溫暖在心，也就不覺得有風欺霜凌之感。折回市區，瀏覽超市、紀念商店等，並未見特殊貨品，既無意購買，遂匆匆而出。回到旅舍餐廳點了「今日特餐」一道──○○克朗（約新臺幣二四三元）雞肉、薯條與沙拉主食，半買半送生啤酒一杯五百克朗（約新臺幣一二五元），份量與味道普通，勉強果腹，差強人意。餐後，返歸客房休息，手機充電，晚上九點旅舍外第十號公車站等待接送，準備夜覽冰島北極光勝景。

直到九點三十分，方於公車總站匯集群客到齊，浩蕩三輛遊覽大巴，從市郊奔馳向杳無人煙的荒蕪野地，氣溫僅攝氏二度，寒風欺凌刺骨，高空游離幻彩的極光，或成簇扶搖飄蕩，或輕移曼妙飛舞，親臨其境，乃知太陽與地球間，千萬離子受電波擾動，產生綠、紅、藍、紫等混合光束，閃爍夜空星座之間，偶有流星劃過蒼穹，大家眾聲驚呼，雀躍不已，近三小時極光夜訪，一共三處地點捕捉丰采，即使非驚天動地，大放光芒，至少親臨其境，親眼目睹難得一見景況，雖然手機無法拍攝曼妙幽玄極光，但幸有親切導遊介紹北極黑夜星空的天文奧妙曼麗，以及專業攝影師分享極光迷離變幻舞姿，難得緣會邂逅，也就心滿意足，不虛此行了。

車途中，我坐在右側第二排靠窗位置，鄰座一位歸化美國的日本中年瘦小女士，大包小包行李，身穿上下全套雨衣，手機、照相機齊全，只是似乎

「過動好問」，非常囉唆糾纏，頻頻干擾導遊服務同車旅客，惹得眾人側目白眼，同為東方友邦人士，看在眼裡真是非常尷尬，只是不知她是否有所感知？手機既然無法拍攝極光景致，省得分心，專注仰望滿天星斗間，時現時隱、時麗時純、縹緲迷幻的高空閃舞綠彩清光，茫茫宇宙，真是造化萬千，深感驚奇震撼，而讚嘆頌揚。

夜闌人倦，疲憊而振奮返歸，已過週六子時一時後，回到宿舍，一室寂靜闃黑，偶聞夢囈淺鼾，悄悄爬上鋪位，清眠甜蜜進入夢鄉。

三　黃金圈秘密溫泉與飛瀑噴泉一日遊

二〇一七年十月十四日星期六。冰島全天氣寒晴和，午後近晚微雨，彩虹時現，景致殊佳。晨晚室外溫度攝氏二至六度，午前六至八度，午後八至十度。今天參加九小時的「黃金圈秘密溫泉之旅」（Golden Circle with Secret Lagoon Tour）一日遊，上午六時即起床梳洗，七點三十分舍外十號公車站等候接駁，八點三十分匯集眾客於市郊加油站，必須仔細聆聽口音甚重的導遊說明，下車交換至一日遊覽專車，此種匯集旅客的方式，甚便旅客合團隨車，長途欣賞自然風光美景，無須考量交通與景點問題，真是經濟而實惠。

出了雷克雅未克市區，一路往南而東前行，海山之際苔原荒野，偶有雅舍小村、馬羊牧場點綴其間，一派天然美景，賞心悅目。十點前抵達首站位於福祿迪爾（Fluðir）宛如村姑的戶外溫泉泳池（Secret Lagoon）。十點沖洗換裝畢，沉潛悠遊其中，溫泉出口達攝氏一百度，泳池水溫透過現代科技調控，大都維持在攝氏三十八至四十度之間，迎著晨光泉霧，享受其中，放鬆身心，消除疲憊，真是人生難得享受，別有一番滋味在心頭。拍了不少照片，也享受約一千克朗（約新臺幣二二一元）的餐館午點與咖啡，十二點十五分集合上車，前往瀑布流泉勝景，午間秋陽璀璨，真是美好的週六。

經過地熱溫泉浸潤之後，身心放鬆，準時上車，前往號稱冰島「法克西‧地球人」（Faxi, The Man of Earth）瀑布，冰川融化的雪水清澈無比，涼涼飛瀑，確能洗滌凡囂俗慮，雖然短暫停留觀賞，但已對冰島的生氣蓬勃有了更進一步的親身體會。緊接著前往更為熱門的景點「間歇泉地熱園區」（Geysir Geothermal Area），園區間歇泉約每五分鐘噴湧一次，午後秋陽清和，雲天明麗，雖然遊客如織，但「良辰美景，賞心樂事」當前，有充分的時間在此漫步閒遊，也就「萬物靜觀皆自得，四時佳興與人同」了。想到臺灣、日本到處亦有諸多類似地景，如能善加開發、設計、宣傳，也絕對可相頡頏，各領風騷。

　　盡情欣賞地熱噴泉園區之後，「天朗氣清，惠風和暢」，「天光雲影共徘徊」，轉往氣勢更為滂薄，氣象萬千，媲美「尼加拉瓜大瀑布」（Nicaragua falls）的冰川峽谷「黃金大瀑布」（Gullfoss），「群賢畢至，少長咸集」，在深不見底的峽谷與滂沛流瀉的飛瀑之間，讚嘆歌頌此一自然造化的純淨妙美情景，真是「開萬古得未曾有之奇，洪荒留此山川」，堪「作遺民世界」矣。

　　最後一個景點為「平維利爾國家公園」（Pingvellir National Park），從壯觀動態萬千的飛瀑噴泉，至此婉約靜寂的曲川奇巖，晴陽微雨之中，遠山含笑，湖光靜美，斷崖皺石，夕陽餘暉，天邊虹彩映空，最後壓軸的浪漫風光，真是今日行旅的完美句點了。

　　下午四點二十五分上車回程，從早到晚九小時出遊行程，返回旅舍已五點三十分，先到櫃檯預約明天十小時南海、瀑布與南冰島冰川（Suðurlands Jökull, South Iceland Glacier）之遊，費資一二九九〇克朗（約新臺幣二八七〇元）。雖然晚雨稍寒，而霓虹作伴，晚霞尚輝麗，遂徒步漫遊市區，先訪宛如太空梭或噴射戰鬥機的新穎造型「哈爾格林姆教堂」（Hallgrimskirkja），由後而前，仰望瞻禮，衷心讚嘆不已。又沿教堂前東西向巷道西行而下，直到市郊外環公園而止，公園廣闊，各角落林立不同意象雕塑，金黃樹葉繽紛盈

目，波光瀲灩的湖池中，雁鴉天鵝悠遊逍遙其間，薄暮霞暉，又點點雨滴、陣陣風波，情景佳麗，美不勝收，真是出乎意料之外的驚豔。

湖池之左為旅遊中心與市政廳，其旁為國會「大廈」，簡樸單純，不十分起眼。湖池對岸為青白兩色的天主堂，以及頗具造型特色、古色古香的市立公園，循階逐級而上，時有驚豔可觀之處，其中一幢小洋房前，豎立一座「熊」的雕像，其下書寫「柏林，二三八〇公里」（Berlin, 2380km），從此到柏林與魯汶，遠在二千公里迢遙之外，真是有緣與有情的交會。

爬坡而上，左轉往太空梭教堂方向前進，教堂左前巷角，有一家傳統冰島「洛基」（Loki）美食餐廳，可以刷卡付費，於是上得二樓餐廳，選坐大牆冰島創生神話臨窗一角，點選一道各色鮮魚佳餚主菜（三二〇〇克朗）、各色生魚、醃魚與魚乾搭配麵包開味小菜（一五二〇克朗），一瓶維京啤酒（Víkingabjór，一〇五〇克朗），真是飲和食德，大快朵頤了。餐後，再點道地冰島咖啡一杯（一五五〇克朗），頗類都柏林咖啡，有濃烈的威士忌或伏特加酒味，以及冰淇淋（八九〇克朗）一杯，暢懷痛飲飽餐一頓，總共費資八二一〇冰島克朗（約新臺幣二一〇〇元），乘興當個「爽客」，對於提升冰島經濟，想來頗有良助正功。

餐後雨霽，清爽不少，漫步巡遊，再右轉雷克雅末克最繽紛熱鬧的商街，特色餐館皆高朋滿坐，可見寒冬來臨前，真是冰島最後的旅遊旺季。回到旅舍已近晚九點三十分，梳洗後即上床安歇，迎接明天尋幽訪勝的旅程。

四　南冰島一日遊

二〇一七年十月十五日星期日。早晚偶有風雨，較為寒冷，晚秋天光雲影殊佳，氣清景明，真是出遊的美好時光。與現住臺南永康的貴川大哥有事聯繫，傳寄照片提供欣賞，因嘗親授大哥賦詩格律章法，時相唱和，頗有進

境，可喜可賀。大哥乘興賦七絕一首回饋，乃步和元韻，酬答遙謝：

冰島美景映目前，戶外溫泉霧裊延。瀑布奔騰飛瀉下，湖光斷巖綴連天。

萬年蒼鬱海山前，飛瀑跂泉壯偉延。造化絪縕渾沌合，風雲變態潤地天。

今晨溫度已低至攝氏○度，湖面草皮霜露層層疊疊，光影閃耀分外迷人。隨著朝陽漸升，逐次升溫至十一度，午後近晚復降溫至五度以下，全天氣寒晴和，午後近晚微雨，彩虹時現，誠如南朝齊謝朓（玄暉，464-499）〈晚登三山還望京邑〉詠嘆：「餘霞散成綺，澄江靜如練。喧鳥覆春洲，雜英滿芳甸。」風光佳麗，景致清明，不亦快哉！

今晨起床甚早，八點前須等車接駁，準備南冰島（Southern Iceland）一日十小時遠程出遊，雖然耗時費貲，但機會難得可貴，也就不辭辛勞與資財了。八點三十至三十九分之間，陸續會合分車出遊，第一排雅座已被捷足先登，退而求其次，改移第二排右側靠窗位置，各國緣聚行旅紛紛上車，幾乎滿座，後到的兩位美國太太，其中一位約百公斤的胖女士和氣詢問可否同坐，當然欣然應允，她手機、iPad 與專業相機配備齊全，個性豪爽大方，一路到處隔窗獵取美景鏡頭，隨傳遠在美國的子女孫輩家人即時分享，非常能自得其樂。只是座位不夠寬敞，雖然我盡量靠窗邊，讓出較多空間讓她好「周轉迴旋」，但每次下車，她「宏偉豐潤」的身軀總是難以起立，一直向我微笑尷尬抱歉，我也婉轉回謝說：「慢慢來，不著急，不介意，沒關係。」東西貴客因緣際會，和平愉悅相處一天，其樂也融融！

從雷克雅未克一路向西南沿著北大西洋海岸線前進，距離一八六公里，海浪輕濤吟詠岸邊，火山冰川交錯參差，「朝雲與鴻鷗齊飛，秋水共長天一色」，冰島南海真是一處自然原野與山海融洽的仙境（Wonderland）。因路程

遙遠，先到中途一處塞爾福斯（Selfoss）小村落路上的休息站，讓一早起床的旅客活動筋骨，老外們紛紛排隊點購熱氣騰騰、香味四溢的咖啡，我則在周邊欣賞自然風光，非常清新美好。補給與解放充分後，因有人遲到十餘分鐘，敬謹專業的導遊特別交代，請盡量能準時上車，以免耽誤車程與其他旅客權益，一經提醒，此後再無遲到現象，可見老外們的公民生活素養，還是很夠水準。

今天第一個景點是到達後，令人驚豔無比的聯合國教科文組織（UNESCO）認證的世界自然遺產「卡特拉地質公園」（Katla Geopark）內的「斯科加瀑布」（Skógafoss），冰川泉水流瀑澎湃轟隆直下，飛濺的清泉在山谷之間，由秋陽照射變幻出一道美麗無比的虹橋，映襯在壑巖「屏風」之上，而澄澈曲川幽悠流淌，真是自然造化難得一見的美景，令人嘖嘖稱奇，流連忘返。已近午時分，大家饑腸轆轆，停息於一處具有冰島紅白相間、小巧玲瓏特色教堂的農莊公路邊上休息站，有近一小時午餐時間，在超市選購了清爽的蔬菜三明治與鮮綠果汁，獨自一人穿過兩處公路，邊走邊食，從牛羊牧場阡陌之中，進入「蠻荒世界」，點點棲息在陡崖峭壁上的白色鷗鳥，以及時而飛鳴戾天的瀟灑身影，不斷在眼前耳際晃盪飄逸，慶幸自己能把握難得的自由時光，獨享這山林巖壑之中，「鷗雁崖間照，清泉石上流」的生生氣象。

下午二點十五分集合上車，乘興獨往，盡興歡歸，南朝道士陶弘景（通明，456-536）〈詔問山中何所有賦詩以答〉詩云：「山中何所有？嶺上多白雲；祇可自怡悅，不堪持寄君。」再次回首窗外邂逅緣遇山林麗景，真是「卻顧所來徑，蒼蒼橫翠微」了。接下來高潮好戲，則是「索爾黑馬冰川」（Sólheimajökull）之旅，在導遊的引領下，循著冰川千萬年刻蝕的河谷前行，清冷寒風陣陣，皚皚白雪層層，心急興奮走得很快，導遊一直稱讚我腳程體能很好，我笑說經常運動且長途步行，美景當前，眾客未臨，趁機請能

操冰島語、德語、挪威語、丹麥語、法語與英語的導遊代為拍照留念，因為本團老少男女一群，既無標準禦寒履冰配備，也無法控制與保證團隊安全，因此並未能親履冰川探險秘境，導遊特別強調冰川必須專業嚮導，且一定穿著全套極區禦寒與行動裝備，只能另外報名參加。既然如此，也只好在冰川下緣，仰望「一片冰心在玉壺」的白色「香格里拉」。

上車後，「缺憾還諸天地」，由火山冰川直下著名的火山噴灑的黑沙灘海濱維克（Vik）小村，這裡也是非常著名的「雷尼斯峽灣」（Reynisfjöru）火山景觀自然園區，層層疊疊的柱狀火山岩石，堪與韓國濟州島南海邊以及澎湖桶盤嶼的玄武岩柱相頡頏；而形似鯨魚腹鰭的海蝕洞穴，在純淨黑色沙灘與滾滾浪濤的映襯下，更顯得唯美動人。而海上孤立雙峰石柱，宛如深情款款的戀人相望凝視，與韓國濟州島南海邊「獨立岩」情景亦相彷彿，環觀周遭，群群鷗鳥飛鳴尖山蒼穹，五彩滑翔翼乘風高翥，人與天爭，恐怕逍遙自在的鷗鳥，也要「嗤之以鼻」了。

回程中，一路美景聯翩，目不暇給，貼心的導遊特別在途中，讓大家下車，在靜美寬綠的牧場前，仰望山上皚皚如精金美玉般的「艾雅菲亞德拉冰川」（Eyjafjallajökull）全景，真是難以形容的壯觀雄偉、美妙豪邁！可惜只有十分鐘短暫的欣賞時光，但剎那即永恆的感動，將永存心扉。

此行最後的壓軸景點，則是回程中的「塞里雅蘭瀑布」（Seljalandersfoss），新北市烏來飛瀑雖遠遜數籌，而差可比擬。此瀑布誠如詩仙李白（太白，701-762）〈將進酒〉開篇所言「君不見黃河之水天上來，奔流到海不復回」，仰望斷崖白練飛瀑滂沛豪放直下，不知源頭何在？難道真是「天上來」？令人觀想，綺思無限。而此瀑布的最大特色，則是「她」的內在世界，原來瀑布之內是溶蝕岩穴，旅客可循著步道石階，在清泉蒸氣飛拂柔撫的洗禮之下，從「內心懷抱」觀看「外物情境」，雖然難免霑溉潤澤全身，但是沉浸在臨晚清麗美妙、動靜兩宜的自然美景之中，心裡的感動與寧謐，是

無法以金錢所能換取，置身其間，幾乎深刻體會到中唐柳宗元（子厚，773-819）〈始得西山宴遊記〉「心凝形釋，與萬化冥合」的天人合一、物我一體的超越境界。登高環繞，俯仰上下，真是一趟美好圓滿的旅程。

　　近晚五時上車，夕陽西下，雲霞暉光，燦麗天空，早晚一路迎送，「有情天地有心人」，感覺十分溫馨，離別依依。車程頗遠，進入市區後，一路下放車友返歸各自旅舍，約六點三十分才回到旅舍，早、午餐簡單應付，一天行動下來，體能消耗甚巨，腸空肚鳴，心想最後一天晚餐，應好好享受一番，拖著疲憊饑餓的身心，漫步到冰島最熱鬧的商街，見一間位於地下室具有特色的「老酒屋牛排館」（Gamla Vínhusið Steakhouse），開始先點了一份鯨魚排（三六〇〇克朗，約新臺幣九百元）與一杯紅酒（一一五〇克朗，約新臺幣二八八元），但可能鯨魚取獲不易，此排僅一小塊，蔬菜沙拉與清烤馬鈴薯份量亦不多，既不過癮也實在不能飽足；心想在路程寒風瑟瑟中，常見白、黑綿羊或多蹲踞於草原牧場，或登高盤據於岩壑崖壁，於是再加點一份當地土產羊肉排（四七〇〇克朗，約新臺幣一一七五元），想不到羊肉排竟然兩大塊、沙拉一大盤，真是吃飽撐著了。平心而論，廚師料理鯨魚與羊肉手藝甚佳，半生不熟的軟綿口感，略含粗纖酸味的鯨魚肉與稍覺騷羶豐腴的鮮羊肉，山珍海味，果然不同凡響，名不虛傳。

　　餐後，無法再享用甜點，而挪威奧斯陸與冰島雷克雅未克，號稱全世界「咖啡首都」，在奧斯陸時並未品嚐道地挪威咖啡，因此再點一杯冰島純咖啡（三五〇克朗，約新臺幣八十八元），消化兩肉油脂，清新齒頰口感，美食醇酒，結帳總共一一七五〇克朗（約新臺幣三千元）。此行兩道晚餐，也是前來歐洲學習行旅中，最為大快朵頤、大方享受的美食饗宴，此後憶念將是餘香盈懷，回味無窮了。

　　「有夢最美，行動相隨，希望成真，生命無悔」，這是曾經書勉碩士指導學生、大安高工徐敏芳老師的座右銘，而今身體力行，四天三夜，少眠少

休，多觀多興，在天寒氣清的北國洋濱，享受風光秀美的原始自然，雖然所費不貲，但絕對值回票價。十月份秋陽麗空，流金灑翠，可避免暑期過多旅客，正是出遊的好時節，此所以在寒冬來臨前，密集每週週末日假期，安排一國首都旅行，搭乘廉價航空，寓住青年旅館，發揮客家人「克勤克儉，耐勞耐苦」的美德，歐洲交通非常方便，朝發晚歸，自助出遊絕對不是難事。

晚餐後，海風呼嘯，散步悠遊返歸宿舍，年輕的男女室友們，都在甜蜜夢鄉之中，輕靈靜巧登梯上床，寂寂冥冥，仰臥凝思，子夜後先下床整理行李，再出房盥洗沐浴。已預約週一上午二點的飛行巴士（Flybus）車班，幾乎不能入眠，怕驚擾室友，提前下樓退房（check out），接駁車準時到達，與一位外國女士同車，送到市郊公車總站，再轉乘遊覽大巴至機場，六點十五分準時啟程，十分順利圓滿。

期間，發生一段烏龍小插曲，我提前一天上網報到（check in）的機票座位是 30C 靠走道位置，想不到「哇」（Wow）航空公司改換較小飛機，全機只有二十九排，上機後走到機尾，竟然找不到座位，一臉茫然，詢問年輕的女空服員，她一直向我抱歉，要我等所有乘客入座後，再安排空位，最終坐在28C 位子，總算可以好好歇息一番。

一路飛航平順，午前抵達布魯塞爾機場，轉乘火車返歸魯汶，先到住家附近穆斯林朋友烤肉串（Kebab）餐館午餐，清新爽口的十一歐元（約新臺幣三四〇元）套餐，非常滿意。於後庭室外餐桌享受美食，瞥見磚壁上懸掛兩則英文名言，拍錄以為人生座右銘：

Happiness is not a destination, it is a way of life.

幸福不是目的地，而是一種生活方式。

Don't dream your life, live your dreams.

不要夢想你的生活，活出你的夢想。

午間秋景正佳，餐後前往魯汝植物園觀花遊賞，金葉綠林，清秀怡悅，別有雅趣。「計時花」欣迎貴客，口占悅詠七絕一首：

　　尋花探勝傳心語，幽客午迎賞絕葩。物我靈犀天地際，風光笑晤兩清華。

午後繼續「柱下」志業，讀書不忘休閒，身心神靈方佳，確有深刻體會。
　　二○一七年十月十六日星期一，臺南永康貴川大哥賦詩回饋分享冰島之遊：

　　周遊冰島賦詩留，古律綿長媲賢優。異國風光分享照，親朋好友悅無休。

撰自二○一七年十月十三至十五日

仲秋克羅埃西亞遊記

一　說走就走的旅行

　　二〇一七年十月二十日星期五。魯汶（Leuven）晨晴涼，布魯塞爾（Bruxelles）微雨，南歐克羅埃西亞共和國首都札格雷伯（Zagreb, Republika Hrvatska, Republic of Croatia）秋陽燦爛溫和，晚間漸涼，十分舒爽。

　　昨晚早睡，凌晨即起，沐浴盥洗後，再溫熱昨晚剩餘蔬菜湯，配青蔥煎餅為早餐，並完成審查《東亞研究學報》一篇關於《易經》二進位與時間、空間圖式變化對應的英文論文，已近五時，整理行李妥善，準備前往南歐巴爾幹半島（Balkans）克羅埃西亞首都札格雷伯。天猶昏暗，晨風亦涼，一路快騎腳踏車，約五點二十分順利將車停妥在魯汶市政廳（Stadhuis）地下停車場，剛好可以趕上五點二十六分第七月臺，開往布魯塞爾機場（Aéroport de Bruxelles-National, Luchthaven Brussel-National）的班車，十九分鐘的車程很快到達，通關與驗證都十分順利，在 B 區休息充電，八點四十五分公告登機門為 B83，指標卻引導不清楚，須轉至地下室才能找到，登機時間稍微延遲，比預計的九點四十五分慢了十分鐘。

　　只有一臺接駁車，擠得水洩不通，飛機是雙螺旋槳小飛機，每排四人座位，我選坐 16D 靠走道，16F 靠窗的是一位黑髮著白衫黑褲的克羅埃西亞「熟女」，丰姿綽約，但一就坐攤開報紙，就點頭如搗蒜進入夢境，看在眼裡頗覺好笑。克羅埃西亞航空（Croatia Airlines）與荷蘭航空（KLM）一樣服務周到，有免費奉贈克羅埃西亞傳統杏仁餅乾與優格一瓶，外加咖啡、果汁等飲料，十分爽口美味。

航程中，阿爾卑斯山脈（Alpe, The Alps）一路迤邐而東南，皚皚峰雪、陡巖峭壁，益之以蜿蜒流川、瀲灩平湖，真是自然造化，歲月神功，令人賞心悅目、頌美讚嘆！中午後，妥適平安降落，通關後先兌換一百歐元克羅埃西亞庫納（HrvatskaKuna, HRK），「Kuna」原意為「貂」，一庫納（Kuna）約等於新臺幣五元；另有輔幣利帕（Lipa），一庫納等於一百利帕，「Lipa」原意為「椴樹」。一百歐元僅得七百庫納（市區可兌得七四七庫納），機場兌換明顯「吃」定入境旅客，以後在機場僅兌換搭車需用的費用即可，免當冤大頭肥羊，任人宰割。機場尚無鐵路與地鐵可達首都，在服務中心詢問如何搭乘巴士進入市區，並索取地圖與旅遊資訊後，即到機場外搭乘機場穿梭巴士（Airport Shuttle Bus），時間拿捏得剛好，向司機購買單程三十庫納（約新臺幣一五〇元）的車票入座後，隨即開車前往市區公車總站，費時約半小時，初履印象感覺與匈牙利布達佩斯（Budapest, Hungary）有些類似，街景新舊雜陳，有些蕭條破落之感，歷史戰亂不斷，良有以也。

　　整修中的公車總站，缺乏首都氣派，排班計程車不少，卻乏人問津，情況頗類臺灣往昔各地火車站、公車站前的景況，景氣非常低迷。在公車總站先坐定研究地圖路線，將方位座標確認後，即徒步漫遊前往預約位於舊城區的「休閒旅館」（Chillout Hostel），與在芬蘭赫爾辛基（Helsinki, Finland）所住青年旅館同名，應該是同一家國際聯營旅舍。

　　從公車總站前大道往左轉，前行至第一條大街再左轉直行，一路經過數個巷道，破落的舊建築樓房不少，沒有可觀的風光景致，有些意外與落寞。十餘分鐘後，抵達中央火車站前廣場，始驚豔於南北縱貫的典雅美麗公園，市民與遊客悠然行止其中，白沙步道，清澈噴泉，燦爛葳蕤，黃澄燦爛宮殿，流金灑翠叢林，共同構成一幅靜謐美妙的秋景畫面，令人沉吟陶醉不已。

　　一路漸入佳境，在縱向公園大道左側，有一棟古典雅致的建築雕刻博物館（Muzej Arhitektonske Skulpture），於是轉入參觀，與二〇〇四年四月於西

班牙馬德里（Madrid, Spain）所見如出一轍，更加覺得親切了。一路北行而轉西，舊城堂皇壯麗景觀紛至沓來，目不暇給。市街上乞丐還是不乏其人，惻隱不忍之心又起，分別奉獻給一位殘疾先生、一位孱弱老翁（晚上再「獻納」給一位淒涼婆婆，她還比劃十字感謝祝福，誠意十足）；沒有周折耗費時間體力，順利尋訪到僻處巷內的旅舍，還不到下午三點規定的報到（check in）時間，櫃檯前一群年輕葡萄牙姑娘們，唧唧喳喳，好不熱鬧！等她們安排確定，櫃檯靚妹很客氣的為我安排二樓二十八房二號上鋪床位，一室八床，男女老少雜處，已經見怪不怪，十分適應習慣了。

　　整理好行李與床鋪，手機繼續充電，藉機補眠至近四點始出門。客舍後，別有天地，不僅是一座高低錯落的公園，彩繪階梯牆壁、新穎藝術作品，更吸引成雙成對老中輕情侶，氣氛浪漫，實在迷人。上坡則是中世紀的城堡皇宮廢墟，闢為史蹟公園，供人憑弔休憩，熱戀中的情侶更加鍾情於此，不想當「電燈泡」，趕快轉入巷內，不期竟迎向甚具特色的聖‧馬克教堂（Crkva sv. Marka, Church of St. Mark），彩繪鮮豔的拼貼屋頂上，亮麗展現著克羅埃西亞與札格雷伯的圖徽，十分吸睛引人注目。此教堂歷史可追溯到十三世紀中葉，現在的樣貌則是一八八○年由建築師赫爾曼‧博爾（Hermann Bollé, 1845-1926）所建。教堂正面屋頂馬賽克是以紅、白、藍、黑的磁磚拼貼成兩個盾牌，左邊的拼貼區塊分別代表當時克羅埃西亞境內的三個王國：克羅埃西亞（Hrvatska）、達爾馬齊亞（Dalmatia）與斯洛維尼亞（Slavonija），下面有一隻奔騰的「貂」（就是庫納硬幣上的圖案）；而右邊的城堡圖案，則是代表札格雷伯（Zagreb）。適有臺北團客到此匆匆一遊，可惜沒有交會。

　　我獨自一人，左右前後巡遊一過，多為中央政府辦公廳舍，以及希臘等國大使館等，居高臨下，俯瞰下城區一覽無遺。又轉入古巷，更為幽靜夐美，循木梯拾級而下，即是餐館雲集街衢，頗有特色的塔卡奇切瓦街（Tkalčićeva Ulica）。隨興漫行，又上坡至另一古牆彩繪親子同樂公園，再一左轉即是雙

塔聳立的聖母蒙召升天大教堂（Katedrala Marijina Uznesenja i Sv. Stepana, Cathedral of Mary's Assumption），俗稱「札格瑞伯天主堂」（Zagrebačka Katedrala, Zagreb Cathedral）；大教堂始建於一〇九三年，一八八〇年地震時受到影響倒塌，之後才重建為今日神聖莊嚴與富麗堂皇的樣貌，免費參觀。夕照燦爛，聖光輝煌，於是獨自進堂，入殿禮拜，正值晚禱時間，肅穆莊嚴，渥蒙福恩，喜樂而出。

　　拜謁教堂後，又順坡而下，先觀覽市區全城模型，再至大廣場市集買了三塊三十庫納（約新臺幣一五〇元）的野菜薄煎餅，已涼且油，不甚好吃。再循來時徑，爬坡而上，夜幕中再回顧午後情景，又別有一番滋味在心頭。在一家小超市，買了一瓶牛奶、二塊麵條、一盒傳統餅乾，僅費三十餘庫納，明天早餐就有著落了。彩繪瓷貼屋頂的聖・馬克教堂正前巷內左側，有一間別開生面、獨樹一幟的「分手博物館」（Muzej Raspada, Museum of Broken Relationships），參觀票資三十庫納，我無趣觀賞離去。走下山坡，又在通衢商街漫遊數十分鐘才返歸，梳洗準備入睡安眠。已在櫃檯報名明天上午八點三十分，二五〇庫納（約新臺幣一二五〇元）的「十六湖國家自然公園」一日遊，期待大開眼界，一新耳目。

二　我所擁有的，竟是如此繁華——十六湖國家自然公園

　　二〇一七年十月二十一日星期六。今天將前往參觀欣賞札格雷伯與聯合國教科文組織（UNESCO）於一九七九年認證登錄的世界自然文化遺產「普利特維采湖國家公園」（Nacionalni Park Plitvicka Jezera, Plitvice Lakes National Park）自然景區，俗稱「十六湖公園」，秋高氣爽，將是一趟永難忘懷的旅程。

普利特維采湖國家公園（克羅埃西亞語：Nacionalni Park Plitvička Jezera），也作布里特威斯湖國家公園，位於克羅埃西亞中部的喀斯特山區，創立於一九四九年，為東南歐歷史最悠久的國家公園，現在也是克羅埃西亞最大的國家公園。公園內有許多有石灰岩沉積形成的天然堤壩，這些堤壩又形成了一個個湖泊、洞穴和瀑布。由於主要有十六個湖泊，故公園又叫十六湖國家公園。一九七九年被聯合國教科文組織列為世界遺產。現在的普利特維采湖群國家公園是克羅埃西亞最大的觀光地。一九九七年，隨著國家公園的範圍擴大至一○○點二平方公里，世界遺產的登錄範圍也隨之擴大。公園內的湖群呈帶狀分布在蜿蜒的峽谷中，並分為上、下湖區，上湖區包含十二個湖泊，湖底是白雲石；下湖區湖底位於石灰石峽谷，有四個湖泊。各湖泊由一條水路相連，由於存在較大的落差，期間形成許多大大小小的瀑布，最大的瀑布位於下湖區末端的「大瀑布」。

上午五時許醒來，先盥洗沐浴，清潔衣物，再回床休息至七點三十分，隨後至客舍外雅靜公園，以昨晚小超市所購麵包、鮮奶獨享簡易早餐，自由自在。八點三十分客舍櫃檯前集合，九點始全員到齊上車，留著光頭的司機兼導遊先生，帥氣瀟灑，十分健談活潑。前座兩位操英國腔的年輕小辣妹，全程笑陪。我坐第一排內位，與兩位來自日本東京一高一矮的親姐妹共鄰。第二排靠窗為來自法國南部瘦高頗有藝術哲學家氣質的成熟帥哥，中間為來自加拿大一路聊天的年輕「不黑不白」小帥哥，靠門則為二十四歲的德國金髮靚妹，她說在旅行中，家人來電通知高齡二十歲，親如家人的老貓辭世，今天旅遊後即將兼程返家，為老貓送終悼念。中巴連同司機共四男五女，算是十分便宜經濟的精緻旅遊小團，浩浩蕩蕩快車馳往近二百公里、車程約二小時的「十六湖公園」遊覽觀光。

司機開車強猛，一路奔馳飆車，在高速公路「市場」（Marché）超市休

息，讓大家購買早餐與預備入園午餐，我選購了麵包三明治配鮮果汁一瓶，僅費三十餘庫納，背包內尚有昨晚所購麵包、餅乾，以及從魯汶帶來的蘋果一顆、無花果乾一包、礦泉水一瓶，足夠午餐享用。約十一點三十分先抵達卡爾洛瓦茨（Karlovac）山區河邊成群小瀑布景區，司機先放下大家沿路徒步隔岸觀賞，他將車開往橋畔停車等候大家，因逆光不好取景拍攝，遊客不少，小家碧玉、玲瓏剔透的小斷層群瀑，確實能吸引眾人的目光，不過這只是熱身前奏而已，登堂重頭大戲，正在後續征程呢！

　　集合上車，在群山遍野金黃燦美的樹林迎接中，蜿蜒前進，約半小時抵達夙負盛名的「十六湖國家自然公園」，各國旅客甚多，也有臺灣、韓國與日本的觀光團，流金灑翠廣袤森林，上下群瀑眾湖，美景逢時當前，難怪連肩接踵，盛況空前。車停景區第二接駁巴士（shuttle bus）站與傑澤羅酒店（Hotel Jezero）森林內一角，各自排隊購買入園票（全票一一○庫納、學生票八十庫納，約新臺幣五五○、四○○元）後，搭乘接駁巴士（shuttle bus）至接駁車第一站下，以「科扎克湖」（Kozjak Jezero）大湖林區為中界，往北漸入佳境，循著生態木梯步道，沿著湖畔清泉尋幽訪勝，雖然還無緣造訪大陸甘、陝、川之間的「九寨溝」，但憑過往欣賞的照片看來，兩者應該在頡頏伯仲之間，真是上帝恩賜的人間天堂、世外桃源。

　　先從石灰溶岩斷層洞穴逐級而下，彷彿〈桃花源記〉敘述一般，入口初甚小，而後逐漸豁然開朗，鬼斧神工，俯視仰瞻，嘆為觀止！泉湖清澈澄淨，鱒魚悠然自得，夾谷兩山金葉點染深秋顏色，往北米蘭諾瓦茨（Milanovac）、加瓦諾瓦茨（Gavanovac）、卡盧德羅瓦茨（Kaluderovac），泉、湖、瀑紛至沓來，最高潮、最勝處則匯集在「大瀑布」（Veliki Slap, Big Waterfall）之前。流泉淙淙，飛瀑隆隆，髣髴共同演奏出一齣齣精妙天成的自然交響樂曲，吟詠著一曲曲山高水長的人文知音詩篇，令人心醉神馳，陶然共忘機。

　　大瀑布再北行，則薈萃群湖、眾瀑、廣泉而集結為科拉納（Korana）滾

滾清河，此上即是林瀑景區的第一主要入口，從此到卡爾洛瓦茨（Karlovac）八十三公里、札格瑞伯（Zagreb）一三七公里、科拉納營地（Kamp Korana）十公里，來臨前均已路過途經，建構了環境空間與地理印象。復從大瀑布再循原路回程，一步步往上登升石灰溶洞斷層岩壁，考驗著大家的雙腿腳力，我素有運動不是難事，不敢說健步如飛，至少不會腿軟發抖、氣喘吁吁。

上得階來，俟大家喘息甫定，又再搭乘接駁巴士（shuttle bus）前往第二接駁站，下谷往南行，沿路觀賞布爾根（Burgen）、格拉汀斯科（Gradinsko）、加洛瓦茨（Galovac）大小湖泉瀑區，再迂迴曲折往觀馬羅（Malo）、菲爾（Vir，小）、菲力科（Veliko，大）、巴蒂諾瓦茨（Batinovac）、歐克魯格里阿克（Okrugljak，圓）等群分小瀑流泉景區，上下高低，起伏綿延，平湖靜波，飛瀑流泉，游鱒息雁，雅客嘉賓，顧盼生姿，漪歟盛哉！全區風光景致浪漫唯美，靜觀樂賞山水森林燦爛激灩，凌波微步，令人驚豔，深深陶醉，如入人間仙境，逍遙自在極了。

散步林湖之濱，雖然漫遊已近四小時，卻不覺疲憊，收聚群美於此，遂上至第三接駁站，再乘接駁巴士（shuttle bus）至第二接駁站，因三節車廂之第三車廂故障打不開，著急上車歸程的旅客甚多，秩序一時大亂，難得見到有文明素養的老外，也爭先恐後壅塞於車門上下，真是進退兩難，「行不得也哥哥」。約下午四點三十分才好不容易返歸來時停車處，略事休息，並分別購買飲料、點心後，才集合上路。循著來時路，再返歸程，重新複習地理，更有整體空間環境概念了。導遊識途老馬、駕輕就熟，還是一夫當車，一路飆車，勇往直前，馳騁奔馳於山間蜿蜒曲徑與筆直高速公路，途中仍休息於「市場」超市，費時近二小時，於六點三十分始平安抵達客舍，一顆懸念的心，也終於如釋重負了。

告別大家後，獨自走訪舊城區餐館區，八點十七分停駐於庫斯拉諾娃（Kuslanova）二號「咖啡吧歷史村」（Caffe Bar History Village）餐廳，選定

室外雅座，獨我一位「貴客」在外，其他嘉賓都坐室內觀看足球比賽，樂得清靜獨享開朗空間，點了一道牛肉湯（Goveda Juha）二十八庫納、五分熟牛排一客（含炸大圓薯條六個、烤蒸節瓜）一五八庫納、啤酒一小杯二十五庫納，飯後香草（Vanilla）黑莓冰淇淋十八庫納、濃咖啡（Espresso）一杯十庫納，共二三九庫納（付二五〇庫納零錢回饋為小費，約新臺幣一二五〇元），大快朵頤。飽足後，再悠閒散步市街，東西遊走，至夜色深沉時分，才安然回歸溫馨客舍，好好休養生息一番。

三　一個人，也不會孤單

二〇一七年十月二十二日星期日。晨陰多雲，午後秋雨綿綿，至晚未歇。昨夜多位西班牙男女室友結伴歡喜出遊，至今晨三時許始盡興返歸，帶頭的帥哥很有風度，一直提醒大家輕聲細語，保持安靜，很有文明修養的一群年輕人。五時後，我才起床沐浴盥洗，再回鋪休息至七時，方下樓至會客室公用電腦，處理回程線上作業，可能是系統安全問題，嘗試各種方式，一直無法連線至臺灣師大與雅虎（Yahoo）信箱，寄不出已完成預先報到（check in）的電子機票，因此無法列印。櫃檯服務先生不夠敬業，服務態度也不佳，冷眼旁觀，客氣詢問應如何解決，絲毫不為所動；再請他提供旅舍電子郵件，卻也無法上傳，只好作罷，等到機場後，再嘗試臨櫃列印了。

約八時出門，週日街上十分冷清，滿天濃雲，一夕之間，好像真的要「變天」了。沿著市中心區「班‧耶拉契奇廣場」（Ban Jelačić Squar）左側巷道，清早就有許多婆婆、媽媽們擺設鮮麗繽紛的彩花攤位市集，雖然顧客不多，卻仍十分喜樂，看在眼裡也憑添了幾許的歡悅心情。上了階梯之後，則為更大的「朵拉滋」（Dolac）蔬果露天市場，以及安置在室內的魚市場。甫上階梯，迎面而見的即是一尊頭頂貨籃的中年婦女銅雕像，十分寫真傳

神，不禁令我懷想起小時屏東佳冬故鄉，山上排灣族原住民婦人清明時節頭頂一整籃筐山芋或山產，下山與我們客家鄉親「掛紙」掃墓祭祖時，交易豐富的客家祭品的美姿倩影，傳統而純樸，真是一幅生動的謀生寫照。

廣場上盡是各類時蔬、鮮果、自製乳品、各色土產、手工藝品等，一派活絡生意氣象，振奮感動不已！巡迴一過，轉入室內魚市場，並無濃厚腥味，環境清潔雅致，四面牆壁上，裝飾著琉璃魚蝦等現代藝術作品，十分吸睛，也活潑了市場的氣氛，一早顧客不多，男女老闆們看著我這東方而來的「貴客」，頻頻拍照，靜靜觀賞，應該覺得非常新奇有趣吧！傳統市場向來是感受當地風土民情的最佳地點，一早體驗這個國家首善之都最生活化的一面，除了有新鮮繽紛，令人眼花撩亂的水果蔬菜、魚肉生鮮之外，這裡一張張歡樂的笑臉，才是讓人最難忘的一道道生活與生命風景。

市場再往上，又有一小廣場，純為鮮花市場，與街衢巷內的花市，上下輝映，可見此市人民愛花的生活美學，值得我們觀摩學習。由此小花市，可以向後俯瞰「朵拉滋」（Dolac）蔬果露天市場，其右方為聳立兩座哥德式鐘塔樓的札格瑞伯天主堂（Zagrebačka Katedrala），為此市最著名的招牌地標與代表建築；花市左方為下坡各具特色的小餐館，下坡後左右巷道則為此市最繁華熱鬧的餐館、咖啡與酒吧特區——塔卡奇切瓦街（Tkalčićeva Ulica）；其前方為林立的生活用品、衣物鞋襪、紀念商品小店面，到底就是市民公園，古樸清謐，有雕塑與牆畫，老少咸宜，可供流連休憩。而此花市正中央，被鮮花圍繞著一尊頭戴藝術小帽的年輕吉他手，及伸手乞援的苦難人士雕像，在此徘徊凝思、觀賞懷想、流連環顧後，始欣然離去。

花市巷子走到底即為公園，右轉街邊為一座小巧樸素的天主教堂，正有週日彌撒典禮正在進行，靜立內門外觀望，幾位男女小朋友在修女的引導協助下，羞赧生澀的一一捧持聖物前行，敬獻予祭壇前方的主禮神父，信眾教友虔誠滿堂，我也霑溉了神恩聖澤。告別後，巷道前行至客頭爾（Kaptol）

天主教堂大街，教堂廣場前端居高臨下的黃金聖母雕像，俯視著芸芸眾生；雄偉直上雲霄的兩座鐘塔樓（右塔正包覆著維修之中），聲鳴四方六合，牽引著市民遊客的心懷，晨間清靜寧謐，景致殊佳，中老年先生、女士們，手牽著孫子、孫女們，以及家人一同前往教堂禮拜，宗教信仰誠篤而氣氛莊嚴肅穆，真是道地純粹的天主教國度。

觀禮畢，循著客頭爾大街直上北郊山陬，一路上大小教堂、修道院、政府機構與民房，新舊、雅潔、殘破，櫛比鱗次，街道兩旁巴洛克式色彩繽紛的老房子一字排開，讓這條街道別具風格。而各教堂頌讚歌聲不斷悠悠傳入耳際，感覺十分清靈秀逸。在一家社區小超市選購三款麵包、一瓶可樂，五十庫納（約新臺幣二五〇元）；綽綽有餘，邊走邊食，邊賞邊思，不覺就漫遊到十字交叉路口。對面有一座山邊市立公園，幾位太太正在遛狗，很怕我被眾狗「騷擾」，微笑著對她們說：「請放心！我從小有狗緣，不怕狗，知道如何安撫。」待眾狗嗅聞一過，知我是「善類」，遂揚手歡喜告別。折回十字路口，往右巷上山坡道，直行即是上城區（Gornji Grad），登高望遠，向下俯瞰下城區（Centar Grada），算是一般旅客不會親履的「私房秘境」，而我竟獨享於此，這也是自助旅行的意外驚喜與奧妙樂趣了。

上城區包括天主教堂所在的客頭爾區，以及聖・馬克教堂所在的區域，重要的觀光景點都集中在此二區，而充滿歷史實感的石塊古道與木石長階，更增添無限的風韻情味；而下城區則是市中心（Donji Grad）一帶，以火車站、站前縱向長列廣場公園為中軸線，兩側都是圖書館、博物館、歌劇院等新穎建築的薈萃之區。週五午後抵達時，已經徒步漫遊一過，利用最後一天，再擴大範圍隨意瀏覽。一路沿著山丘大道前行，蜿蜒曲徑，古雅建築，蒼黃林木，狗吠蟲吟，不斷進入眼簾耳際，聆賞靜觀「天地生物氣象」，尤悟「讀萬卷書，不如行萬里路」的真諦。

從舊城區山林公園直下，至三叉路口，見右側有連棟博物館、研究院典

雅建築群落高據昂揚，遂左轉下坡相對仰望，不勝依戀。中途抵達著名的「石門」（Kamenita Vrata, Stone Gate），這裡是札格雷伯古代四座城門中巋然獨存至今者，也是上城區的主要入口。城門裡供奉著聖母瑪利亞（Djevica Marija）懷抱聖嬰耶穌（Dijete Isus）的塑金畫像，傳說在一七三一年的一場大火吞噬掉整座城門，唯獨這張畫像絲毫無損，於是信徒們便建造一道精緻的鍛鐵門保護著。而今，這裡已經成為了一個聖地，跪禱、點燭、獻花的信徒絡繹不絕，與臺灣媽祖信仰如出一轍。「石門」下坡處小公園上，豎立著基督教早期殉教者中古騎士聖·喬治（Sanctus Georgius, Saint George, ca.280-303）屠龍雕像，但雕像下所屠的「龍」，卻是不折不扣的「大鯰魚」，頗為唐突幽默。

離開石門後，沿著石版路往上走，轉個小彎就可看見經典的馬賽克拼貼屋頂的聖·馬克教堂，教堂所在的聖·馬克廣場（Sveti Marko Kvadrat），是整個上城區的中心點，包括克羅埃西亞的國會、總督府、法院、博物館等都環繞在廣場周圍，隨處可見克羅埃西亞的國旗迎風飄揚，以及穿著黑色制服看起來有點嚴肅正經的警衛先生。此區觀光景點密集，穿街過巷，輒有驚豔之處。所遺憾者，因歷史戰亂因素，建築古舊破落尚待維護整修者甚多，悠悠懷古氣氛異常濃厚。

在教堂廣場上，遇到不少臺灣與韓國旅客，頗有親切之感；請一對情侶的帥哥協助拍照紀念，隨後循古道階梯下坡，直至上城區與下城區交接的尤里什蒂切娃（Juristićeva）大街，本想前往一家曾經路過的理髮店整理頭髮，不料週日未營業，遂從對面的郵政總局左側巷道，在一尊頗有韻致的抽象現代雕像前拍照存念後，行經大天主教堂下方巷道，環視周遭，先往右行，在「池塘」（Ribnjak）公園下，過了蘭戈夫廣場（Langov Trg）路口轉角處，豎立著一尊詩人的全身雕像，傳神的依靠著圓形的詩碑，足堪玩味，可惜未見此賢何名，僅拍攝到以克羅埃西亞文字書寫的詩篇，俟有餘暇再細加迻譯，以瞭解詩情。

再次回轉天主教堂下巷道，有一家紀念品店外牆，繪有頗有情意的藝術壁畫，觀賞拍照後，下坡轉至連接上城區與下城區的「班·耶拉契奇廣場」（Trg Bana Josipa Jelačića），廣場前有多條電車在此交會，可說是札格雷伯最熱鬧的區域。廣場中央矗立著騎馬揮刀的總督班·約西普·耶拉契奇（Bana Josipa Jelačića, 1801-1859）雕像，周邊商家林立，人聲鼎沸，經常有市集攤商，提供市民遊客選購，也有噴泉可供休憩，可算是市內非常有人氣的廣場。

再次巡覽回顧後，即返歸客舍休息、手機充電，其他室友皆已退房離去，只我一人「獨守空閨」，靜臥二號上鋪，清潔女工以為房間已無人，將整理的床單棉被盡往我上鋪甩來，驚見我安然在臥，連忙道歉，我起身微笑以對，相安無事。清理床鋪後，又有一位女士前來吸塵消毒，也似乎並未發覺我在上鋪休息，酒精抹布直往床沿四周擦拭一過，窗門大開，一室清新舒坦，整個人也精神起來了。

約午後一時下床，整理行李後即下樓退房（check out），而室外已經秋雨綿綿了。撐著小傘，從班·耶拉契奇廣場前大街一路行進，至塵囂（Praška）街右轉直下，經尼可拉·蘇必奇·滋林斯基廣場（Trg Nikole Šubića Zrinskog）與妥密斯拉瓦國王廣場（Trg Kralja Tomislava），而這兩個廣場其實就是南北縱向的市區帶狀公園，噴泉淙淙，綠意盎然，十分賞心悅目。週五午後初履時，已經領略一過，此時風雨交加，就無法再好好端詳欣賞了。

從地下道至火車站，人潮與班次均不多，頗為冷清，於是繼續前行，至路邊一角快餐小館，點選了中東烤肉串（Kebab）肉捲與可樂一瓶，費資三十五庫納（約新臺幣一八〇元），飽餐一頓，養精蓄銳後，繼續冒著風雨前行。午後三時前，順利抵達位於馬林·德齊奇大道（Avenija Marina Drzića）右側的公車總站，剛好趕上三點開往機場的班車，乘客不多，選坐第一排右方位置，一路回顧來時路，再次複檢環顧，不知何年何月，才有機緣再次造訪？

半小時的車程，一轉眼間即抵達機場，先至克羅埃西亞航空（Croatia Airlines）櫃檯請求協助列印機票，再至兌換所將所餘三四五庫納，折兌為四十五歐元。約四點入關檢核，查驗小姐詢問我的機票是明天週一上午六點十五分，怎麼要提早如此久時間入關呢？我答以天雨無法出遊，清晨一早班機恐無車可搭，耽誤了航班，因此提前退房，並先行入關休息、工作、等候。她一臉迷惑狐疑，我仍笑回：「入關後，會自行安排妥善，無須罣礙。」還是順利入關檢驗，完成手續後，即尋找方便休息的靜處，剛好在候機室一角落有四張躺椅，空無一人，於是善加利用，選定靠內一椅，將仍未晾乾的內衣褲、毛巾、鞋襪，以及路上淋濕的球鞋、運動襪等，逐一拿出脫下，放置在背包與手提袋上方後，即靜躺安臥，一邊休息一邊閱覽資料，至晚七點三十分後，起身至機場內餐館點選了一客牛眼排九十五庫納（約新臺幣四七五元），一小瓶鮮果汁、牛奶與礦泉水，享受一頓美味的晚餐。

晚十時後，所有航班都已結束，空曠寂靜的候機室，獨我一人悠然躺臥，夜間駕駛著清潔機器的年輕帥哥，與我相視而笑；靜夜中，回顧兩天半行旅點點滴滴，爰賦長篇冠首藏頭詩一首，韻寄「下平聲‧七陽韻」：

克儉純樸聖教揚，羅織炳蔚海山鄉。埃塵俗慮皆清滌，西島右陵盡秘藏。
亞得豐濱頤潋灩，札涵勝跡萃芬芳。格旅鮮麗紅藍白，瑞獸靈神敏捷剛。
伯仲希羅今古耀，十全道器顯微芒。六橫三縱棋盤市，湖疊瀑層夢幻堂。
國泰民安風雨順，家興友睦德仁良。公心正氣流泉湧，園徑幽林挹碧蒼。
世代煙華依舊在，界疆典型斐然昌。自由平等終博愛，然諾信從始憲章。
文貴天人和合一，化蒙物我利貞方。遺情款款欣回味，產品紛紛慶幸嚐。
遊目騁懷豪志豁，覽光映色繆思決。紀行存存觀生意，念篤淵明素履航。

獨自孤守候機大廳，靜待二〇一七年十月二十三日星期一清晨六點十五

分首班返歸班機，預計八點四十分抵達布魯塞爾機場，魯汶東方圖書館每星期一上午閉館，午後一點三十分至五點開放，還可以在客舍休養生息，午餐後再前往東方圖書館，繼續「柱下」閱覽錄打字中文古籍，神交中外古賢，不亦快哉！

撰自二○一七年十月二十至二十三日

仲秋羅馬尼亞與保加利亞遊記

一　遠訪「小巴黎」布加勒斯特

　　二〇一七年十月二十七日星期五。天晴氣和，搭乘羅馬尼亞大龍（Tarom）航空公司波音（Boeing）737-700航班，啟程前往東南歐「小巴黎」羅馬尼亞布加勒斯特（Bucureşti, România; Bucharest, Romania）旅遊，沿途空中俯瞰攝影，自然山川美景、人文城鄉景致，憬然赴目，美不勝收。

　　午後，平安抵達布加勒斯特亨利·科安德國際機場（Aeroportul Internaţional Henri Coandă Bucureşti），別稱奧托佩尼國際機場（Aeroportul Internaţional Otopeni），後以紀念出生於布加勒斯特的現代噴氣式飛機之父、空氣動力學先鋒亨利·科安德（Henri Coandă, 1886-1972）而改今名。天朗氣清，惠風和暢，先在機場以一二〇歐元兌換為四九二羅馬尼亞新列伊（Lei, RON），約新臺幣三二九五元，並購買機場來回市區的公車票八點六新列伊（付九元不找零，約新臺幣六十元）。隨即搭乘七八三號公車入市，途經布加勒斯特通往國際機場的綠蔭大道圓環上，仿造巴黎的「凱旋門」（Arcul de Triumf, Arc de Triomphe），最後至大學廣場站下車，沿途巡訪一路順暢，彷彿漫步巴黎「香榭麗舍大道」（Avenue des Champs-Élysées）。

　　羅馬尼亞人口與臺灣相當，面積竟是臺灣七倍有餘；而保加利亞人口不及八百萬，面積也約臺灣三倍大，發展潛力無窮，如今多為東亞中、日、韓與歐盟國家投資開發目標。近午三時入住舊城區「小布加勒斯特旅館」（Little Bucharest Hostel），十位男生房安排於三樓八房下鋪三號床，行李安

頓於四號置物櫃，整理妥善，與德國、智利兩位室友閒聊交流一陣後，即隨興漫遊市區至深夜始歸。

羅馬尼亞與義大利都有兄弟為狼母乳育的民族創生傳說，布加勒斯特古城區入口，即設置有此一民族創生史話紀念雕像。旅舍附近為布加勒斯特古城區核心地帶，安頓休息一陣後，傍晚薄暮時分，散步前往國家銀行旁東正天主教堂，欣賞祭殿內精美細膩的宗教濕壁畫；又轉入維多利亞大道（Bulevardul Victoria）上，仰觀東正天主教堂內莊嚴華麗的主祭壇，以及布加勒斯特大學（Universitatea din Bucureşti）紀念卡洛斯國王（Carlos I, 1839-1914）大樓與國家劇院（Ateneul Român, Romanian Athenaeum）。穿街過巷後，再隨興漫步於布加勒斯特大學廣場、民藝館前庭造景與中心點，以及駐足欣賞大學廣場大道上的聖母醫院，頗驚訝於此市的寧謐典雅，布局規模宏大，東方「小巴黎」之美譽，果然名不虛傳。

是晚，於古城區達契安‧布爾茲（Dacian Bulz）餐廳，享受一頓道地羅馬尼亞美食，主餐為玉米粥、奶酪、香腸與煎蛋（polenta, cheese, sausages, and fried egg），二十八新列伊（約新臺幣一八八元）；搭配牛肉湯（冷麵包兩片），內內亞‧揚庫（Nenea Iancu）啤酒一瓶，十二新列伊（約新臺幣八十元），物美價廉，非常滿意。悠閒返歸客舍大門前，不幸親見一位在室外用膳老年長者，因心肌梗塞猝不及防，雖經積極搶救，兩輛救護車，多位警察封鎖維持秩序，仍然回天乏術，目睹老妻、壯子號咷大哭悲慘情景，感同身受，亦為之一掬清淚。

二　喀爾巴阡山城堡與古城一日遊

二〇一七年十月二十八日星期六。晨雨，近午方霽，傍晚又雨，天寒好箇秋。

一早霪雨凜風，起床盥洗沐浴後，即整裝前往維多利亞大道雅典娜神殿‧羅馬尼亞國家劇院（Ateneul Român, Romanian Athenaeum），報名參加八點出發之喀爾巴阡山（Carpaţi, Carpathian Moutains）坦席爾瓦尼亞省（Transylvania）十五人團一日兩城堡（Two Castles in One Day）套裝行程，資費八十歐元（約新臺幣二六一五元）。

　　出發後，先停留在獨裁者希奧賽古（Nicolae Ceauşescu, 1918-1989）所建，號稱僅次美國五角大廈（Pentagon）的「羅馬尼亞議會宮」（Palatul Parlamentului），不禁感嘆於獨裁者的「豐功偉業」，竟是多少國家人民血汗的奉獻與犧牲？辭別市區後，馳騁長驅至喀爾巴阡山林中，參觀十九至二十世紀間，羅馬尼亞開國國王卡洛斯一世（Carlos I, 1839-1914）的培里司城堡（Castelul Perris, Peles Castle），此堡是羅馬尼亞最為典麗華美的宮殿，也是歐洲十大皇宮之一，昔日作為羅馬尼亞國王的避暑度假勝地。雪白的宮殿，高聳的三座塔尖直插雲霄，絳紅的窗櫺，典型巴洛克式雕塑，加上內部金碧輝煌，富麗優雅的陳設，不管是國王與皇后接待貴賓會客室、宴會廳、議事廳、音樂廳、兵器廳與後為希臘皇后的伊莉莎白（Elisabeta a României, 1894-1956）公主游藝室等，都各具繽紛璀璨特色，卻竟然藏身於茂密森林之間，儼然成為活脫脫、閃靈靈的童話世界，流連觀賞甚久，依依戀戀，不忍驟然離去。

　　近午，抵達東南部著名古城布拉索夫（Braşov），顯眼的巨大白色城名高懸在山壁上，上山有索道，宛如座落在美國洛杉磯山頭的好萊塢（Hollywood, Los Angeles）引人注目。此城為南喀爾巴阡山區域省縣首府，距離首都布加勒斯特一六六公里，導遊讓我們自行活動、午餐，正合我意。於是，先到街上小餐館購買簡便午餐與飲品，邊走邊吃，也邊行邊賞歷史悠久的建築與寧靜祥和的街道，最後駐足在名列世界文化遺產的「黑教堂」（Biserica Neagră, Schwarze Kirche），此著名教堂由該市的德國人修建，為羅馬尼亞主

要的哥德式建築，以及最重要的路德會（Evangelisch-lutherische Kirchen, Lutheranism）教堂之一，每逢星期日，該市小規模的德意志人團體仍在此舉行禮拜。此教堂始建於十四世紀末，據推測是在一三八三年與一三八五年之間，吸引了很多外國遊客到此參觀，我也是慕名參拜。此外，布拉索夫自一九六八年起，每年主辦「金鹿國際流行音樂節」（Festivalul Internaţional de Muzică Pop Golden Deer），每年也吸引很多外國貴賓參與。

午後傍晚之前，大家既興奮又緊張前往吸血鬼德孤喇（Dracula Vampirul, Vampire Dracula）歸魂瑪麗皇后（Regina Maria, 1875-1938）柏蘭夏宮（Bran Castle）」，擬一探「吸血鬼德孤喇」傳說的究竟。柏蘭夏宮位於羅馬尼亞中部、布拉索夫城近郊，從遠方就可以看到城堡佇立在小山丘上，不像德國新天鵝堡（Schloß Neuschwanstein）華麗夢幻，彷彿隨時都散發著一種陰沉的氣息，如同高冷、孤傲、難以親近的吸血鬼一般。循階直上進入城堡內部，主要參觀不算豪華的書房、臥室、小孩遊戲間、堡主約在二十世紀前半拍攝的影片，以及通往樓室秘道石階與室內石窗風景。這座十四世紀的拜恩古堡（Castelul Bayern），現在周邊開設不少售賣德孤喇羊毛外衣、吸血鬼酒的攤販商店，為羅馬尼亞增加驚人的觀光外匯。此外，城堡的神祕感也因愛爾蘭作家亞伯拉罕·伯蘭·史杜克（Abraham Bram Stoker, 1847-1912）小說《德孤喇》（Dracula, 1897），成功吸引許多外國旅客前來朝聖拜鬼，聞名至今。

往返約四百公里，費時約十二至十三小時，山川錦繡，大致瀏覽一過，真是不虛此行，滿載而歸。然而，一路行來，我以為最能體現羅馬尼亞民族建築風格者，多半是城外鄉村農舍、露天博物館、教堂等，不同年代不同造型，且各有巧妙、各顯千秋，身處在一片幽靜、純樸的氛圍中，踏著輕快的步伐，悠遊在這些古雅建築與馥郁城鄉之間，真是無比幸福的享受與快樂。

三 遠遊保加利亞洞穴教堂與古城

二〇一七年十月二十九日星期日。全天晴朗涼爽，真是出遊好時光。

昨午近晚回程中，在車上請活潑熱情、幽默風趣的導遊賽爾班·李家（Serban Riga）先生代為報名，參加今天上午八點出發的保加利亞（Bŭlgariya, Bulgaria）體驗共享之旅（Experience Bulgaria Shared Tour），一日遊套裝行程資費八十九歐元（約新臺幣二九一九元）。一早就起床盥洗沐浴，今天歐洲改回冬令時間，因此多了一小時可以休息。神清氣爽，沿著典雅的維多利亞大道，途經獨裁者希奧賽古（Nicolae Ceaușescu, 1918-1989）於一九八九年十二月底革命垮臺之前，最後一次演講以及之後被處死的共產黨黨部大樓，憑弔唷嘆、省思懷想甚久，一路古蹟建築甚多，目不暇給，心神也從沉悶之中，逐漸豁然開朗了。

昨天從南到北縱貫羅馬尼亞，今日則是由北而南遊走保加利亞北境第二王國首都所在之維力科·塔諾瓦（Veliko Tarnovo）。在國家劇院等候會合，不料今天只有我與美國加州年輕夫婦三位旅客而已，導遊賽爾班·李家先生竟然身兼司機一路作陪，往返全程約四百公里，費時十二小時。

賽爾班·李家先生路途嫻熟，開車風馳電掣，不時選播熱情音樂，獨坐駕駛座右位，聚精會神，不敢稍有輕忽。兩國邊境多為農村，田疇林丘，一望無際，只是有些蕭條殘破，路況高低起伏，維護亦不甚好，不過純樸的鄉村景致，卻令人心曠神怡、耳目一新。先經過橫跨兩國邊界甚長的多瑙河（Donau）鐵橋，是一九五二年至一九五四年由蘇聯史達林（Iosif Vissarionovich Stalin, 1878-1953）資助興建，橫跨羅馬尼亞與保加利亞兩國多瑙河邊界的著名鐵橋，確實氣勢磅礴、氣象萬千，可惜無法停車駐足欣賞。再經邊境查驗證件，兩國效率都差，卡車大排長龍，小轎車也爭先恐後，彷彿又回到從前落後的年代。

首先，抵達僻靜幽雅的保加利亞北部伊凡娜佛（Ivanovo）山區登峰觀賞「童貞聖女洞穴教堂」（Virgin Cave Church）與宗教岩壁彩畫，頗似小「敦煌、雲岡與龍門石窟」，從岩洞教堂內觀景窗臺與山稜高地眺望、俯瞰，清賞名山麗水，怡情養性；清華秀茂，安靜寧謐，真是美不勝收，通體舒暢！午間，再轉往揚特拉河（Yantra）畔，保加利亞第二帝國首都維力科·塔諾瓦山丘堡壘、古蹟舊塹下之餐館用膳，鄉土料理，當地啤酒，風味獨特，大快朵頤。餐後，沿著宛如小「居庸關、金山嶺」長城的石砌步道，直上塔樓教堂，環視周遭山谷村墅，一派天成逍遙，怎知竟在此臺居高臨下憑弔「古戰場」，心境真是百感交集。

臨別前，在古城入口廣場，適有傳統歌舞表演，欣賞同樂一番。隨即轉往老鎮遛達觀光，先至自動提款機（ATM）提領兌換保加利亞列弗（лев, Lev, BGN）若干備用，一歐元約等於二列弗，一列弗約新臺幣十七元。此鎮頗類瑞芳「九份老街」，可惜遊客稀少，景況生意不佳，頗為惻隱不忍，遂至藝品店選購了四個手工木雕傳統歌舞的茶碗墊板，每個五元保加利亞列弗共二十元（約新臺幣約三四〇元），物超所值，流連徘徊甚久，方滿足辭別。又將所剩餘金，在「柑仔店」選購各一瓶櫻桃果汁、柳橙汁、傳統餅乾一包等，都非常便宜，好喝好吃，留下美好的初履印象。

四 最美的風景在路上

二〇一七年十月三十日星期一。天陰稍寒。偷閒謝答前文學院秘書王心蕙學姐秋遊秦嶺光霧山：

光霧疊巒翠華秋，繽紛璀璨古今幽。山河依舊原鄉土，兩岸同親錦繡流。

素好文哲史地，訪謁懷古於此南歐羅馬尼亞與保加利亞邊緣二國，淺見深感，吟賦行旅，經兩日沉澱，謹以百字藏頭嵌名，終於十一月一日星期三魯汶客次之「諸聖節」（Sollemnitas Omnium Sanctorum, All Saints' Day），詠成百句聯頌，以存識紀念：

東南歐小巴黎，羅馬尼亞布加勒斯特，喀爾巴阡山卡洛斯一世培里司城堡，布拉索夫古城，吸血鬼德孤喇歸魂，瑪莉皇后柏蘭夏宮，保加利亞伊凡娜佛壁畫，童貞聖女洞穴教堂，揚特拉河畔維力科塔諾瓦舊塹老鎮，觀國之光，有孚顒若，訪謁懷古紀行頌。

東征十字拉丁胤，南秀北崇壯麗鄉。歐雨亞風霑溉久，小農大度藹彞常。
巴洲紊史紛紜擾，黎族混黔遠避殃。羅縷三才屯首善，馬馳六合萃聯芳。
尼古拉斯尊教父，亞母耶穌奉殿堂。布局安排殊典雅，加工設備甚輝煌。
勒懸共產資經濟，斯饗同朋追步驤。特蘊精華真浪漫，喀涵寶藏美蒼茫。
爾歆幽賞皇天富，巴望訝觀帝苑香。阡陌起伏原野際，山川跌宕墾林疆。
卡門雕鏤文奇巧，洛壁翩躚繪磚滂。斯藝自然師造化，一君天賦貴柔剛。
世傳昭代承絕響，培植俊英嗣永康。里論街談欣接納，司儀教理悟宏揚。
城春煦煦雙溪匯，堡固親親四季張。布陣靈棋屏嶺下，拉扶聖塔碧雲央。
索車直達凌霄頂，夫婦漫延集錦廊。古往今來終始復，城榮業茂後先殤。
吸收模範開冥域，血禽遊絲噎頏腔。鬼魅謬生虛妄懼，德鄰學積正蒙良。
孤身慎獨乾坤朗，喇禮誠明氣節強。歸宿骨埋桑梓地，魂塋壤覆穴泉場。
瑪珍樸素村姑淨，莉芷清純院落昌。皇冠崢嶸雖璀璨，后珠寂寞恐徬徨。
柏青千載猶繁茂，蘭馥滿心盡吉祥。夏暑頤和舒貴體，宮寧泰順暢椒房。
保安邊境橫多瑙，加檢密防備寡狼。利土層丘豐膴膴，亞巖疊嶂比鏘鏘。
伊誰宏願草萊闢？凡俗覆塵暗昧當。娜嬝蜿蜒仙境界，佛悲喜捨莽洪荒。

壁圖斑駁瞻鮮活，畫像參差歎琳瑯。童稚赤忱恆量定，貞操絜矩兌亨商。

聖經虔誦晨昏省，女傑勤勞歲月裏。洞外桃源遺魏晉，穴中神甸創陰陽。

教條剴切盈金玉，堂會溫馨繞棟樑。揚眉引頸前程渺，特耳凝眸史蹟光。

拉拒異宗情性隔，河流分脈約盟匡。畔吟形釋攀登險，維護法周仰慕長。

力戰爭鋒輸盡墨，科評息鬃保全臧。塔樓雄峙仍峨嵯，諾許嚴遵豈狷狂？

瓦釜雷鳴君子禍，舊規習染小人觴。壍壕溝壘龍蟠踞，老將殘兵虎視颺。

鎮守王邦功炳煥，觀察庶瘼道彬彰。國家民族興亡共，之子棣棠苦樂嘗。

光耀日新憑鼎革，有容身健秉圓方。孚歸信主謙卑牧，顯應諧隨豫悅翔。

若隱實存臨潤至，訪求泛覽濟通航。謁都搜秘居仁里，懷德感恩禱福禳。

古訓諄諄賢哲慧，紀元穆穆懿倫綱。行蹤旅志因緣合，頌讚玄鯤效老莊。

　　詠賦存憶羅馬尼亞與保加利亞風光名勝，彷彿可以體會東晉書聖右軍王羲之（逸少，303-361）〈蘭亭集序〉所謂「仰觀宇宙之大，俯察品類之盛，所以遊目騁懷，足以極視聽之娛，信可樂也」的生命境界了。

撰自二〇一七年十月二十七至三十日

季秋拉脫維亞里加遊記

一　水流潺潺，煙籠凜凜

> 得即高歌失即休，多愁多恨亦悠悠。今朝有酒今朝醉，明日愁來明日愁。
>
> ——晚唐羅隱（昭諫，江東生，833-909）〈自遣〉

　　二〇一七年十一月三日星期五至十一月六日星期一。東北歐波羅的海三小國（Trīs Baltijas Valstis, The Three Baltic States）拉脫維亞（Latvija, Latvia）首都「小巴黎」里加（Rīga, Riga），天寒氣清，古雅寧靜，偷閒慕名千里訪遊。

　　十一月三日週五夜晚，平安抵達二〇一四年「歐洲文化之都」（European Capital of Culture）拉脫維亞首都里加，二〇一五年「歐洲文化之都」則是比利時蒙思（Mons, Bergen），客學魯汶（Leuven）期間，曾數度遊覽。高雄西子灣中山大學外文系第一屆同學金星在外交部服務，曾奉派到此擔任副代表，後轉調美國西雅圖（Seattle），嗣又陞任北歐三小國代表，駐地里加，COVID-19疫情肆虐全球之後，已提前退休返臺。中山同學會本有意組團參訪，而今徒留遺憾了。

　　拉脫維亞雖然號稱「小國」，國土面積卻有六四五八九平方公里，約臺灣一點五倍大，但人口僅約二百萬上下，女多男少，巾幗稱霸；美女如雲，亦笑傲世界。國族歷史逾八百年，昨晚迎著攝氏五度上下寒風，漫遊於古城區，歷史文化積澱確實深厚，不可小覷！又沿幾乎已積薄霜的道加瓦（Daugava）

河岸散步，遙望對面新城區國家圖書館（Nacionālā Bibliotēka, National Library）、麗笙酒店（Raddison Hotel），以及現代商辦大樓夜光閃耀，映襯著斜張臂與圓拱鐵橋，風情萬種，適逢週五假期夜晚，夜店酒吧至子夜，生意仍然興隆熱鬧，笙歌達旦，真是「神州蘇杭，英倫蘇活」，《孟子·告子上》：「食、色，性也。仁，內也，非外也；義，外也，非內也。」普世皆然。

預約住宿於古城區臨濱河大道之「老城公寓」（Old Town Apartment）四天三夜，獨享一室二房、一廚、一衛空間，環境清雅舒適，資費未逾一六〇歐元（約新臺幣五二四六元），與旅館、酒店比較起來，倒也經濟實惠。這是自二〇〇四年四月在德國西柏林（Berlin, Deutschland）、奧地利維也納（Wien, Österreich; Vienna, Austria），二〇一四年七月在葡萄牙里斯本（Lisboa, Portugal）與北方名港波多（Porto）；以及二〇一八年一月底在地中海騎士島國，素有「地中海心臟」之稱，被譽為「歐洲後花園」之馬爾他（Malta）住宿公寓之後的第六次美好體驗，這也是旅遊歐洲周全圓滿的最佳民宿住居方式。

親切的女房東還貼心安排一位計程車女士司機至機場接機，電訊上說明車費十歐元（約新臺幣三二八元），欣然接受。車子抵達公寓門前時，因看車上計費器超過十歐元，又是夜間兼機場停車費，故多付五歐元，略表謝意。這位親切駕駛女士不諳英語，無法交流，送我到公寓後，告知大門電子碼鎖、引領上樓交付房間鑰匙，適好女房東在室內清理環境，英語不錯，再請她預約這位女士週一中午退房（check out）後，再接送我至機場。來此作客，準備了兩小鐵盒大陸博士學生所送四川峨嵋山竹葉青綠茶，以及兩小盒魯汶列奧尼達（Leonidas）手工巧克力，權作伴手見面與謝禮，也當自己是國民外交小兵，為臺灣、中國與比利時爭光。

初履甫到，臨晚先到住處附近熟悉地理環境，於隔街見有一家里米·拉脫維亞（Rimi Latvia）超市，選購了十三樣食品，僅費資十四點三三歐元

（約新臺幣四七〇元），足夠一天消費享受了。公寓一樓與對面都是熱鬧的酒吧夜店，生意興隆，杯觥交錯，一夜喧囂至清晨。

二　嚮往陌生，感動久違

二〇一七年十一月四日星期六。清晨在住處享受昨晚超市所買餐食後，沿著道加瓦河（Daugava）散步，欣賞兩岸清秀風光，上午十點四十轉往河畔號稱歐洲最大的里加中央市場（Centrāltirgus, Central Market），一見傾心，非常驚豔歡喜。

中央市場室內連四棟寬敞穹頂，各式各樣農漁冷熱土產，應有盡有，十分繽紛熱鬧。我買了熱騰騰甫出爐的特大款馬哈斯玉米「房子麵包」（Majas Maize）一點八歐元、大饢（Non）烤餅〇點九歐元，深具特色的帕拉瓦（Pahlava）多層點心餅三點六四歐元，共六點三四歐元（約新臺幣二〇八元）；此邦有藥草特產，又心動選購了特製藥草紅莓汁，以及以此藥草調配的各種口味養生野果汁兩瓶與醃魚三明治，共五點二四歐元（約新臺幣一七二元），含增值稅（Bez Pvn-a）一點一〇歐元（約新臺幣三十六元），足夠一天漫遊餐飲所需。房子麵包與饢烤餅，純手工、現爐烤，香醇溫韌，齒頰生津；醃魚三明治，滑嫩不油膩，清爽無腥，美味尤勝荷蘭鯡魚（Haring, Herring）；特製藥草紅莓汁，甘甜而酸苦，別有一番滋味在心頭，皆從來所未嚐，「一方水土，養一方人」，誠然。

室外市集也十分多采多姿，禦寒冬衣、冬帽，食品、鮮花等，貨充棚連，琳瑯滿目，皆頗為動心，但客遊在外，行止多有所不便，還是忍住了，並未再動心購買，只能靜默遊觀欣賞。遠見市場後，有一棟俄式古舊高樓，橫空而立，十分引人注目，於是迂迴曲折往訪，先至路旁一小巧玲瓏的東正教堂觀禮膜拜，再過街而抵達這雄霸一方的俄式大樓，細看機關銜牌，原來此樓

竟是拉脫維亞國家科學院（Nacionālā Zinātņu Akadēmija, National Academy of Sciences）所在。科學院大廈，舊名「科學文化宮」（Zinātnes un Kultūras Pils, Palace of Science and Culture），修建於一九五二年至一九五八年，啟用於一九六〇年，高一〇八公尺，這座建築也是蘇聯第一座使用預製混凝土的建築，混凝土表面覆蓋了人造和天然石材，建築外觀也融入了里加舊城的元素。大樓頂部有眾多電視發射天線，大廈第十七層六十五公尺高處設有瞭望臺，提供遊客購票參觀。

入內警衛在座，購買五歐元（約新臺幣一六四元）門票登樓觀賞城市全景（Rigas Panorama, Riga Panorama），專用電梯直達，再沿樓梯蜿蜒登階，推門即到樓頂，雖然朔風凜冽，但鳥瞰四方美景盈滿面前，賞心悅目，真是值回票價，不枉登覽此樓，仰觀俯察古城風光矣！

行囊飽滿，遂由外而內隨興游走古城大街小巷、公園館舍，傍晚行止於城內中心「自由紀念碑」（Brīvības Piemineklis, Freedom Monument），此碑揭幕於一九三五年，高一四〇英呎約四十二至四十三公尺，以花崗石、石灰石與國族歷史文化之藝術銅雕為之裝飾點綴，係為紀念在拉脫維亞獨立戰爭（1918-1920）期間陣亡的軍人，成為此邦自由、獨立、主權與國家榮譽的重要象徵。紀念碑廣場也自然成為國家慶典的舉辦場地。抬頭仰望矗立於碑頂上的自由女神（Brīvība, Freedom）雕像，手持三顆金星，表徵此邦的三處歷史區域：庫爾捷姆（Kurzeme）、維德捷姆（Vidzeme）與拉脫加爾（Latgale）。肅立執勤迎著冷風的儀隊衛兵，堅守崗位，特為之敬禮，以表尊崇。

市內運河迤邐於紀念碑廣場前，右側為典雅華美的國家歌劇院（Nacionālā Opera, National Opera），左側為旖旎兩岸的河濱公園，在河濱傳統小遊艇碼頭，購買了九歐元（約新臺幣二九五元）萊卡薩那‧巴斯特伊卡爾納（Lekapsana Bastejkalna）號環遊船票（Boarding Bastejkalns），裹著保暖毛

毯，晃晃悠悠在市區運河兩岸河濱公園，逍遙自在；轉折後，則前進至寬廣浩浩蕩蕩的道加瓦河，國際郵輪停泊左岸港口，颯颯寒風，蕭蕭清景，但見「鷗鷺與雅客齊飛，碧波共蒼穹一色」，晚秋初冬，薄暮時分，格外引人遐思綺想。

浪漫一日，在深沉夜色中，精選一處花園（Garden）餐廳，寧靜享受一頓三十歐元（含小費，約新臺幣九八四元）的拉脫維亞傳統豐盛晚餐，滿足陶然回歸公寓旅舍，溫馨甜蜜進入夢鄉。

三　淡然行旅，隨遇心安

二〇一七年十一月五日星期六。清晨即起，依然閒逛左岸老城區，古老蒼桑的聖‧彼得教堂（PēteraBaznīca, Peter's Church）開放後，遂購買九歐元（約新臺幣二九五元）參觀門票（Sv. Petera Baznicas Parvalde），入殿拜謁，先搭乘特製小電梯，至教堂塔樓（Torna Ekspozicija Pieaug）更親近地俯瞰古城區美景，與昨午在俄式大樓頂所見，雖然大同小異，但因建築風格性質不同，加以身在此城中心，「遠近高低各不同」，情調氛圍迥然有別矣！

教堂內兩側耳堂，尚有現代藝術特展，又安靜寧謐地欣賞一過，欣然滿足而去。午後，在老城區一間高雅而傳統的健身房按摩雙腳休憩，費資六十歐元（約新臺幣一九六四元），難得體驗在地師傅的手藝，舒暢輕鬆告別。

隨後，遛達在古城區火藥塔（Pulvera Tornis, Powder Tower）與古皇宮城堡（今總統府、政府辦公大樓）附近，幽幽巷道引人入勝，遂進入免費參觀由火藥塔改建而成的軍事博物館（Militārais Muzejs, Military Museum），逐層逐樓細心觀賞，對這個國家民族有了更深刻的認識與體會。

臨晚，行經大天主堂（Lielā Katoļu Baznīca, Dome Cathedral）前，見有晚間教堂風琴（ērģeles, organ）演奏會，於是入內選購晚七點，D 3-3座位二

十歐元（約新臺幣六五六元）的聆賞樂票；又轉到聖‧彼得教堂瞥見左側小廣場，迎著寒風東方黑髮面孔的年輕帥哥小販，生意冷淡，乏人問津，於心不忍，遂選購了一款多層次俄羅斯娃娃、二條絲質圍巾，一共七十五歐元（約新臺幣二四五九元），擬贈送女兒「姊姊」（秉忻）與太座，並祝福年輕帥哥平安圓滿！

復往教堂前廣場右側街上，選擇一家富有傳統特色的美食餐廳，又大快朵頤一番。餐後，提前至大天主堂入座，貴賓滿堂，聖樂溫馨，穆穆琴音，洗滌了一天的疲憊。疏瀹心靈，澡雪精神，愉悅輕快返歸客舍，滿身舒暢入眠。

四　人生修行，風雨兼程

二○一七年十一月六日星期一。第一天抵達的週五晚，已先與女房東、女計程車司機，預約今天十二點退房，並搭車前往機場返歸。一早起床，隨身帶著週六在大市場購買的房子麵包與紅莓果汁，又再閒遊漫步街頭數小時，已經將古城區走透摸熟，臨別依依，不知何年何月何日，可以再喜相逢、相見歡了。

女房東與其先生，準時前來交接送客，女司機在樓下街角等候，女房東先生乍見之下，貌似蘇俄強人總統普亭（Влади́мир Влади́мирович Пу́тин, Vladímir Vladímirovich Pútin, 1952-），輕鬆閒話家常後，即道再見平安，辭別而去。女司機慈眉善目，她一路專心開車，並無交談，約半小時即抵達機場，仍然付給她十五歐元（約新臺幣四九二元）車資，以為答謝，賓主盡歡，溫馨揮手告別。

午後傍晚，改搭波羅的海航空公司（Air Baltic）直飛布魯塞爾航班，候機臨別，偷閒賦詠三十二句〈東北歐「小巴黎」拉脫維亞首都道加瓦河畔左

岸「里加」古城頌〉，韻寄「下平聲‧十一尤韻」，聊識此行之吉光片羽。

波羅的海里加游，三國折衝東北歐。八百華城道加瓦，繁星勝蹟世遺樓。
石橋左岸新圖館，鐵路右邊舊市頭。公寓靜安街巷鬧，教堂莊穆戶庭幽。
初臨夜賞川光景，秘邇環觀俗氣漚。食色七情天物性，心神六合哲靈疇。
風寒獨煖深眠夢，古謐雙清遠慮休。早履川隄身瑟縮，欣怡肆架貨陳鳩。
農漁土產交流旺，主顧鄉親貿易周。四棟連橫生意暢，五鮮輕選品珍稠。
塔登科院人文覽，梯達聖峰歷史求。馬徑鋪織途錯綜，林園點綴鳥喞啾。
酒吧餐飲咖啡馥，美味羹餚饗宴饈。主殿琴聲通上下，塵隅樂韻會剛柔。
小舫尋芳臨晚靚，大河攬勝任心浮。巴黎譽小名堪大，珠蘊寶藏盡善收。

撰自二〇一七年十一月三至六日

西班牙格拉納達組詩聯頌

一　飛越庇里牛斯山憶往追今

　　二〇〇四年四月首度自助旅遊西班牙馬德里（Madrid, España），二〇〇五年七月初與小兒「帥哥」偕訪巴塞隆納（Barcelona）；二〇一七年十一月十日星期五至十三日星期一，四天三夜之旅，驚豔於格拉納達（Granada）。

　　二〇一七年十一月十日星期五，一早抵達布魯塞爾機場，七點四十五分搭乘伊比利航空公司（Aerolíneas Ibeli, Iberian Airlines），一路南飛，飛越法國、西班牙交界的庇里牛斯山（Pyrénées, Pirineos），航程二小時二十五分鐘，於十點十分抵達馬德里機場（Aeropuerto Adolfo Suárez Madrid-Barajas）；十一點四十五分再中轉直飛格拉納達，航程一小時五分鐘，於十二點五十分抵達格拉納達機場（Aeropuerto de Granada）。往返機票費，總共二七五點七七歐元（約新臺幣九〇四三元），千里關山，蒼嶺荒丘，華城農莊，紛然盈目，心神澎湃起伏，此行難得，格外珍惜重視，調寄「下平聲・十一尤韻」，抒懷賦感：

> 千禧又四訝初遊，越五今秋旅志投。首府春風拂面馥，名城暑氣戲波柔。
> 崇山傲峙歐非界，野壤縱橫橄欖疇。聖教王邦雙主國，樂天揚溢忘憂愁。

格拉納達歷史悠久與現代繁華的市中心區，位在科隆街（Gran Via de Colon）與卡達利哥路（Calle Reyes Catolicos）交口，巷弄路面鋪設鵝卵石與石磚，

在狹窄小巷或路街則多設有寧靜的廣場，商店、餐館、酒吧、景點林立，可以盡情享受豐富的美食或小吃（Tapas），也可以與當地居民愉快的交流。

二 初履晚登阿拜辛穆斯林區

二〇一七年十一月十日星期五。近午從馬德里機場轉機，於十二點五十分抵達格拉納達機場，搭乘機場巴士進入市區，憑感覺在進入舊城區後即下車，拖著行李在古雅寧靜的巷弄中，尋找預約的「大教堂客房」（Cathedral Rooms and Houses），地址是「寶拉‧聖誕老人街‧四號」（Calle Tendillas de Sta. Paula, 4），回環漫步周匝古巷舊弄，也大致了解古城區環境，「踏破鐵鞋無覓處，得來全不費工夫」，終於找到客舍，先上二樓報到，安排在雙人房，四天三夜，卻都只有我一人獨宿，房價六四點八〇歐元（約新臺幣二一二五元），非常滿意。

傍晚時分，登臨古城區對街山坡上的世界文化遺產阿拜辛（Albaicin, Albayzin, Alayzín, Albaycín）穆斯林區，從十四世紀以來狹窄、彎曲的街道與漂亮水洗白色的古建築，以及燦爛的阿拉伯文創商店與餐館、風景優美的家庭花園，登高也可遠眺欣賞阿罕布拉宮（Palacio de la Alhambra）的四季朝夕美景，到處充滿著神秘、迷離的氣氛，令人嚮往而陶醉。調寄「下平聲‧十二侵韻」，以記行觀履見情景：

羊腸小徑高岡繞，七百年華積澱深。吉普賽民游藝樂，阿拉伯族品茗歆。
石階幽巷迷離美，錦繡精雕妙麗襟。雅客登高懷古望，蘇丹秘境蔚森森。

此區魅力所在，便是處處可發現許多陡峭的街段、樓梯，及非常令人困惑的街道佈局，不斷探索即可不斷發現隱藏的秘境。蜿蜒迂迴到達聖‧尼古拉斯

瞭望觀景臺（Mirador De San Nicolas），四周美景都在視野可及之處。

三　週末晨遊阿罕布拉宮御苑常生園

　　二〇一七年十一月十一日星期六。一大清早，即前往科隆街與卡達利哥路交口處的伊莎貝拉天主教廣場（Plaza Isabella Catolica），廣場上有噴泉環繞著雕像，也可以在長椅上，觀賞車水馬龍與往來行人。在此搭乘三十或三十四號公車，單程費用一點二〇歐元（約新臺幣三十九元），都可上山遊覽觀賞世界文化遺產的阿罕布拉宮。

　　抵達入口時，排隊人潮不算太多，甫開門即興奮前往皇宮御苑常生園（Generalife）賞花品芳。阿罕布拉宮佔地龐大廣泛，雄壯宏碩的建築結構，加上鬱鬱蔥蔥的庭院，處處都值得深入探索，皇宮內有四個主要景點，先後分別是：御花園生活區（Generalife）、阿爾卡薩瓦堡壘（Alcazaba）、查理五世的宮殿（Palacios de Carlos V, Palace of Charles V）、王宮納札禮殿（Palacios Nazaries）。

　　御花園生活區是格拉納達納斯里德王朝（Reino Nazarí de Granada, Nasrid Kingdom of Granada, 1230-1492）鬱鬱蔥蔥、溫馨華麗的摩爾人風格園林，在一座小山之間，漫步悠閒，俯瞰阿罕布拉宮，何等自在逍遙。園林裡有五顏六色的各色花朵、精湛細緻的建築藝術、奔騰跳躍的噴泉與靈秀雅致的涼亭。小橋流水，伴隨著如詩如畫的庭院、華麗的長藤，以及一階階靈動的水梯（Agua de Escalera, Water of Stairway）。花園呈長方形，佈局簡單優雅，一條條長長迴圈的路徑，讓人流連忘返。調寄「下平聲・七陽韻」，描摹御苑常生園勝景於萬一：

　　　入口蒼林迎翠徑，長方密柏作青牆。清芬嚮導尋芳客，雅致馳驅覓靜鄉。
　　　複疊噴泉交會舞，迴環鏤柱錯綜吭。傾心雪碧風光好，一片乾坤意趣昂。

自公元七一一年，伊斯蘭教摩爾人（Moro, Moors）佔領伊比利亞半島（la Península Ibérica, the Iberian Peninsula）大半之後，格拉納達迅速成為安達魯西亞（Andalucía）地區主要城市之一，由現在阿罕布拉（Alhambra）與阿拜辛區（Albayzin）山坡上引水至河谷聚落地，以後的二五〇年迅速擴展，成為國力強大而自給自足的格拉納達王國（Reino de Granada, Emirate of Granada）首都，因此建造完成舉世聞名的阿罕布拉皇宮與堡壘。

十五世紀晚期，基督教收復失地運動後，將目光轉向格拉納達。在阿拉貢（Aragon）國王斐迪南二世（Rey Fernando II, King Ferdinnad II, 1452-1516）聯合卡斯蒂利亞王后（Reina de Castilla）伊莎貝拉一世（Isabel I，Queen IsabellaI of Castile, 1451-1504）發動的一場軍事行動中，牢牢圍困阿罕布拉皇宮與堡壘；一四九二年，格拉納達國王博阿卜迪爾（Boabdil, Abu Abdallah Muhammad XII, ca.1460-1533）最後不得不獻城投降，結束了伊比利亞半島摩爾人的最後統治，基督教在伊比利亞半島收復失地運動也才成功結束。

四　週末晨遊阿罕布拉宮納札禮殿

二〇一七年十一月十一日星期六。格拉納達阿罕布拉宮是西班牙非常熱門的旅遊景點，需要提前預約購票，進入納札禮殿（Palacios Nazaries, Nazaries Palaces）遊客人數，每天限量發售門票。我在魯汶已先預約好今天十點的門票，票價十四歐元加上手續費等共十四點八五歐元（約新臺幣四八七元）；雖然不需要再排隊購票，但必須按照門票上的預約時段前往，持預約票券經過驗票與安全檢查後，即可直接進入參觀。入園以後，出園的時間沒有限制，可以參觀至關門為止。

納札禮殿是阿罕布拉王宮的最重要景點，遊客眾多而擁擠。宮殿內精雕細琢，無與倫比，精緻可愛的房間、壯觀的拱門、藝術的窗牖、雕刻的天花

板、複雜的石膏作品、豐富多彩的陶瓷牆與地磚，以及玲瓏蒼翠的庭院、一套美麗的梅克蘇爾（Mexuar）祈禱室、行政辦公室與方形庭院，令人嘖嘖稱奇，目不暇給。

　　尤其，最吸睛的焦點則是方形庭院——香桃木院（Patio de los Arrayanes），香桃木享有「愛神木」美稱，花語是愛情蜜語中，一座長三十六公尺、寬二十三公尺，清澈如鏡的水池，令人無比驚豔訝異。此院末端則是獅子庭院（Patio de los Leones, Court of the Lions），長二十八公尺、寬十六公尺，周圍總共有一二四根柱子，中間是十二頭石獅馱起的水池。池子四方輻射引出四條小渠——水河、乳河、酒河、蜜河，源於《古蘭經》（Corán, Quran）中講樂園有一百等級，每兩等之間的距離，如霄壤之遙；而極樂園最為高級，樂園四河由此湧出，上面是真主的寶座。阿拉伯人的庭院中，經常會興建這樣十字形的水渠。調寄「上平聲・一東韻」，以詠嘆納札禮殿的繽紛薈萃與璀璨葳蕤：

　　菁華薈萃耀中宮，預約依時不枉空。目眩神迷驚浩歎，園馨鑑靜贊圓融。
　　白獅吞吐渾淪氣，曲榭涵弘蘊藉穹。舉世無雙生化寶，文明仰止大觀同。

　　此外，還有一系列的小套房，包括著名文學家華盛頓・歐文（Washington Irving, 1783-1859）曾逗留在阿罕布拉宮將近三個月的雅房，他於一八二九年發表《攻克格拉納達》（The Chronicles of the Conquest of Granada）並出版遊記、隨筆；隨後於一八三二年又發表出版《阿罕布拉故事集》（Tales of the Alhambra）。

　　經過古老的浴室，即是姐妹大廳（Salón de las Dos Hermanas, Hall of Two Sisters），仰觀錯綜複雜的灰泥天花板，以及美麗景致壯觀的圓頂房，頂部形如鐘乳石的裝飾是宮裡最精美的傑作。尚有五處殿堂值得介紹：（一）梅克

蘇爾（Mexuar）是宮裡最古老的廳堂，主要作為蘇丹（Sudán）處理公務、聽政、判決之用。（二）科瑪萊斯宮（Comares）是蘇丹會見大臣的地方，有時也在此品茗茶、抽水煙與談論國事。（三）使節廳（Salon de Embajadores）是宮裡最大且最豪華的廳堂。蘇丹在此接見外賓，牆上複雜的花紋取材於貝殼、花與星星等大自然中的要素為題材（伊斯蘭常規中，不能用人與動物圖案作裝飾）。阿拉伯銘文描繪的是伊斯蘭教的「七層天」，《古蘭經》有幾處經文談到「七層天」，阿拉真主在兩日內創造了「七層天」。（四）阿本莎拉赫廳（Sala de losAbencerrajes）名稱來自貴族家庭，圖案的靈感則來自畢達哥拉斯定理（Pythagorean Theorem, Pythagoras' Theorem），即直角三角形斜邊平方等於兩直角邊平方之和，這裡曾經是宮內最血腥的地方，因國王聽信讒言在此殺死三十六位武士與宮廷裡的親戚。（五）國王廳（Sala del Rey），曾經舉辦宴會的廳堂，天花板上以皮革描繪著王朝歷代十位國王肖像。天花板雕鏤成山洞樣貌，伊斯蘭教傳說聖人默罕默德（Muḥammad，571-632）就是住在山洞裡。

五　週末午遊阿罕布拉宮卡洛斯五世殿

　　二〇一七年十一月十一日星期六。阿罕布拉（Alhambra）是十三至十四世紀的一座宮殿、城堡、要塞，為納斯里德（Nasrid）家族王室、高級政府官員、法院公務員，以及精英士兵的駐紮地。其他著名的建築物，屬於不同時期在阿罕布拉宮廷內興建，其中最引人注目者，就是文藝復興風格的卡洛斯（查理）五世（Carlos V, Charles V, 1500-1558）宮殿（Palacios de Carlos V），宮殿建築連結兩個博物館——阿罕布拉宮博物館與貝拉斯藝術博物館（Museo de la Alhabra & Museo de Bellas Artes），展示許多珍貴的藝術珍品與歷史文物。在此觀覽歷史文物，欣賞宮殿建築，調寄「上平聲・四支韻」，

以抒感詠懷：

> 圓中方外館瑰奇，列柱周旋日月移。考古知今觀鼎革，融歐合亞貫蒙頤。
> 宗儀絕藝昇華美，教旨新詮造化慈。一體三才通變久，人文妙諦孕葳蕤。

卡洛斯（查理）五世宮殿，在阿罕布拉宮內屬於較新的建築物，此因十六世紀時期，卡洛斯（查理）五世以收復失地運動成功，統一西班牙而興建。廣場的宮廷結構採取文藝復興風格，尤其是圓形天井，以及一輪一輪環繞著天井的柱廊，令人印象深刻。

六　週末午遊阿罕布拉宮阿爾卡薩瓦堡壘

　　二〇一七年十一月十一日星期六。欣賞過卡洛斯（查理）五世宮殿後，在宮外庭園午餐並小憩一番。午後秋風習習，颯爽清新，正好是登臨阿爾卡薩瓦堡壘（Alcazaba）的最佳時光。

　　阿爾卡薩瓦堡壘是坐落在山頂、俯瞰全城的巨大要塞遺墟，也是阿罕布拉最古老的主體建築，地勢高聳的制高點，成為瞭望地形風貌、城市景致與內華達山脈（Sierra Nevada）壯觀景色最完美的勝地。堡壘高牆內側原是當時軍隊生活訓練駐紮的營區，如今只剩空曠的房間格局，遊客憑弔追思，徒增遺憾與想像。在金風夕照的「故壘西邊」，調寄「上平聲·十五刪韻」，以言志敘情：

> 峻塹危臺血淚關，荒營駁壁古今艱。興亡本是天人理，勝負恆常喜怒顏。
> 盛世何須憑壯武，衰朝怎奈竟銷屏？情餘憾恨青山在，遠眺繁華眼欲潸。

臨晚，躞蹀其中，不禁連番起興，吟詠中唐劉禹錫（夢得，772-842）〈西塞山懷古〉：

> 王濬樓船下益州，金陵王氣黯然收。千尋鐵鎖沉江底，一片降幡出石頭。
> 人世幾回傷往事，山形依舊枕寒流。今逢四海為家日，故壘蕭蕭蘆荻秋。

以及北宋東坡居士蘇軾（子瞻，1037-1101）〈念奴嬌‧赤壁懷古〉與南宋稼軒居士辛棄疾（幼安，1140-1207）〈南鄉子‧登京口北固亭有懷〉：

> 大江東去，浪淘盡，千古風流人物。故壘西邊，人道是，
> 三國周郎赤壁。亂石穿空，驚濤拍岸，捲起千堆雪。
> 江山如畫，一時多少豪傑。
> 遙想公瑾當年，小喬初嫁了，雄姿英發。羽扇綸巾，
> 談笑間，檣櫓（強虜）灰飛煙滅。故國神遊，多情應笑我，早生華髮。
> 人生（人間）如夢，一尊還酹江月。

> 何處望神州？滿眼風光北固樓。千古興亡多少事，悠悠。
> 不盡長江滾滾流。
> 年少萬兜鍪，坐斷東南戰未休。天下英雄誰敵手？曹劉。
> 生子當如孫仲謀。

　　這些中古世紀保存下來的遺址建築物，目前都是西班牙最熱門的旅遊景點，世界各地遊客來到格拉納達，焦點都非常明確以阿罕布拉為首選目標。阿罕布拉作為摩爾人在歐洲最後一個據點，反映出安達魯西亞摩爾人的輝煌文明，提供遊客觀賞壯麗的建築、繁茂的花園、靜澈的鏡池，更可以飽覽格

拉納達這座城市多元民族的人文美景。

　　阿罕布拉可以親近遊覽，細細欣賞沉思；也可以遠觀遙望，穆穆享受靜美，一天之內浸淫其中，內心的感觸可謂永難忘懷，而澎湃震撼。

七　週日晨遊大羅河畔古街

　　二○一七年十一月十二日星期日。世界文化遺產阿拜辛（Albaicín）穆斯林區山腰下，即是一間間餐飲店、藝品店（Carrera del Darro），一條條狹窄的街道、蜿蜒曲折，從清晨到近午，沿著蜿蜒大羅河（Rio Darro），在此悠遊半日，誠如東坡居士蘇軾（子瞻，1037-1101）〈浣溪紗·元豐七年（1084）十二月二十四日從泗州劉倩叔遊南山赤壁懷古〉：

> 細雨斜風作曉寒，淡煙疏柳媚晴灘，入淮清洛漸漫漫。
> 雪沫乳花浮午盞，蓼茸蒿筍試春盤，人間有味是清歡。

滿目蒼林綠水，全程古道教堂，可說是格拉納達風景最美的鵝卵石漫步人行道。調寄「上平聲·二冬韻」，藉以錄存吉光片羽：

> 新環舊道古風濃，車水馬龍旅客顒。逝者潺潺南壑谷，迎斯密密北丘峰。
> 拱橋殘闕徘徊意，雅築故宮綽約容。漫步憑欄懷遠志，和光奏響教堂鐘。

告別擁擠生意興隆的小店，循著上下陡峭的山坡，忽焉通往阿罕布拉王宮城堡下的河道，吁矣登達陵丘坡顛吉卜賽（Gitano, Gipsy）人家，彷彿盛唐王維（摩詰，692-761）〈終南別業·初至山中〉歌詠之真情清景：

中歲頗好道，晚家南山陲。興來每獨往，勝事空自知。

行到水窮處，坐看雲起時。偶然值林叟，談笑無還期。

大羅河畔古道上，著名的店家為哈曼館（Hamman El Bañuelo），外面看起來毫不起眼，內裡卻是西班牙保存最完好的阿拉伯風格房室，可喜的是現有的住家、店主，大方將此精美的建築藝術分享給社會大眾，到此一遊，絕對不虛此行。

八　週日晨午登遊薩克羅蒙特聖山村落

二〇一七年十一月十二日星期日。薩克羅蒙特（聖山，Sacromonte）是西班牙安達魯西亞格拉納達市東部地區的一個傳統街區，屬於阿拜辛穆斯林區六個街區之一，位於瓦爾帕萊索（Valparaíso）山谷的山坡上，對面是格拉納達的象徵地標——阿罕布拉宮。該區佔據了大羅河的兩岸，傳統上是格拉納達羅姆（Roma）吉卜賽人的街區，在一四九二年基督教征服格拉納達後，即定居於此，一幢幢沿著丘陵興建，且各具特色的亮白洞穴房屋，風景如畫，成為該市觀光秘境之一。近午逐漸悶熱，獨自一人漫遊，登高下街於此丘陵民居之中，趣味盎然。調寄「上平聲・五微韻」，以紀行旅：

錯落參差民藝窟，蜿蜒上下五顏扉。仙人掌實青紅映，佛朗岷歌舞樂飛。

曲折盤旋瞻愵愵，流連盪漾戀依依。層叢白屋名遐邇，誤入歧途忘卻歸。

薩克羅蒙特的羅姆人有一種起源於印度，被稱為「俚語」（Caló）的混合語言，雖然這種語言的使用迅速減少，這裡卻是羅姆人的發源地。詩人費德里科・加西亞・洛爾卡（Federico García Lorca, 1898-1936）在他的詩集《羅曼

塞羅‧吉塔諾》(*Romancero Gitano, 1928*) 中，對薩克羅蒙特的羅姆人進行了著名的描繪，也以最純粹的形式代表了安達魯西亞的文化和習俗。詩集由十八首民謠組成，圍繞著吉卜賽人的生活方式、文化與習俗為主題，反映出生活在社會邊緣，並不斷受到政府當局迫害的吉卜賽人的痛苦，以及對於壓制性法律的鬥爭。

羅西奧洞穴 (Cueva de la Rocío) 是薩克羅蒙特最早的吉卜賽村莊之一，這個洞穴由安德烈‧斯瑪雅‧法哈多 (Andrés Maya Fajardo) 與羅西奧‧費爾南達斯‧布斯塔曼特 (Rocío Fernándaz Bustamante) 於一九五一年創立，至今仍掌握在瑪雅家族手中，瑪雅家族是佛朗明歌 (Flamenco) 世界中最重要的家族之一。在此洞穴中，每晚都會播放名為「吉普賽‧贊布拉」(Zambra Gitana) 的節目，這是一種音樂結合舞蹈流派，其靈感來自薩克羅蒙特的佛朗明歌儀式。

有關其詳細歷史淵源與發展，可至薩克羅蒙特洞穴博物館 (Museo Cueva del Sacromonte) 與大羅谷解說中心 (Centro de Interpretación de Darro Valley) 諮詢參考此區的文化、歷史與自然環境。這座博物館於二○○二年開館，佔地四八○○平方公尺，其中多達十一個洞穴房屋已被恢復提供參觀。

九　週日午後逢謁憑弔古關商閭

二○一七年十一月十二日星期日。午後傍晚，從薩克羅蒙特（聖山，Sacromonte）迂迴遠道，繞過阿拜辛穆斯林區左側下山，欣逢在市區入口處的古代城門關隘，紅磚壘成的孤立城門，不知歷盡多少風雨滄桑？在此徘徊憑弔甚久，調寄「上平聲‧十三元韻」，略抒古今歷史變遷的無常傷感：

紅顏老邁堪憐愛，扼塞安居貿易蕃。獨立寥寥希伯樂，昂揚屹屹盼車軒。
觀瞻頓悟玄名象，俯仰遙思道器原。達道通衢來往復，中樞錧鐄默無言。

十 週日傍晚遠訪內華達山脈來客臨谷

二○一七年十一月十二日星期日。昨天以電話預約報名了內華達山脈（雪山，Sierra Nevada, Valle de Lecrín, The Lecrin Valley）傍晚之旅，內華達山脈是歐洲僅次於阿爾卑斯山（Alpes, Alpen, Alps）的第二高山，內華達山脈最高的山峰穆拉森（Mulhacén）海拔三四七八點六公尺，也是西班牙大陸最高的山。

來客臨谷位於西班牙南部安達魯西亞格拉納達省中南部的一個地區。「Lecrín」源自阿拉伯語「Iqlim」，意思是「門戶」，在摩爾人時代，此谷控制著廣闊沿海地區的蔗糖生產，而此區傳統的歷史首都是杜卡爾（Dúrcal）鎮，百姓以農業為主要職業，主要作物為松樹、柑橘、杏仁、橄欖與葡萄，今天的行程以清翠橄欖園與寧謐古鎮參觀為主。高山豐谷，物阜民安，真是桃源仙境。調寄「上平聲・十一真韻」，以描摹此行所見，聊供日後追憶：

> 橄欖豐田探問津，新芽老榦滿園親。分流灌溉設計巧，合作植栽品味珍。
> 萃取油膏憑技術，傳承法式秉權鈞。聞香啜飲同茶酒，潤澤身心遠勝醇。

來客臨谷由內華達山脈融化的積雪補給，水源充足純淨，並擁有宜人的氣候與許多歷史名勝，尤其在摩爾時代，此區是格拉納達王國的重要組成部分。山谷內純樸村莊、教堂塔樓與陽光廣場……，蜿蜒曲折之中，充滿著無窮的驚喜與樂趣。

十一 週日夜晚藝術之家觀賞佛朗岷歌

二○一七年十一月十二日星期日。晚間，從內華達山脈來客臨谷返歸格

拉納達後，享受一頓正式晚餐，即前往預約之大羅河右側佛朗㝠歌藝術之家（Casa del Arte Flamenco），欣賞道地的佛朗㝠歌表演。歌舞演出精彩，毫無冷場，大家鼓掌拍手叫好。調寄「下平聲・一先韻」，表達觀演情景與感受：

> 河濱浪漫清寒夜，靜巷勾欄緩急弦。舞榭池臺樸素淨，吟聲曲韻悵纏綿。
> 熱情狂野驚心攝，絕藝圓神動魄牽。婉轉剛柔腰手足，揚眉倩盼惹憐顛。

告別佛朗㝠歌藝術之家，隨興散步於附近土耳其浴高級飯店周遭，再從伊莎貝拉天主教廣場西側、卡達利哥路胡同，進入新廣場（Plaza Nueva），這裡是重要的古城廣場與夜生活中心，周圍酒吧、小吃餐館林立，並未入店消費，在夜色深沉中，愉悅滿意返回客舍歇息。

十二　週一晨遊格拉納達大學與植物園

二〇一七年十一月十三日星期一。即將賦別，一早起床盥洗沐浴後，即到客舍附近閒逛，最終駐足於典雅的格拉納達大學與植物園（Universidad de Granada y Jardín Botánico），古老的主建築大樓正在整修，風華典型猶盈然赴目，參觀流連甚久，乃依依離去。調寄「下平聲・七陽韻」，歌頌黌宮園林之美善：

> 典雅黌宮作育堂，薪傳振鐸道無疆。莘莘學子耕耘樂，郁郁文風鍛鍊昌。
> 秀茂園林培物種，溫良教授鑄仁方。嚶鳴博習知行篤，大化逍遙德業光。

散步一段路程後，轉至格拉納達大教堂（La Catedral de Granada），參觀彎曲小巷弄內的回教徒市集（Alcaiceria），這裡原來是格拉納達穆斯林統治時期

的摩爾人絲綢市場。一八五○年被大火燒毀，今天的市場是十九世紀後期重建，許多紀念品店多有摩爾人風格的拱門裝飾牆壁，紛陳商品也許俗不可耐，看看熱鬧倒也是很好消磨時間的方式。

十三　週一晨拜謁大天主教堂與宗教博物館

　　二○一七年十一月十三日星期一。離開格拉納達大學與植物園後，再隨意散步於古城區巷弄之間，最後轉進著名的大天主教堂與宗教博物館（Catedral y Museo Catedralicio），購買五歐元（約新臺幣一六四元）門票進殿拜謁、入館參觀，金碧輝煌、琳瑯滿目，讚嘆驚奇兼而有之，深心欽慕。調寄「上平聲・七虞韻」，彰顯西方宗教文化與藝術之真善美聖：

　　　　參觀票費歐元五，壁麗輝煌氣象殊。巧奪天工登寶殿，神玄妙詣入仙途。
　　　　雙王奉獻榮丰采，眾庶虔誠燦聖珠。仰望凝聽思勝義，依仁博愛豈凡夫？

此為古城中心精華區域，包括：高聳壯觀西班牙第二大的格拉納達大教堂（La Catedral de Granada）、皇家教堂（Capilla Real），從科隆街（Calle Colón）進入，即可仰瞻十六世紀至今的天主大教堂，壯麗的牆壁雕塑與凱旋式拱門，值得駐足欣賞；主體結構與殿堂裝飾，則是明亮的文藝復興時期風格，混合哥德式與巴洛克式文化元素。進入後，主祭壇下方即是主廳（Capilla Mayor）禮拜堂，華麗的聖堂穹頂，長椅周圍也是一系列氣勢恢宏的藝術精品——雅潔聖器、精美繪畫、多彩窗鏡與古典傢俱。

　　皇家教堂兼具哥德式與文藝復興文化風格，由格拉納達市政府管理，參觀門票三點五○歐元（約新臺幣一一五元）。教堂內安放著國王斐迪南二世（Rey Fernando II, 1452-1516）與王后伊莎貝拉一世（Isabel I, Reina de Castilla,

1451-1504）彩繪的大理石棺槨，以紀念收復、征服這座城市的天主教君主、王后。此外，斐迪南國王與伊莎貝拉王后的繼承人華安娜（Juana la Loca, 1504-1555）與菲力浦（Felipe el Hermoso, 1478-1506）也安葬在這裡。教堂內除了漂亮華麗的教堂與祭壇，也展示伊莎貝拉王后的藝術收藏品、王冠、權杖，以及斐迪南國王的佩劍等，都值得細細欣賞品味。

十四 賦別終曲書懷

二〇一七年十一月十三日星期一。午後即將告別格拉納達，在主教堂西側寧靜、優雅的畢伯·蘭柏拉廣場（Plaza de Bib-Rambla），沉默欣賞大教堂的尖塔，在五彩繽紛的鮮花、噴泉之下，享受一頓簡便午餐與品嚐一杯濃醇咖啡。調寄「下平聲·四豪韻」，為最後的行旅巡禮劃下完美的句點：

間關遠道不辭勞，萬里鵬程任翱翔。北往南來安國氣，東成西就順風濤。
史邊霞客九州訪，馬可王韜四海操。世界宏開成一體，樊籬自除盡雄豪。

午後五點三十五分於格拉納達機場搭乘伊比利航空（Iberia LineasAereas）19F 座位，頻頻回顧皚皚秋雪下的內華達山脈附近城鄉環境，一路飛行到馬德里機場，又不禁吟詠起詩仙青蓮居士李白（太白，701-762）〈下終南山過斛斯山人宿置酒〉詩，宛如此時心境的寫照：

暮從碧山下，山月隨人歸。卻顧所來徑，蒼蒼橫翠微。
相攜及田家，童稚開荊扉。綠竹入幽徑，青蘿拂行衣。
歡言得所憩，美酒聊共揮。長歌吟松風，曲盡河星稀。
我醉君復樂，陶然共忘機。

在馬德里機場休息一陣後，又搭乘晚七點四十分原班機，座位改為 24A，夕照餘暉隱約尚見，在夜幕低垂中，於十點平安抵達布魯塞爾機場，又兼程返歸魯汶客舍。今日午間，臺灣師大「八卦會」午聚於麗水街「希臘左巴」，夜深輾轉難眠，遂起身賦詩二首，遠寄迢遙七位好友同仁，以及酬答太座自繡香包：

希臘左巴八卦筵，定期歡會廿餘年。五嬌三壯難時影，六合一心易地圓。
友輔怡怡作育樂，仁和穆穆羽觴閒。崇文振鐸揚師道，不愧紅樓世代傳。

古色香包麗雅妍，深藍鮮紫彩聯翩。輕提密束安藏善，悅目怡心大有年。

撰自二〇一七年十一月十至十三日

季秋巴黎吟訪遊記

一　楔子——身將動驛心遠馳

馬首是瞻引領駢，蹄聲達達喜連天。兒童赤子無邪泰，生命應世有德妍。
日月風華安穆穆，快心韻致福綿綿。樂觀居易中孚履，頌讚青春大有乾。

——二〇一七年十一月二十三日星期四馬蹄兒生日賀詩一首

　　二〇一七年十一月二十三日星期四。魯汶（Leuven）清晨起風，落葉紛飛，天氣不冷，乾燥清爽。一早起床，沐浴盥洗，清理衣物後，即打包行李準備出行。

　　搭乘五點四十八分公車至魯汶車站，再轉乘六點〇九分的班車，經布魯塞爾機場等站，於六點四十六分抵達布魯塞爾南站，雖在車站內休養生息，並享受清蒸蛋、芋頭與莓果乾早餐，但冷風陣陣，颼颼襲來，卻覺十分寒冷，只好提前到大力士（Thalys）服務窗口附近避寒，等候八點十三分直達巴黎班車乘客頗多，約八點才公告 5B 停靠月臺。非常順利快速上車，坐定七車三十八號靠窗位子，因近幾天日夜忙著精校、精注東京大學館藏宇內孤本《撫淮小草》，睡眠不多，眼睛頗勞，於是閉目養神。

　　約至九點三十分廣播即將抵達終點巴黎北站（Gare du Nord, Paris），才起身準備行李下車。九點三十五分準時抵達，乘客下車甚擁擠，正尋覓中，欣見龍復（字樂恆，Laurent Long）先生翩然前來迎接，初次相見歡、喜相逢，一見如故，沿途歡喜閒話家常，至地鐵購票窗口，排隊購買五天「巴黎

之旅」（Paris Visit）通行票三十八點五〇歐元（約新臺幣一二六三元），遂轉至四號線地鐵，順利搭上南下方向班車，人潮甚多，不過秩序井然有序，行經數站後，在聖・馬塞爾（Saint Marcel）站下車，龍先生土生土長於斯，歷史典故嫻熟，一路盡情講解，聽得津津有味，穿街過巷，如進迷宮般，不到十點三十分即抵達位於第二區聖・丹尼斯街（Rue Saint-Denis）中段右側的阿皮旅館（Appi Hotel），上得二樓接待室（Reception）登記繳費，單人房浴廁在樓梯間共用，四天三夜，約一三八歐元（約新臺幣四五二五元），比起最近幾月假期出遊的旅舍（Hostel），顯然昂貴許多；但一人單房，安寧清靜，又位於歷史老城區，出入交通方便，生活機能健全，還是非常值得。

客房還在清理，需要等待一段時間，我說可否與龍先生在接待室交談等候，可能是北非或西非前法屬殖民地的男職員十分親切客氣同意，並敦促清潔同仁優先完成，以客為尊，很有效率，約十一點就清理完成，遂移駕四樓三十三號房，比去年一月底在東京上野所住旅舍寬敞些，因係古董房子，設備稍嫌老舊些，但清理得十分乾淨清爽，也就心滿意足了。

二　迎客曲

花都幾度快心遊，久別多年近怯羞。舊雨新知文共契，西潮漢學志相投。
晨興雅致馳驅速，友迓豪情醞釀悠。走巷穿街深肯綮，佳餚絕藝兩風流。

二〇一七年十一月二十三日星期四。巴黎晨至午間，藍天白雲，惠風和暢，景氣佳美。安頓好行李，準備了一酒、一茶、一巧克力為伴手禮，龍先生係篆刻名家，預先親雕「賴貴三」篆印、西泠印社印紙面贈，隆情高誼，感謝不已。龍先生一九六二年四月二十一日生辰，我係一九六二年四月十九日誕生，虛長兩天而已，同屬虎肖，遂回饋一嵌名聯：「龍吟方寸擎文樂，

虎瞰大千志道恆」為報，俟明春二月下旬返校述職後，再書裱寄送存念，以識相見恨晚、志同道合情誼。

龍先生興致盎然，左轉右拐，一路導覽引介附近古蹟名勝，行經兩座古老天主教堂、一座鐘塔樓遺跡，大型古批發市場改建現代新穎的綜合百貨公司，以及正在整修的古典交易所。目不暇給之中，遙見西隄島上巴黎聖母院（Cathédrale Notre-Dame de Paris）與巴黎市政廳（Hôtel de Ville）就在目光所及不遠處，還未回過神來，忽焉喜見造型獨特、管道外露的龐畢度國家與文化中心（Centre National d' Art et de Culture Georges-Pompidou），就在左前方小藝術造型公園後面，巡遊一圈，轉進幾條靜巷，停立在一間「美食之家」（La Table des Gourmets），還不到十二點，在龍先生熟門熟路的引導下，進入餐廳地下二樓拱頂石柱環立的中世紀地窖餐廳，不禁回憶起三年前（二○一四年七月二十九日星期二）全家四人，以及女兒男友「馬蹄兒」（Mathieu Willame）與其父母，在午後一陣傾盆大雨之後，晚宴於布魯塞爾大廣場（Grand Place, Grote Markt）左側的「羅伊的洞穴」（Cave de Roy）地窖餐廳的情景，每個人都特選一道新鮮可口的主食，享受了一夜的美好，成為此行最後圓滿喜樂的終曲（Ending），至今回味無窮。此外，今年（2017）七月底與臺港澳學界同仁午餐在德國明斯特（Münster）舊市政廳旁的地窖餐廳，更加顯得深邃古雅，真是一陣驚喜，一陣感動。人生就如行旅一般，充滿著無限可能的創造機遇，而箇中甘苦憂樂，端視我們如何面對與把握。

而「美食之家」餐廳老闆竟然是來自廣東的中國人，法語、漢語交流無礙，而且暫時只有我與龍先生二位嘉賓貴客，十分熱情招呼並親切介紹。我倆各點了今日特色午餐，醇厚而溫柔軟綿的烤羊酪沙拉。龍先生點了牛排作為主餐，我因喜食道地原味羊肉，點了羊排。飯後，龍先生點了甜點烤布蕾，而我選擇綜合水果，再搭配一瓶潤喉清心的傳統法國紅酒，杯觥交錯，大快朵頤，暢所欲言，賓主融洽盡歡，真是浪漫難忘的花都饗宴！

餐畢，我欲付賬請客，龍先生身為東道主，十分堅持，只好讓他破費了。

三　訪書趣

古道涼思龍復甫，屯仁積善詠芳尋。三才柱下琳瑯富，二酉函中薈萃歆。
炳蔚靈光皆祭酒，堂皇魯殿盡華琛。東郊郁郁斯文在，暢敍幽懷讌士林。

　　二〇一七年十一月二十四日星期五。承蒙龍復先生古道熱腸，相約今天
上午九點聯袂同赴暫時搬遷到東郊的法蘭西學院漢學研究所、圖書館參訪拜
會，圖書館岑詠芳主任係多年網路郵件聯絡交流老友，一直緣慳一面。

　　一早偕行搭乘地鐵至巴黎東郊，預約十點三十分拜會，提前抵達後，先
至越南公園遊覽，再轉至漢學研究所圖書館臨時廳舍，依然是潔淨典雅的古
老建築，岑主任熱情接待，並提供多種館藏古籍善本閱覽，十分羨慕滿足。
岑主任已約午餐，邀請我倆再享受一頓正統巴黎佳餚美食，賓主盡歡，道
謝辭別。

　　拜訪餐會結束後，龍先生又帶領我漫遊巴黎市區，已先講好晚餐仍至地
窖餐廳，由我作東答謝。此行有巴黎舊雨新知，因緣俱足，而且真有口福，
歡喜圓滿，此行不虛矣。飲讌之間，陸續有兩位年老巴黎紳士，以及韓國兩
位年輕男士、一對情侶入座，偌大雅致古典的地窖餐廳，就只有我們八位
法、臺、韓饕客盡情享受其中。年輕的男跑堂，聽我倆暢談書法、篆刻、中
國文史，他的雙親典藏有多方看似一九〇〇年（光緒二十六年，庚子事變）
八國聯軍火燒圓明園時搶掠的康熙、雍正與乾隆皇家璽印等，請我們辨識文
字與鑒定價值，粗看相片（老闆娘沒有提供藏品，給我倆把玩欣賞），但我
倆頗有默契，心照不宣，私語八成是仿造贗品，不好斷然潑人冷水，老闆娘
也沒有後續追問，就戛然而止了。

因為背包內，攜帶著要贈送龍先生的三樣小禮，我也不好意思讓他過於奔波疲累，建議返回龍先生位於蒙馬特（Mont Martre）附近的寓所，他欣然答應，出了餐廳，忽然烏雲密布，行進之中，旋踵傾盆大雨，暫停避雨，趁此空檔，又是天南地北暢談一番。再搭乘四號線地鐵往北，約八站抵達辛普隆（Simplon），再轉折街巷，終於抵達龍先生位於六樓頂樓的公寓雅房，有僅容兩人的小電梯可供搭乘，小巧玲瓏，別有趣味。

　　進房後，龍先生引至書房入座，香茗侍候，又是溫潤爽朗，消解肉羶酒氣，「也可以清心也」。門楣上有「涼思齋」篆額，白壁上有「無為」甲骨文、閒章「抱樸」，琳瑯滿目的印石專櫃上，有「吾師造化」、「片雲齋」篆刻與「龍吟虎嘯」書法等作品，滿室石韻書香，一方斯文天地，盡情欣賞游藝雅品，交流談論荷蘭名士、芝臺先生高羅佩（Robert van Gulik, 1910-1967）的雅事高才，茶經、茶器、茶藝、茶道等歐美西方學者的論著，以及龍先生的中國兵學博士學位論文《武經七書應用考》，尚友神交，不亦快哉！龍先生漢服一身、古書一本，盛情厚意，真古風流、今才士也。

　　眼見龍先生頗露疲態，午餐甚飽足，不想再叨擾他，起身告辭，他還是以客為尊，再陪同親送至地鐵站，初弦明月高掛夜空，「但願人長久，千里共嬋娟」。在辛普隆地鐵票口前，揮手道別晚安，明晨旅館再見。再度搭乘四號線地鐵，由北而南，約七點回到聖‧馬塞爾車站，憑藉午間前後，龍先生引導的地理方位經驗感應，很快就尋覓到回歸旅館的正途，在一家溫州人開的「東味餐館」，點了一碗六點五〇歐元（約新臺幣二一三元）的牛腩麵權充晚餐，還算美味，但覺牛腩可能是罐頭食品，下次再光顧可能就點現煮的自助餐食了。

　　餐後，再到穆斯林水果店，買了一串香蕉、數顆小柑橘五點九〇歐元（約新臺幣一九三元），返回旅館享受酸甜柑橘，清新腸胃，休息足夠，盥洗完畢，再輕裝外出夜遊，附近性感商店、夜店、酒吧（Sexy Shops, Pub,

Bar）不少，似乎愈晚愈熱鬧繽紛，也有一些徐娘未老、半老、已老的阻街女郎，俟客而動的模樣表情，在微風細雨的夜晚，顯得有些淒涼傷感。

匆匆疾行，依然風雨送客歸去。獨處靜室，聊記點滴，不覺又已過子夜。

四　左岸頌

典雅風華午後酣，文明仰止業疏慚。索邦雄麗齊天傲，議院淵閣引領耽。
得意洋洋神嚮往，含情脈脈道同參。溫柔塞納傳心曲，跡履縱橫顧盼貪。

二〇一七年十一月二十五日星期六。週末假期，不好意思再打擾龍先生，傳訊函致樂恆龍復先生：「龍兄早安！仁兄古道熱腸，彌足感佩。弟將準時晚上六點三十分於辛普隆（Simplon）月臺候會。臺灣師大蔡長煌仁棣寄來，手書太老師景伊先生林尹詩一首，其中『白水』訛作『白日』，併昨晨於漢學所圖書館合照兩張，寄陳清誦，存念雅賞。」

龍先生復訊云：「賴貴三教授有道，又非常抱歉將安排無常！兩位良友今晚能來寒舍就餐，故按原來安排行事：愚六點半在辛普隆（Simplon）地鐵站站臺來接教授。如何？順頌——撰安！愚龍樂恆頓首。」

於是，自行踏遊巴黎塞納河（Seine）左岸，幾乎踏遍左岸從聖母院至巴黎鐵塔之間，重要的大學校院、政府研究機構、美術館公園等名勝古蹟，美好回憶點滴在心頭。

五　踏遊賦

天寒忽雨難將息，獨立風行市衢東。博物豐盈頻探賞，公園寂寞亦趨躬。
思蕁舊味迷方向，品繪新香醉白盅。右岸觀光顯善美，憑欄贊歎遠飛鴻。

二〇一七年十一月二十五日星期六。上午以左岸踏遊為目標，下午則以右岸行訪為蘄嚮，在聖母院、市政廳與羅浮宮之間劃定區界，重要博物館、美術館、街市公園，以及大街小巷，一區一區隨興踏遊行訪，意內意外之樂，妙不可言。

六　會餐樂

三友樂恆聚一堂，蘇兄王姐作羹湯。核桃燉果溫醇厚，土豆鮮羊炙熱芳。醉態薰薰難得遇，歡顏倩倩默含藏。知交恨晚身離席，萬水千山日月光。

二〇一七年十一月二十五日星期六。今天上下午分別在左岸、右岸之間，隨遇而安、隨緣而喜的踏遊行訪中，歡樂圓滿結束。明日將告別巴黎，龍先生古道熱腸，特別電邀今晚在其雅舍，邀請中國大陸兩位朋友「蘇兄」與「王姐」，設宴餞行，彌足感佩。龍先生親手料理肥美羊腿大餐，搭配陳年醇厚醴酒，龍先生顯然不勝酒力，我與「蘇兄」、「王姐」亦微醺飽足，不忍再叨擾下去，趁著清寧涼爽夜色，愉悅告別，後會有期。臨睡，賦詩一首酬謝龍先生美意：

酒不自醉人自醉，欣迎歲歲青春關。童心在抱無邪樂，永遠清純大有年。

七　自由行

蒙馬特丘拜聖心，景觀佳麗翠蒼林。居高俯瞰塵囂景，入內觀聽福諦音。修道廣仁慈博愛，扶傾濟弱惠黎黔。樂天知命安居易，貴賤神凡世俗欽。

二〇一七年十一月二十六日星期日。巴黎日間與魯汶夜晚，兩地天氣微冷，清爽舒暢，景色佳美，身心通泰舒服。

上午退房後，即搭乘巴黎四號地鐵，先往北再轉向西的二號地鐵至安特衛普（Anwers, Antwerpen）站下車，出了車站過馬路，右側前方即是雪白聳立於蒙馬特山丘上的「聖心聖殿天主堂」（Basilique du Sacré-Cœur），首度排隊進殿拜謁，適有周日彌撒，十分溫馨安寧。

出殿後，轉至隔壁修道院，適逢建立八七〇週年慶，小小前庭擠滿溫故的教友信徒與旅客。在周邊商區繞行一過，隨即下山，再搭乘二號地鐵至戴高樂星（Charles de Goule Etoil）站，一出站正前方，就是久別重逢的凱旋門（Arc de Triomphe de l'Étoile），沒有買票入門參觀，延著香榭麗舍大道（Avenue des Champs-Élysées）下行，適在左側華盛頓路（Rue Washington）交口，瞥見有一家中國「麵」（此字繁體十分顯眼）館——華盛頓中國餐館，已過中午，飢腸轆轆，於是轉入點了一份粉炸鮮魚、豆腐、花椰菜、炒飯快餐與一瓶可樂，二十三餘歐元（約新臺幣七五四元），覺得有些貴了。因為相較於昨午在旅館附近的美食之家（La Table des Gourmets）地窖餐廳，點了一份中午特餐——法國麵包一小籃、鮭魚沙拉前菜、魚排主菜、白酒一杯、飯後甜點一份與濃縮咖啡（Espresso）一杯，也才二十點五〇歐元（約新臺幣六七二元）而已。

八　奏凱歌

乘二地鐵移一線，直達核心出凱旋。香榭麗舍猶浪漫，紅男綠女更纏綿。
溫州麵館鄉愁遣，大殿小宮藝術牽。黛娜王妃香殞處，寂寥憑弔惹絲憐。

二〇一七年十一月二十六日星期日。午餐飽餐一頓後，再徒步經小皇宮（Petit Palais）、大皇宮（Grand Palais），至塞納河右岸的亞歷山大三世黃金

橋（Pont Alexandre III），沿右岸向西行，先至黛安娜王妃（Diana Frances Spencer, Princess of Wales, 1961-1997）香消玉殞的紀念碑前憑弔，時過境遷，僅三兩旅客在此致敬而已，獨自環顧一圈，無限感傷而去。

九　圓滿煞

> 迤邐流連橋兩岸，昂揚鐵塔導前航。旖旎繾綣風雲際，躞蹀徘徊館閣泱。
> 變態霞暉臨晚耀，常春意趣傍河蒼。回歸四號原來路，北站輝煌送客郎。

二〇一七年十一月二十六日星期日。從右岸過橋至左岸，直行到艾菲爾鐵塔（La Tour Eiffel），因恐攻影響，鐵塔周圍以鐵欄圍住，須排隊買票才能入內。竟然不得其門而入，拍完照就告別了。沿著左岸塞納河濱步道，一路東行，過了奧塞美術館（Musée d'Orsay）、法蘭西學術院（Académie Française），才過橋到右岸，環境已熟悉，很快走回旅館附近的四號線地鐵，搭乘往北至巴黎北站（Gare du Nord），已經是華燈初上了。

十　尾聲——且向花間留晚照

> 東城漸覺風光好，縠皺波紋迎客棹。綠楊煙外曉寒輕，紅杏枝頭春意鬧。
> 浮生長恨歡娛少，肯愛千金輕一笑。為君持酒勸斜陽，且向花間留晚照。
> ——〔北宋〕宋祁（子京，988-1061）〈玉樓春·春景〉

二〇一七年十一月二十六日星期日。提前一個多小時抵達巴黎北站，於是在附近閒逛一會，見兩位年輕東方女子在查手機，於是向前詢問是否臺灣人，她倆英語很好說是日本人，於是將還有一天期限的巴黎通票送給她們利

用。隨後至車站邊一家中東烤肉串（Kebab）店點了一份薯條、雞肉捲與一瓶可樂共七歐元（約新臺幣二三〇元），還算便宜，順便利用一下廁所。餐後回到北站，大力士（Thalys）排隊旅客甚長，與一位先生閒話家常，很快就魚貫上車了。

平安順利返回比利時布魯塞爾南站（Bruxelles-Midi），只是今晚班車延遲超過十五分鐘，旅客爆滿；約半小時到達魯汶，一大堆拖著行李箱的大學生，把火車與公車站也都擠滿了，故索性徒步返歸，並欣賞清明月光，以及魯汶舊市政廳夜間提前布置的聖誕節霓虹燈。臺灣師大國文系七十五丙同學楊子誼，傳來穿著和服手舞足蹈美照，戲酬七絕一首：

和服唐風舞步翩，同仁樂會美延年。丰姿綽約融今古，倜儻風流賽勝仙。

又回想起二〇一四年七月三十日星期三午間至七月三十一日星期四晚間，由比利時南方小鎮布賴恩・拉勒（Braine-l'Alleud），全家四人與女兒男友「馬蹄兒」，一同驅車比利時與法國之間高速公路，約一小時抵達二〇〇四年歐洲文化之都的法國里耳法蘭德斯火車站（Gare de Lille Flandres），轉乘法國高速火車（TGV）前往巴黎戴高樂機場（Aéroport Paris-Charles-de-Gaulle, Paris-Charles de Gaulle Airport），一路平疇綠野，美不勝收，消減不少旅程的疲憊與即將告別的感傷。當年復自戴高樂機場，搭乘中國國際航空飛往北京的班機，航程約三五〇〇公里，歷時不到十小時平安抵達；又從北京中轉返回臺灣，因空中管制因素延遲一小時多才起飛，抵達臺北已是晚間七時多。而今，反向從巴黎北站，搭乘大力士至布魯塞爾南站，再搭乘火車返歸魯汶，回顧懷想四天三夜巴黎花都行吟訪遊，前塵往事，征程風光，一一浮現心頭，悠然進入夢鄉。

撰自二〇一七年十一月二十三至二十六日

捌

坎智篇

地中海騎士王國馬爾他遊記

一　想到遙遠陌生的小島

二〇一八年一月二十六日星期五至一月二十八日星期日，全家四人與女兒男友「馬蹄兒」（Mathieu Willame）安排地中海騎士王國馬爾他（Malta）三天兩夜冬遊。

馬爾他共和國（Repubblika ta' Malta, Republic of Malta），通稱馬爾他，位於南歐地中海中心的列島小國，首都瓦磊塔（Valletta）是二〇一八年歐洲文化中心，此邦素有「地中海心臟」之稱，被譽為「歐洲後花園」。馬爾他位居地中海心臟，北距義大利西西里島（Sicilia）約九十公里，南離非洲大陸約二九〇公里，曾受腓尼基（Phoenician）、迦太基（Carthage）、希臘（Greece）、羅馬（Rome）、法國（France）、西班牙（Spain）、英國（UK）等民族影響，具有多元文化特色，歷史長達七千年，是全世界平均史蹟第一的國度。

一五二三年，聖約翰騎士團（Knights of St. John）自愛琴海羅得島（Rhodes, Aegean Sea）移此，並獲神聖羅馬帝國（Heiliges Römisches Reich, Sacrum Romanum Imperium）皇帝查理五世（Karl V, Carlos I, 1500-1558）的承認。該支騎士團後更名「馬爾他騎士團」（Knights of Malta）。一五六五年，「馬爾他大圍攻」（L-Assedju l-Kbir, Siege of Malta）中，騎士團擊敗以伊斯蘭教為信仰的鄂圖曼帝國（Osmanlı İmparatorluğu, Ottoman Empire）軍隊，此戰是馬爾他史上最重大事件，成功阻止鄂圖曼帝國向西歐擴張。一七九八

年，勢如破竹、雄心壯志的拿破崙（Napoléon Bonaparte, 1769-1821）率法國軍隊逐出馬爾他騎士團，騎士團遂成為總部位於羅馬的特殊政治實體。

一八〇〇年，英國占領馬爾他；一八一四年，正式成為大英帝國殖民地。一九六四年九月二十一日，宣布獨立，國號為馬爾他（Malta），成為大英國協（Commonwealth of Nations）成員國。一九七四年，改名「馬爾他共和國」（Repubblika ta 'Malta），二〇〇四年加入歐洲聯盟（European Union），並為申根區（Schengen Area）國家成員國。

馬爾他由馬爾他島（Malta）、戈佐島（Għawdex, Gozo）、科迷鉻島（Kemmuna, Comino）三大島嶼，以及幾個島嶼組成，其中科迷鉻島為鳥類保護區與自然保護區。官方語言為馬爾他語（Maltese）與英語（English），國內教學基本以英語為主。馬爾他經濟以服務業與金融業為主，而旅遊業是馬爾他主要的外匯來源。另外，馬爾他社會保障體系較為完備，實行免費教育，免費醫療與退休保險制。因為歷史名勝古蹟眾多，成為多部影視名劇如《特洛伊——木馬屠城》（*Troy*）、《神鬼戰士》（*Gladiator*）、《海邊》（*By the Sea*）、《大力水手》（*Popeye the Sailor*）、《權力遊戲》（*Game of Thrones*）等鉅片大戲的取景地。

二 發現一種久違的感動

二〇一八年一月二十六日星期五。魯汶（Leuven）週五天陰氣清，上午居家撰寫論文，盥洗沐浴、洗完衣物、簡單午餐後，即搭乘公車前往火車站，購買單程九點四〇歐元（約新臺幣三〇八元）前往布魯塞爾機場（Aéroport de Bruxelles-National, Luchthaven Brussel-National），準備搭乘下午四點十分愛爾蘭瑞安航空（Ryanair）班機前往地中海騎士島國馬爾他，歷時二小時五十分航程，順利平安於晚間七時許抵達馬爾他國際機場（Ajruport Internazzjonali ta' Malta, Malta International Airport）。

先在機場租賃赫茲‧起亞（Herze Kia）汽車一臺，三天兩夜僅三十四歐元（約新臺幣一一一五元），十分便宜。因是英規左駕，由馬蹄兒（Mathieu Willame）負責駕駛，一路高低迂迴曲折，沿途欣賞海景風光，前往預約的「太陽石賓館」（Sun Stone Guest House），尋找頗費一番周折，方順利抵達住所，已經晚間九時餘，再前往附近拉‧斯塔拉（La Stalla）餐廳晚餐，點了馬肉、兔肉與豬肉三款比薩餅（pizzas），以及今日烤羊腿特餐，搭配一碗紅通通的蕃茄湯、炸薯條與飯後香草冰淇淋，僅十四歐元（約新臺幣四五九元），外加一大瓶可樂、一小杯清醇當地啤酒，五人豐盛晚餐，僅花費四十七點九〇歐元（約新臺幣一五七一元），真是經濟實惠。返歸二〇四客房，隨即入睡，一夜好眠。

三　只為怡然自樂的風景

二〇一八年一月二十七日星期六。上午起床，天朗氣清，八時後下樓早餐，非常豐盛，先喝一碗碎片牛奶，各式起司、醃肉片、蔬果沙拉、牛角麵包、草莓優格、香蕉一條、橘子一顆，以及甜美蛋糕一片，十分飽足享受。

享受完豐盛早餐後，即驅車前往馬爾他首都瓦磊塔，街巷縱橫錯落的維多利亞大港（Victoria Grand Harbour）區，以及成長條形的紀念雕像公園與分散一片殘柱的天主教堂前庭，充滿著濃厚的歷史文化幽情，徘徊流連其中，深深為此典雅韻致所吸引。整個上午皆沉浸欣賞在此天光雲影、古城深港之中，彷彿隨著時光倒流，重新回到中古世紀的時空場景。等到中午十二時整，昔時保衛大港的古砲臺儀式表演（一般重燃點放砲火）結束，才依依不捨離開此古意盎然的古堡海砲特區，轉向宗教氣氛濃烈，張燈結綵的大街小巷，並進入紀念聖保羅的神殿教堂參拜禮謁，金碧輝煌的裝飾令人仰觀嘆止。出了教堂，再往海邊漫步，欣賞海天、船港成為一體的旖旎風景，令人心馳神往不已！

已過午後一時，在石板古街上一家巴勃羅（Pablo）餐廳坐定，點選淡菜、蛤蜊手工麵條，以及一杯當地西斯克（Cisk）清爽啤酒，五人費資六十餘歐元（約新臺幣一九六八元），也算經濟實惠。餐後已逾午後二時，又驅車前往中世紀聖保羅騎士團駐守的莫敵納（M-Dina）城堡，蜿蜒曲折的靜巷，典雅寧謐，居高臨下，俯瞰綠意盎然的農田、高低錯落有致的土黃古堡民居，令人心曠神怡，嚮往不已。隨後，再驅車前往拍攝《權力遊戲》（*Game of Thrones*）的聖・多明尼克教堂（Knisja ta 'San Duminku），呈正方形自成格局的迴廊、橘園，闃寂杳無人煙，雖然不如影劇場景的富麗堂皇，但能親履拜訪，也是難得的殊勝因緣。

　　臨近傍晚，大家都已疲累，遂重返太陽石賓館（Sun Stone Guest House）休息至六點三十分，養足精神後，又驅車前往特里克・伊爾・維爾加（Triq il-Wilga），聖・朱利安（St. Julian's）夜店熱鬧市區，先到硬岩（Hard Rock）購買四件紀念 T 恤（T-shirt），費資一一〇餘歐元（約新臺幣三六〇七元），再步出夜店鬧區，在下坡街角「真理」（The Truth）酒吧餐廳，點選大牛肉漢堡、檸檬味道西斯克生啤酒，紅男綠女，高朋滿座，大快朵頤。餐後，結帳九十二餘歐元（約新臺幣三〇一七元），女服務小姐笑臉盈盈，又免費贈送每人咖啡、消化酒品各一杯，賓主盡歡而別。餐後，又繞道海灣（Bay）港口徒步區，乘興而去，盡興而返。偷閒步韻詩仙李白（太白，701-762）〈廬山謠・寄盧侍御虛舟〉，賦成〈地中海島邦馬爾他觀光頌〉：

我乃客家人，雲濤鏈島丘。眼涵黛碧落，神騖騎士樓。

六合瀛洲聖約翰，遠懷嚮慕逍遙遊。

瓦磊塔（Valletta）矗雄塹旁，堂皇殿宇華綵張，蕩漾迷離天籟光。

戈佐（Gozo）先鋒扼灣長，料迷茗（Comino）轄心臟樑。

珠圓玉潤聯三寶，馬爾他（Malta）險茫穹蒼。

破礎殘基泣遺恨，古今禍患風霜常。

莫敵納（M-Dina）城蟠踞間，石牆高瓴境界還。

悠揚傲岸世難敵，血腥歲月層疊山。

試吟海中謠，思癡海中國，憑空追弔鑴史心。

鬧區閒逛秦淮色，夜幕深沉紅綠情，食鍾真理（Truth）宴欣成。

寧岬翩躚滄波道，目送渾淪飛燕京。

千秋萬載鑄文化，小大邂逅驚秀清。

已近子夜，熱水未及供應，待洗浴完畢，即將恬然入眠，圓滿一天旅程。

四　學會隨遇而安的旅行

　　二○一八年一月二十八日星期日。冬晨如春，麗陽溫和，匆匆三天兩夜馬爾他海邦遊，即將辭別，早起回顧兩天旅程，難得且難忘。

　　早餐後，馳驅地中海濱馬賽樂客（Marsaxlokk）漁港，適有週日市集，車水馬龍，遊客蜂擁而至，如織似潮，更顯繽紛熱鬧，純樸漁村，美景自然天成，五顏六色扁舟點點，連綴在潋灩、澄藍港灣之中，天光、雲影、海波共徘徊搖曳，賞心悅目，引人入勝，目不暇給，誠為此行結束前的美妙壓軸，滿載而歸，不虛此行矣！

　　馬賽樂客漁港，位於馬爾他東南海灣的頂端，是地中海地區集裝箱運輸的一個中轉港。始建於二十世紀七○年代中期，由於地處地中海中部，地理位置重要，並有免稅的自由港設施，因此發展為國際航線的重要港口。該港屬亞熱帶地中海式氣候，盛行西北風，年平均氣溫最高約攝氏三十七度，最低約六度。全年平均降雨量約六百毫米（mm），平均潮差高潮約○點五公尺，低潮約○點四公尺。港區主要碼頭泊位岸線長約一公里，最大水深達十

八公尺。主要進口貨物為糧穀、石油與工業原料等,出口貨物主要有服裝、棉紡織品、鞋與雜貨等。本港超過首都瓦磊塔,成為地中海最大的樞紐港。

　　在馬賽樂客漁港街衢海鮮午餐,大快朵頤後,即前往機場辦理相關手續,非常流暢順利,候機時再偷閒鈔錄詩仙李白(太白,701-762)樂府詩〈東武行〉(一作〈出東門後,書懷留別翰林諸公〉)三十四句。俟登機入座起飛後,援筆凝思,遂追步原玉,復增加結尾二句,以完成三十六句〈馬爾他・馬賽樂客(Marsaxlokk, Malta)漁港市集吟〉,此樂府詩兩兩相和,雙雙成韻,特識此行壓軸殿軍,圓滿存誠紀念。

> 日煦麗晨殊,沐輝薰燦風。藍天白雲遠,黃石林田功。
> 綠徑化氤氳,滄桑倏行躬。張揚棕櫚葉,棘掌叢圍中。
> 周折碧堺夐,悠閒弘道通。前程屢延頸,美景逾飛虹。
> 冬晴誘客出,色澄盈西東。野曠海湛謐,肆和商泰豐。
> 斑斑港鱗雪,點點舟楫桐。欲效莊子鯤,摶達南冥宮。
> 民歌歎有限,市曲唱無窮。流連靜波陽,獨立觀漁公。
> 五顏潑瀾彩,光潋搖扁蓬。鷗翯自由散,羽觴餚饌空。
> 賓主皆盡興,寂清萬籟雄。欣賦離別吟,雅會緣始終。
> 詩志貫今古,靈犀宋放翁。青蓮浮一白,笑返赤松童。

　　　　　　　撰自二〇一八年一月二十六至二十八日

魯汶尾煞與萊頓終曲

一 短的是旅行，長的是人生

　　二〇一八年二月十三日星期二。太座與小兒「帥哥」（秉圻）趁著寒假前來相會，今天告別魯汶（Leuven），聯袂同行準備返臺，同時可以協助攜帶超重行李與書籍資料。清晨，依依離開客學將近一年的比利時天主教魯汶大學（Katholieke Universiteit Leuven, KU Leuven），賦別魯汶古雅風華，先搭乘早班火車至布魯塞爾南站（Bruxelles-Midi），再轉乘法國、比利時、荷蘭三國連線國際高鐵大力士（Thalys），經安特衛普（Antwerpen），北上荷蘭史基浦機場（Luchthaven Schiphol, Amsterdam Airport Schiphol）下車，再搭乘火車前往荷蘭萊頓（Leiden），預約住宿城內運河邊上頗有歷史的五月花旅館（Hotel May Flower）四天三夜，可以再度重溫二〇〇三至二〇〇四年客座研究一年的萊頓大學（Universiteit Leiden）美好回憶與溫馨舊夢。

　　從布魯塞爾南站至安特衛普之間車程中，且說北上荷蘭萊頓路途時，一段「驚心動魄」的意外插曲。在高鐵大力士車廂內，正逢車檢員驗票時，順手將隨身背包暫放於座位上方行李架上，不料在即將抵達安特衛普的短時間內，一轉頭驚訝得「瞠目結舌」，背包竟然不翼而飛了，顯然職業扒手老早盯上，「神不知，鬼不覺」偷竊而去；防不勝防，當發覺時，竊賊應已迅速下車，揚長而去。緊急詢問隨車服務員，他兩手一攤，十分無奈地說：「上帝保祐你！」（God bless you！）事已至此，無法挽救，只好善後，自求多福了。

旅歐遊外多年，一直很注意背包、隨身皮包與人身安全，這是第一次被偷竊，事出突然，真是出乎意料，匪夷所思。背包內手提電腦、數張信用卡、比利時居留證、現金錢包等所有值錢與重要資料，都一去不復返了；懊惱憤怒之餘，自助人助，心安身安，只好先致電遠在新魯汶大學（Université Catholique de Louvain, UC Louvain）的女兒與男友馬蹄兒（Mathieu Willame），先請代為協助聯繫處理比利時相關法律報備作業，以防萬一，並杜後患。

　　心神甫定，所幸中華民國（臺灣）護照、手機仍然在貼身外套內袋之中，不必再到荷蘭海牙臺北代表處申請臨時護照，手提電腦資料也有備份儲存在大型行李箱行動硬碟內，情緒安定之後，已經抵達荷蘭史基浦機場。順利通關入境，趕快先坐定機場一角落，緊急致電臺北郵局、銀行止付所有信用卡、提款卡，處理總算告一段落，損失不在多少，臨機應變，解決問題最關重要。

　　另外，從此次「慘痛」經驗，旅遊在外隨身背包一定不要放在座上行李架上，很容易被扒竊盜走，一定要置於身前看得見的地方。大型行李如置於車廂後行李架上，如不在座位視線之內，每到一站一定要有一人前往檢視，以免為不肖集團隨機下車「順手牽羊」。歐洲職業偷竊扒手防不勝防，東方人太容易被鎖定，兼以語言不通，求助無門，外國人又多無情冷漠，一定得自立自強，務必隨時警覺注意，以免遭受重大損失。以上經驗提供參考。

　　午後抵達萊頓中央車站（Station Leiden Centraal），右前方有一家疆伯（Jumbo）巨無霸超市，先行購買生活用品、飲水食品。然後，循著既熟悉又陌生的站前街道，一路回味，順利抵達住宿的五月花旅館。安頓在二樓房室妥善後，先帶家人漫遊萊頓市區，沿著運河閒逛大學校區，探訪林布蘭曾就讀的拉丁學校（Latijnse School）、市政廳（Stadhuis）、萊頓古城堡（Burcht van Leiden）等。昔日熟悉的市區街巷河道，近鄉情怯，幾許陌生，幾許熟稔，同時湧現眼簾心緒，悠悠難已，久久不息。

二　身體與心靈，歡愉在路上

二〇一八年二月十四日星期三。欣逢西洋情人節（Valentine's Day），女兒「姊姊」（秉忻）特地遠來相會，闔家團圓，其樂融融。同住、同遊至二月十六日星期五春節，順便到機場送行。全家四人今天計畫同遊鹿特丹（Rotterdam）、德夫特（Delft）、海牙（Den Haag, The Hague）等地。

先從萊頓搭乘早班火車至鹿特丹中央車站（Rotterdam Centraal），再轉乘市區地鐵到下一站布拉克（Rotterdam Blaak）。一出地鐵站即是著名的方塊屋（Kubuswoningen, De Kijkkubus）、鉛筆屋（Blaaktoren）、水管造型市立圖書館（Centrale Bibliotheek Rotterdam）與果菜市集大樓（Markthal），看完這些必遊景點，再漫遊舊港、過新馬士河（Nieuwe Maas）斜張臂天鵝橋（伊拉斯謨斯橋，Erasmusbrug）至新港。

結束鹿特丹之旅後，轉往荷蘭藍陶之都德夫特（Delft），再北上海牙（Den Haag），非常愉悅盡興。在海牙遊完市區後，時間還十分充足，於是轉乘一號電車，迂迴長驅至海牙北海濱知名海水浴場——史黑芬泥痕（席凡寧根，Scheveningen），至李鴻章（少荃，1823-1901）訪歐美時，曾住過的著名「酷而豪斯」（Kurhuis）典雅旅館站下車，在海濱觀景樓臺與北海沙灘暢快「吃喝玩樂」後返歸市區，兼程搭乘荷蘭國鐵回到萊頓，十分利便。

一天之內，南遊鹿特丹、德夫特、海牙，舊情復燃，意味雋永，感懷深刻！

三　因為有夢，生命重新開始

二〇一八年二月十五日星期四。今天除夕，闔府團圓；明天新春，十全（犬）十美。從萊頓北上分別是史基浦機場、阿姆斯特丹（Amsterdam），

往東即烏特列支（油翠特，Utrecht），荷蘭國鐵都能暢通無阻。

上午先往東，漫遊大學城水鄉烏特列支古城，閒適寧謐，沉澱身心，悠然自得；午間，再訪荷蘭起司大本營豪達（Gouda），品嚐傳統道地黃澄澄與改良創新的多元口味、色彩繽紛的豪達起司（Goudse Kaas），大快朵頤，滿載而歸；午後傍晚，再北上阿姆斯特丹，古城新貌，已非當年情境，頗覺惆悵，惘然若失。夜色深沉中，疲累而帶點傷感，幽幽返歸萊頓客舍。

二〇一八年二月十六日星期五。今天是新正春節，昨夜歸後，輾轉反側難眠，凌晨起身，偷閒口占步和未曾謀面的中國大陸「微信」（We Chat）兩位先生詩詞，略表書生微忱，遙寄感賦，酬謝虔祝。

其一，「青果」先生〈戊戌正月初一有懷〉七律與遙步原玉：

雞唱五更犬續聲，寒梅榮謝海棠迎。錦官爆竹煙消散，微信紅包指點驚。
鼎沸湯圓圓京夢，花榮領袖袖昌明。青山幾度牛風馬？水暖鴛鴦日戲盈。

鳳犬輪迴賀歲聲，中西慶典後先迎。新知舊雨誠心祝，故國親誼摯意驚。
海角天涯華夏悅，春風節氣吉時明。神州四海團圓合，闔第豐臨國泰盈。

其二，「解之」（許結）先生〈清平樂・戊戌春節〉與敬步元韻：

水邊殘雪，猶憶凌空月。新曆編程翻舊貼，極目秦淮澄澈。
迎來戊戌春晨，雞鳴犬吠相聞。且伴書香輕誦，飛鴻影掠松筠。

比荷風雪，萊頓馳星月。溫憶情歸韻味貼，踏履悠揚心澈。
風車運河陽晨，南來北往親聞。跡古迷今光澤，深思遠志清筠。

黎明即起，沐浴盥洗後，忍拋隨身已舊衣物，整理打包行李，簡單享用麵包、比利時血橘與莓子果汁。將別住宿四天三夜的荷蘭萊頓五月花旅館，太座、女兒與小兒三人共住二樓一房，我則獨宿三樓臨街二十號單人斗室，晨七時許下樓退房（check out），步出旅館天猶未光，薄霧清寒，離情依依。

　　欣逢春節嘉辰，未能返鄉與家族親友，祭祖迎春，團圓美滿，且將「缺憾還諸天地」。步行不到十分鐘，抵達萊頓中央車站，準備上班人群逐漸會聚，顯得朝氣蓬勃。於 4B 月臺搭乘七點二十九分的班車，十五分鐘後七點四十四分即抵達史基浦國際機場，先自助列印預約機票，即上三號樓辦理行李託運作業，荷航（KLM）空服員工協理中華航空公司，以生硬歡欣的語調，祝賀「春節新年快樂」。又誠心誠意分贈禮糖喜餅，總算感受到濃厚的新年氣氛，令人驚喜而悅樂。

　　休息一陣後，即入關檢驗隨身行李與證件，檢查嚴謹而井然有序，順利通關後，旋踵間即到十點十分登機時候，排隊旅客人潮不多，荷航與華航聯營，很有效率快速登機，入座 42G 靠走道位置，十分舒適。座位八九成，前後旁鄰多有空位，益覺清新朗暢。十一點飛機準時起飛，十二時午後，享受一頓義大利蕃茄雞肉麵套餐，佐以白酒、果汁、熱茶各一杯，雖然份量不多，已足以裹腹飽餐。華航空服員訓練甚好，禮儀、服務佳善，賓至如歸。

　　航程遠久，在機上假寐沉思一會，俟飛越中亞時，享受臺灣米粉早餐後，回味前塵旅痕點滴，於是偷閒靜心抒感詠懷，以蘋果綠小筆記四頁八面，口占吟哦，完成五十句七言排律〈春節返臺機上抒感詠懷〉，聊作客學壯遊的生命風情，永憶永識於寸心微表，時間已是臺灣大年初二清晨二時了。

魯汶年終忽忽揚，春華夏毓兌冬藏。初臨兩月闔家慶，將別四旬同旅芳。
寂寞生生修慧命，沉潛郁郁鑄文章。西風古道吟遊歷，漢學儒心頌頡頏。
時習新知怡柱下，飫溫舊籍樂東方。三餐澹素多蔬果，五味穌均寡肉糧。
安步當車行健順，踏輪疾箭騁柔剛。徘徊諡境晨昏際，躞蹀清園水木旁。

南北縱橫尋麗雅，陸洋經緯訪賢良。胸懷壯志危微一，道履鴻程晉進康。
萬苦千辛甘釀蜜，十失百折喜嘗糖。含弘淬煉乏他濟，翕闢屯蒙倚自強。
冷暖人情驚國俗，昇淪世態訝歐邦。存誠定性隨天命，慎獨反身復聖堂。
貧艮豐升盈至德，頤需鼎革顯幽光。顒觀博物鍾工藝，悅覽珍書饗哲香。
宗教淨靈居敬義，創思新業蓄材囊。自由平等民權貴，法度儀容禮節昌。
族裔通流優儌亂，叢林競逐迷離茫。悲欣會集仁憂患，豫逸交融智活僵。
模範漸澹顏色改，彝倫遠遜典型荒。江山錦繡窮涯涘，海宇輝煌極地疆。
善美乾坤貞仰止，圓神內外翥飛昂。扶搖大化圖摶奮，混沌玄冥冀沛滂。

　　初二清晨六時，平安抵達桃園機場，一家三人搭乘公車返歸新店大坪林住家，又將重新恢復往日常態而規律的教學、研究與服務生活了。

　　英國著名作家仙繆爾·約翰遜（Samuel Johnson, 1709-1784）於一七七三年九月，在蘇格蘭斯凱島（Isle of Skye）寫給日記作家海絲特·琳琪·薩爾（Hester Lynch Thrale, 1741-1821）女士的一封信中，曾如此寫道：

The use of traveling is to regulate imagination by reality, and instead of thinking how things may be, to see them as they are.

旅行的意義是用現實來調節重塑想像力，而不是思考著事情可能會如何發生，應該親眼去看他們的本來面目。

誠然，人生最好的旅行，就是在一個陌生的地方，發現一種久違的感動。旅行難免甘苦備嘗，但難得的是獲得旅程中，因緣際遇而觸發有關人、事、時、地、物的靈感神思，以及一路伴隨著的美好風景與回憶。因此，在不同而同、異而不異的旅行中，往往能夠遇見、發現最真實淨化的自己。

撰自二〇一八年二月十三至十六日

著作集叢書　1606003

魯汶遊學風雅頌

作　　者	賴貴三
責任編輯	陳宛妤
特約校稿	陳相誼
發 行 人	林慶彰
總 經 理	梁錦興
總 編 輯	張晏瑞
編 輯 所	萬卷樓圖書股份有限公司

臺北市羅斯福路二段 41 號 6 樓之 3
電話 (02)23216565
傳真 (02)23218698

發　　行　萬卷樓圖書股份有限公司
臺北市羅斯福路二段 41 號 6 樓之 3
電話 (02)23216565
傳真 (02)23218698
電郵 SERVICE@WANJUAN.COM.TW
香港經銷　香港聯合書刊物流有限公司
電話 (852)21502100
傳真 (852)23560735

ISBN 978-626-386-012-4

2024 年 3 月初版

定價：新臺幣 3000 元（全三冊，不分售）

如何購買本書：

1. 劃撥購書，請透過以下郵政劃撥帳號：
　帳號：15624015
　戶名：萬卷樓圖書股份有限公司

2. 轉帳購書，請透過以下帳戶
　合作金庫銀行　古亭分行
　戶名：萬卷樓圖書股份有限公司
　帳號：0877717092596

3. 網路購書，請透過萬卷樓網站
　網址 WWW.WANJUAN.COM.TW

大量購書，請直接聯繫我們，將有專人為您
服務。客服：(02)23216565　分機 610

如有缺頁、破損或裝訂錯誤，請寄回更換
版權所有・翻印必究
Copyright©2024 by WanJuanLou Books CO., Ltd.
All Rights Reserved　　　Printed in Taiwan

國家圖書館出版品預行編目資料

魯汶遊學風雅頌/賴貴三著. -- 初版. -- 臺北
市：萬卷樓圖書股份有限公司, 2024.03
　冊 ；　公分. -- (著作集叢書 ; 1606003)
ISBN 978-626-386-012-4(全套 ： 平裝)

863.4　　　　　　　　　　　　112018907